여러분의 합격을 응원하

KB136539

해커스군무원의 특별 혜택

FREE **군무원 국어 특강**

해커스군무원(army.Hackers.com) 접속 후 로그인 ▶
상단의 [무료특강 → 군무원 무료특강] 또는 [무료특강 → 교재 무료특강] 클릭하여 이용

 해커스 매일국어 어플 이용권

OQ0H8EK1B9RQ3QLJ

구글 플레이스토어/애플 앱스토어에서 [해커스 매일국어] 검색 ▶
어플 다운로드 ▶ 어플 이용 시 노출되는 쿠폰 입력란 클릭 ▶
쿠폰번호 입력 후 이용

▲ 어플 다운로드

* 등록 후 30일간 사용 가능
* 해당 자료는 [해커스공무원 국어 기본서] 교재 내용으로 제공되는 자료로, 군무원 시험 대비에도 도움이 되는 유용한 자료입니다.

 해커스군무원 온라인 단과강의 20% 할인쿠폰

F5D76DE2F285AE82

해커스군무원(army.Hackers.com) 접속 후 로그인 ▶ 상단의 [나의 강의실] 클릭 ▶
[쿠폰/포인트] 클릭 ▶ 위 쿠폰번호 입력 후 이용

* 등록 후 7일간 사용 가능 (ID당 1회에 한해 등록 가능)

쿠폰 이용 관련 문의 **1588-4055**

단기 합격을 위한
해커스군무원 커리큘럼

입문
탄탄한 기본기와 핵심 개념 완성!
누구나 이해하기 쉬운 개념 설명과 풍부한 예시로 부담없이 쌩기초 다지기

TIP 베이스가 있다면 **기본 단계**부터!

▼

기본+심화
필수 개념 학습으로 이론 완성!
반드시 알아야 할 기본 개념과 문제풀이 전략을 학습하고
심화 개념 학습으로 고득점을 위한 응용력 다지기

▼

기출+예상 문제풀이
문제풀이로 집중 학습하고 실력 업그레이드!
기출문제의 유형과 출제 의도를 이해하고 최신 출제 경향을 반영한
예상문제를 풀어보며 본인의 취약영역을 파악 및 보완하기

▼

동형문제풀이
동형모의고사로 실전력 강화!
실제 시험과 같은 형태의 실전모의고사를 풀어보며 실전감각 극대화

▼

최종 마무리
시험 직전 실전 시뮬레이션!
각 과목별 시험에 출제되는 내용들을 최종 점검하며 실전 완성

PASS

* 커리큘럼 및 세부 일정은 상이할 수 있으며,
자세한 사항은 해커스군무원 사이트에서 확인하세요.

단계별 교재 확인 및
수강신청은 여기서!

army.Hackers.com

해커스군무원

신 민 숙
쉬운국어

문학·비문학
필기노트

해커스

차례

I 운문 문학

II 산문 문학

III 비문학

신민숙 쉬운국어 문학·비문학 필기노트만의 **장점!**

1

시험에 꼭 나오는 문학·비문학 핵심 내용을 29개 포인트로 압축 정리!

군무원 국어 문학·비문학 이론 중 자주 출제되는 내용을 총 29개의 포인트로 압축하여 단기간에 효율적인 학습이 가능하며, 회독에 대한 부담을 줄일 수 있습니다.

2

실제 강의 내용을 완벽 정리한 필기노트!

해커스군무원 국어 신민숙 선생님의 실제 강의 내용을 그대로 옮겨 담아 필기 부담 없이 강의에 100% 집중할 수 있습니다. 상세한 작품 분석과 함께 핵심 내용이 무엇인지 쉽게 확인할 수 있도록 '시험에 나올 핵심 포인트'로 완벽 정리하여, 독학하거나 복습할 때에도 주요 포인트에 집중하며 빈틈없이 학습할 수 있습니다.

3

반드시 학습해야 할 필수 문학 작품을 선별하여 수록!

방대한 문학 영역에서 필수로 알아 두어야 하는 문학 작품만을 엄선해 수록했습니다. 또, 문학 대표 문제를 풀어 봄으로써 문학 작품에 대한 이해와 문학 용어 및 개념을 제대로 학습할 수 있어 쉽고 효율적인 공부가 가능합니다.

4

비문학 독해 유형별 맞춤 학습으로 문제 풀이 스킬 향상!

군무원 국어 시험에 자주 등장하는 비문학 독해 유형을 6가지로 나누어 제시하여 유형별 맞춤 학습이 가능합니다. 먼저 문제 풀이에 필요한 필수 이론을 학습하고, 이를 바탕으로 독해 지문을 이해하고 분석하는 방법을 익혀 유형별로 다양한 문제를 풀어 보며 실전 감각을 기를 수 있습니다.

5

'문학·비문학 기초 용어 사전'으로 어렵게 느껴지는 기초 용어 의미 학습 가능!

문학·비문학 학습 시 어렵게 느껴졌던 기초 용어를 모아 영역별로 구분하고 ㄱㄴㄷ순으로 정리했습니다. 각 용어가 수록된 페이지를 함께 제공하여 필요 시 교재 수록 페이지를 편리하게 확인할 수 있습니다.

신민숙 쉬운국어 문학·비문학 필기노트만의 **특별한 구성!**

☑ 교재 구성 살펴보기

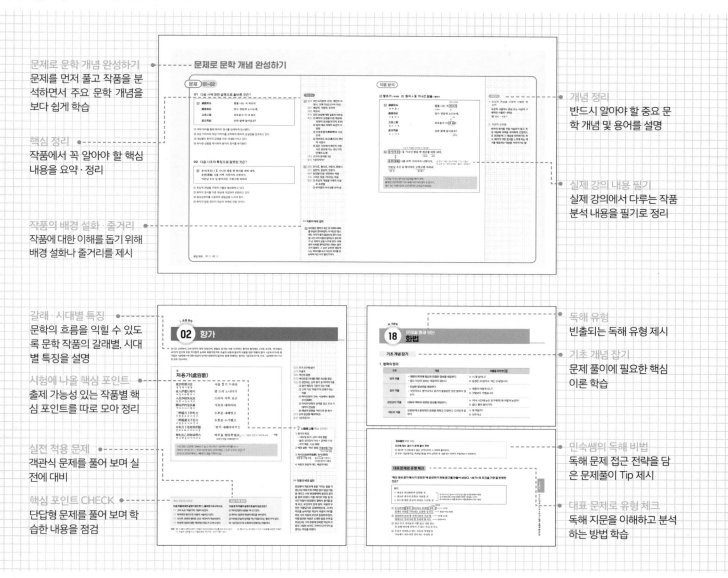

문제로 문학 개념 완성하기
문제를 먼저 풀고 작품을 분석하면서 주요 문학 개념을 보다 쉽게 학습

핵심 정리
작품에서 꼭 알아야 할 핵심 내용을 요약·정리

작품의 배경 설화·줄거리
작품에 대한 이해를 돕기 위해 배경 설화나 줄거리를 제시

갈래·시대별 특징
문학의 흐름을 익힐 수 있도록 문학 작품의 갈래별, 시대별 특징을 설명

시험에 나올 핵심 포인트
출제 가능성 있는 작품별 핵심 포인트를 따로 모아 정리

실전 적용 문제
객관식 문제를 풀어 보며 실전에 대비

핵심 포인트 CHECK
단답형 문제를 풀어 보며 학습한 내용을 점검

개념 정리
반드시 알아야 할 중요 문학 개념 및 용어를 설명

실제 강의 내용 필기
실제 강의에서 다루는 작품 분석 내용을 필기로 정리

독해 유형
빈출되는 독해 유형 제시

기초 개념 잡기
문제 풀이에 필요한 핵심 이론 학습

민숙쌤의 독해 비법
독해 문제 접근 전략을 담은 문제풀이 Tip 제시

대표 문제로 유형 체크
독해 지문을 이해하고 분석하는 방법 학습

☑ 학습 요소 살펴보기

★★★	형광펜	빨간 글씨	초록 글씨	파란 글씨
빈출도	반드시 학습해야 하는 내용	중요 내용	작품 분석	부연 설명

군무원 시험 전문 해커스군무원
army.Hackers.com

I 운문 문학

문제로 문학 개념 완성하기

01 다음 시에 대한 설명으로 올바른 것은?

가	翩翩黃鳥	훨훨 나는 저 꾀꼬리
	雌雄相依	암수 정답게 노니는데,
	念我之獨	외로울사 이 내 몸은
	誰其與歸	뉘와 함께 돌아갈꼬?

① 색채 대비를 통해 화자의 정서를 섬세하게 묘사했다.
② 상승 이미지와 하강 이미지를 교차하여 화자의 상실감을 강조하고 있다.
③ 대상물이 화자의 감정을 더욱 극대화시키고 있다.
④ 유사한 상황을 제시하여 화자의 정서를 부각했다.

02 다음 시조의 특징으로 잘못된 것은?

나	동지(冬至)ㅅ둘 기나긴 밤을 한 허리를 버혀 내여,
	춘풍(春風) 니불 아리 서리서리 너헛다가,
	어론님 오신 날 밤이여든 구뷔구뷔 펴리라.

① 추상적 관념을 구체적 사물로 형상화하고 있다.
② 화자의 정서를 다른 대상에 이입하여 표현하고 있다.
③ 음성상징어를 사용하여 생동감을 느끼게 한다.
④ 화자의 갈등 원인이 대상의 부재로 인한 것이다.

핵심정리

가 갈래 4언 4구(한역 시가), 개인적 서정시, 고대 가요(고구려 가요)
성격 애상적, 서정적, 우의적
제재 꾀꼬리
주제 임의 상실에 대한 슬픔과 외로움
특징 ① 화자의 심정을 다른 대상에 빗대어 표현함(우의적 표현)
② 설의·대조·의태적 표현이 사용됨
③ 선경후정(先景後情)의 시상 전개
④ 현전하는 최고(最古)의 개인적 서정시
⑤ 집단 가요에서 개인적 서정시로 변모해 가는 과도기적 단계의 노래
연대 고구려 유리왕 3년
출전 <삼국사기>

나 갈래 단시조, 평시조, 서정시, 정형시
성격 낭만적, 감상적, 연정가
제재 동짓달의 밤, 연모하는 마음
주제 그리운 임을 기다리는 마음
특징 ① 추상적 개념을 구체적 사물로 표현함
② 우리말의 우수성을 보여 줌

>> 작품의 배경 설화

가 유리왕은 왕비가 죽은 뒤 치희와 화희를 후실로 맞이하였다. 두 여인은 평소에도 사이가 좋지 않았는데, 왕이 사냥을 나간 사이 다툼이 일어났고 결국 화가 난 치희가 궁을 나가게 된다. 이에 왕이 치희를 쫓아갔지만, 치희는 돌아오지 않았다. 그 순간 눈에 띈 정답게 노는 꾀꼬리를 보고 자신의 처지를 한탄하며 지은 시가 '황조가'이다.

작품 분석

가 황조가 / 유리왕 **나** 동지ㅅ 둘 기나긴 밤을 / 황진이

가 翩翩黃鳥
　　편 편 황 조

　　雌雄相依
　　자 웅 상 의

　　念我之獨
　　염 아 지 독

　　誰其與歸
　　수 기 여 귀

객관적 상관물
훨훨 나는 저 꾀꼬리
의태어

암수 정답게 노니는데,

← 대조

외로울사 이 내 몸은

뉘와 함께 돌아갈꼬?
　　　　　　　　설의법

추상적 개념을 구체적으로 형상화
나 동지(冬至)ㅅ 둘 기나긴 밤을 한 허리를 버혀 내여,
　　　　　　　　　가운데　베어

춘풍(春風) 니불 아리 서리서리 너헛다가,

동지: 겨울 / 임이 부재함 / 길다 / 춥다
춘풍: 봄 / 임이 함께함 / 짧다 / 따뜻하다

어론님 오신 날 밤이여든 구뷔구뷔 펴리라.
　　정든 임　　　　　　　　굽이굽이

동짓달 기나긴 밤의 한가운데를 베어 내어,
봄바람처럼 따뜻한 이불 속에 서리서리 넣어 두었다가,
정든 임(그리운 임)이 오신 밤이면 굽이굽이 펴리라.

개념정리

1. 추상적 관념을 구체적 사물로 형상화

　추상적 사물이나 관념 또는 사상이 구체적인 사물로 나타남

　예 평화 → 비둘기

2. 객관적 상관물

　화자의 정서를 직접 서술하지 않고, 특정 대상에 의미를 부여하여 간접적으로 표현할 때 그 대상을 의미하기도 하고, 화자가 어떤 정서를 느끼게 되는 계기를 제공하는 대상을 가리키기도 함

문제 03

03 다음 ㉠ ~ ㉣을 이해한 내용으로 적절하지 않은 것은?

> 비인 방에 호올로
> 대낮에 체경(體鏡)을 대하여 앉다
>
> 슬픈 도시엔 일몰이 오고
> 시계점 지붕 위에 ㉠ 청동 비둘기
> 바람이 부는 날은 구구 울었다
>
> ㉡ 늘어선 고층 위에 서걱이는 갈대밭
> 열없는 표목(標木) 되어 조으는 가등(街燈)
> 소리도 없이 모색(暮色)에 젖어
>
> 엷은 베옷에 바람이 차다
> 마음 한구석에 ㉢ 벌레가 운다
>
> 황혼을 좇아 네거리에 달음질치다
> 모자도 없이 ㉣ 광장에 서다

① ㉠은 도시의 황량한 분위기를 고조시킨다.
② ㉡은 도회와 문명을 상징한다.
③ ㉢은 고독한 자아를 위로하는 존재이다.
④ ㉣은 화자의 불안감이 최고조에 이르는 공간이다.

핵심정리

갈래 자유시, 서정시
성격 주지적, 회의적
제재 광장
주제 도심 속 개인의 고독감과 불안감
특징 ① 감각적 이미지를 통해 화자의
　　　 정서를 표현함
　　② 시간적(대낮→황혼), 공간적(비인
　　　 방→광장) 이동에 따라 시상을
　　　 전개함

정답 번호　03 ③

작품 분석

광장 / 김광균

비인 방에 호올로

대낮에 체경(體鏡)을 대하여 앉다

슬픈 도시엔 일몰이 오고

시계점 지붕 위에 ㉠ 청동 비둘기

바람이 부는 날은 구구 울었다   청동비둘기의 행위를 나타내는 '구구 울었다'의 호응을 생각해야 함
                                  청동비둘기가 울고 있는 상황을 생각할 때, 그 도시의 분위기는 황량함을 추론 가능

㉡ 늘어선 고층 위에 서걱이는 갈대밭

일반적으로 고층빌딩, 아파트, 자동차 등은 문명을 상징함

열없는 표목(標木) 되어 조으는 가등(街燈)

소리도 없이 모색(暮色)에 젖어

엷은 베옷에 바람이 차다

마음 한구석에 ㉢ 벌레가 운다   어떤 대상이 운다는 표현은 대체적으로 부정적 상황이나
                         화자의 부정적 감정을 표현하기 때문에 고독한 자아를 위로하는 존재는 아님

황혼을 쫓아 네거리에 달음질치다

모자도 없이 ㉣ 광장에 서다   아무것도 없이 광장에 서있는 모습을 상상해볼 때,
                     화자는 어떤 곳에도 의지하지 못하고 불안해하며 있음을 추측할 수 있음

해커스군무원 신민숙 쉬운국어 문학·비문학 필기노트

개념정리

1. 시어의 의미를 찾는 방법

앞뒤 문맥을 통해 각 시어의 의미가 긍정인지 부정인지 추측함

문제로 문학 개념 완성하기

[04~05] 다음 글을 읽고 물음에 답하시오.

파란 녹이 낀 구리거울 속에
내 얼굴이 남아 있는 것은
어느 왕조(王朝)의 유물(遺物)이기에
이다지도 욕될까.

나는 나의 참회(懺悔)의 글을 한 줄에 줄이자.
— 만 이십사 년 일 개월을
　무슨 기쁨을 바라 살아왔던가.

내일이나 모레나 그 어느 즐거운 날에
나는 또 한 줄의 참회록(懺悔錄)을 써야 한다.
— 그때 그 젊은 나이에
　왜 그런 부끄런 고백(告白)을 했던가.

밤이면 밤마다 나의 거울을
손바닥으로 발바닥으로 닦아 보자.

그러면 어느 운석(隕石) 밑으로 홀로 걸어가는
슬픈 사람의 뒷모양이
거울 속에 나타나 온다.

핵심정리

갈래 서정시, 자유시
성격 상징적, 반성적, 고백적, 자기성찰적
제재 파란 녹이 낀 구리 거울
주제 자아 성찰을 통한 부끄럽지 않은 삶의 모습 추구
특징 시간의 흐름에 따라 시상이 전개됨
출전 <하늘과 바람과 별과 시>(1948)

04 위 시의 내용으로 가장 적절하지 않은 것은?

① 화자가 표면에 직접적으로 드러나 있다.

② 경어체를 사용하여 대상에 대한 예찬의 의미를 부각하고 있다.

③ '속죄양 모티프'를 통해 자기 희생적 태도를 보이고 있다.

④ 화자의 자아 성찰적 태도가 드러난다.

05 표현론적 관점에서 위 시를 감상한 것으로 적절한 것은?

① '이다지도 욕될까'는 일제강점기에 우리 민족이 어떠한 삶을 살았는지 알 수 있게 해.

② 자신의 희생을 각오하더라도 나라를 위한다는 마음은 참으로 감동적이야.

③ 구리거울은 자아를 성찰하는 데 필요한 매개체인 듯해.

④ 작가 윤동주는 시인이자 독립 운동가로서 지사의 꼿꼿한 의지를 시에 담고 있어.

정답 번호 04 ② 05 ④
오답 분석 05 ① 반영론적 관점 ② 효용론적 관점 ③ 절대주의적 관점(내재적 관점)

작품 분석

참회록 / 윤동주

파란 녹이 낀 **구리거울** 속에
<small>자아 성찰의 매개체</small>
내 얼굴이 남아 있는 것은

어느 왕조(王朝)의 유물(遺物)이기에
<small>화자가 망국의 백성임을 상징</small>
<u>이다지도 욕될까.</u>
<small>부끄러움</small>

나는 나의 참회(懺悔)의 글을 한 줄에 줄이자.

— <u>만 이십사 년 일 개월</u>을
　<small>화자가 살아온 삶</small>
　무슨 기쁨을 바라 살아왔던가. 　　　　┐ 현재 시점에서 과거의 행적을 반성함

<u>내일이나 모레나 그 어느 즐거운 날</u>에
　　　　　　　<small>광복의 날</small>
나는 또 한 줄의 참회록(懺悔錄)을 써야 한다.

— 그때 그 젊은 나이에
　　<small>현재</small>
　왜 그런 <u>부끄런 고백(告白)</u>을 했던가. 　┐ 미래시점에서 현재의 모습을 반성함
　　　　<small>소극적인 삶의 자세</small>

밤이면 밤마다 나의 거울을
　　　　　　　　　　　　　┐ 자아성찰의 시간
손바닥으로 발바닥으로 닦아 보자.

그러면 어느 <u>운석(隕石)</u> 밑으로 홀로 걸어가는
　　　　　<small>죽음의 이미지</small>
<u>슬픈 사람의 뒷모양</u>이 　　　　┐ 죽음의 길로 걸어가겠다
　　<small>화자의 모습</small>　　　　　└→ 독립의 의지를 드러냄. 속죄양 모티프
거울 속에 나타나 온다.

개념정리

1. 속죄양 모티프

'자기 희생'을 통해 공동체, 민족, 인류를 구원하고자 하는 내용을 담고 있는 경우를 일컬음

2. 문학 비평의 종류

(1) 내재적 관점
- 절대주의적 관점: 작품 이외의 사실에 대한 고려를 배제하고 언어, 문체, 운율, 구성, 표현 기법, 미적 가치 등의 작품 내부적 요소를 분석하는 관점

(2) 외재적 관점
- 표현론적 관점: 작품이 작가와 맺는 관계를 중시하는 관점
- 반영론적 관점: 문학 작품과 작품 속의 현실 세계와의 관계를 중시하는 관점
- 효용론적 관점: 작품과 독자의 관계를 중시하는 관점

3. 화자가 표면에 드러남

작품 속에 '나'가 드러나는 경우 화자가 표면에 직접적으로 나타난다는 표현을 사용할 수 있음

문제 06

06 다음 시에 대한 이해로 적절하지 않은 것은?

모란이 피기까지는

나는 아직 나의 봄을 기다리고 있을 테요

모란이 뚝뚝 떨어져 버린 날

나는 비로소 봄을 여읜 설움에 잠길 테요

오월 어느 날 그 하루 무덥던 날

떨어져 누운 꽃잎마저 시들어 버리고는

천지에 모란은 자취도 없어지고

뻗쳐오르던 내 보람 서운케 무너졌느니

모란이 지고 말면 그뿐 내 한 해는 다 가고 말아

삼백예순날 하냥 섭섭해 우옵내다

모란이 피기까지는

나는 아직 기다리고 있을 테요 찬란한 슬픔의 봄을

① 수미 상관의 구성을 취하여 주제 의식을 강조하고 있다.
② 음성 상징어를 사용하여 화자의 절망감을 드러내고 있다.
③ 과거형 시제를 사용하여 화자의 강한 의지를 드러낸다.
④ 역설법을 활용하여 화자의 심경을 나타내고 있다.

핵심정리

갈래 자유시, 서정시
성격 유미적, 낭만적, 탐미적
제재 모란
주제 모란(소망, 아름다움)이 다시 피기
를 간절히 기다림
특징 ① 수미 상관 구조를 통해 주제를
강조함
② 역설적 표현(모순 형용)을 사용
함으로써 화자의 복잡한 심경을
드러냄
출전 <문학>(1934)

정답 번호   06 ③

작품 분석

모란이 피기까지는 / 김영랑

모란이 피기까지는
화자의 소망, 꿈, 기쁨

나는 아직 나의 봄을 기다리고 있을 테요
모란이 필 때 화자의 소망이 이루어지는 시기

모란이 뚝뚝 떨어져 버린 날
음성상징어

나는 비로소 봄을 여윈 설움에 잠길 테요

오월 어느 날 그 하루 무덥던 날
봄의 막바지

떨어져 누운 꽃잎마저 시들어 버리고는

천지에 모란은 자취도 없어지고

뻗쳐오르던 내 보람 서운케 무너졌느니
소망, 기쁨을 잃어버린 상실감

모란이 지고 말면 그뿐 내 한 해는 다 가고 말아

삼백예순날 하냥 섭섭해 우웁내다
서러운 정서의 깊이

모란이 피기까지는

나는 아직 기다리고 있을 테요 찬란한 슬픔의 봄을
역설법

수미상관

개념정리

1. 운율 형성 요소

(1) 시어, 시구의 반복

특정 시어 및 시구를 반복 사용하여 운율을 형성함

(2) 음성 상징어(의성어, 의태어)

'의성어', '의태어'를 모두 말하며, 연속하여 반복되는 단어가 나타나는 경우가 많음

(3) 각운

각 연이나 구절의 끝에 같은 음운이 반복적으로 쓰이는 형태

(4) 수미 상관

처음의 연과 마지막 연이 동일하거나 유사한 구조를 지니는 형태

(5) 대구법

구절이나 문장이 대응하는 구조를 지닌 형태

(6) 유사한 통사 구조

동일하거나 유사한 문장 구조가 반복되는 형태

개념정리 표현 기법

(1) 비유(比喩, Metaphor)

직유 예 영희는 천사같다.
~처럼, ~같은, ~인 듯, ~인 양

은유 예 내 마음 꽁꽁 언 얼음이다.
원관념   보조 관념

대유 예 빵이 아니면 죽음을 달라.
'음식, 먹을 것'을 대표
— 사물의 일부나 관련 있는 다른 대상을 들어 빗댐

의인 예 강물이 흐느끼고 있다.
— 사람이 아닌 것을 사람처럼 표현

중의 예 수양산 바라보며 이제(夷齊)를 한(恨)하노라
① 수양산 ② 수양대군

주려 죽을진데 채미(採薇)도 하는 것가

아모리 푸새엣 것인들 긔 뉘 따희 낫다니
— 하나의 말로 두 가지 이상의 의미를 나타내는 방법

(2) 강조(強調)

과장 예 내 눈물로 저 강을 채울 수 있을 듯하구나.
이별의 슬픔을 과장되게 표현함

— 의미를 점점 더 강하게 표현하는 것 (↔점강법)
점층 예 이 몸이 주거주거 < 일백 번 고쳐 주거,

백골(白骨)이 진토(塵土) 되어 넉시라도 잇고 업고,

님 향(向)한 일편단심(一片丹心)이야 가실 줄이 이시랴.

— 앞의 말을 다시 받는 것
연쇄 예 고인(古人)도 날 몯 보고 나도 고인 몯 뵈

고인(古人)을 몯 뵈도 녀던 길 알픠 잇니

녀던 길 알픠 있거든 아니 녀고 엇덜고

영탄 예 세상이 아름답구나!

비교 예 강낭콩보다 더 푸른 / 그 물결 위에

양귀비꽃보다도 더 붉은 / 그 마음 흘러라

— 상반되는 두 어구를 내세워 주제를 강조하는 것
대조 예 인생은 짧고, 예술은 길다.

(3) 변화(變化)

도치 ── 국어의 일반적인 문장의 어순(주어-목적어-서술어)을 바꾸어 표현한 것

예 나는 아직 기다리고 있을테요, 찬란한 슬픔의 봄을
　　　　　　　　　　　 서술어　　　　　　 목적어구

문답 ── 스스로 묻고 답하는 것

예 두류산(頭流山) 양단수(兩端水)를 녜 듯고 이지 보니

　　도화(桃花) 쓴 묽은 물에 산영(山影)조ㅊ 잠겨셰라

　　아해야 무릉(武陵)이 어듸미오 나는 옌가 ㅎ노라.
　　　　　　　 자문　　　　　　　　　　 자답

설의 ── 이미 알고 있는 사실을 의문형으로 표현하여 강조하는 것

예 나라고 해서 감정이 없겠느냐. 하지만 나까지 감정에 휘둘리면 우리 모두는 무너지

　　고 만다.

대구 ── 어구나 문장을 비슷한 구조로 배열하는 것

예 봄이란 언제 줍고 고기란 언제 낙고

돈호 ── 사람이나 사물의 이름을 부르는 것

예 청산아, 내가 너를 부르나니 너는 대답 좀 해다오.

반어 ── 의도와 상반되게 표현하는 것

예 ① 죽어도 아니 눈물 흘리오리다.
　　　　　 이미 울고 있는 상황

　　② 먼 훗날 당신이 찾으시면 / 그때에 내 말이 "잊었노라"
　　　　　　　　　　　　　　　　　　　　 잊지 못함

역설 ── 논리적으로 모순되는 진술을 하는 것

예 ① 외로운 황홀한 심사　　　② 사뿐히 즈려밟고

　　③ 찬란한 슬픔의 봄　　　　④ 겨울은 강철로 된 무지개

　　⑤ 님은 갔지마는 나는 님을 보내지 아니하였습니다.

　　⑥ 괴로웠던 사나이, 행복한 예수 그리스도

📍 **반어와 역설의 차이**

반어	단어 하나의 의미가 다른 것 예 (그릇을 깬 사람에게) 잘했다.
역설	두 개념이 서로 모순되는 것 예 사뿐히 즈려밟고

문제 07

07 다음 시에 대한 설명으로 올바르지 않은 것은?

흙이 풀리는 내음새

강바람은 / 산짐승의 우는 소릴 불러

다 녹지 않은 얼음장 울멍울멍 떠내려간다.

진종일

나룻가에 서성거리다

행인의 손을 쥐면 따뜻하리라.

고향 가까운 주막에 들러

누구와 함께 지난날의 꿈을 이야기하랴.

양귀비 끓여다 놓고

주인집 늙은이는 공연히 눈물 지운다.

간간이 잔나비 우는 산기슭에는

아직도 무덤 속에 조상이 잠자고

설레는 바람이 가랑잎을 휩쓸어 간다.

예제로 떠도는 장꾼들이여!

상고(商賈)하며 오가는 길에

혹여나 보셨나이까.

전나무 우거진 마을 / 집집마다 누룩을 디디는 소리, 누룩이 뜨는 내음새…….

① 다양한 심상을 통해 고향에 대한 그리움을 감각적으로 표현했다.

② 계절적 시어를 사용하여 고향을 구체적으로 형상화하고 있다.

③ 특정한 화자를 설정하여 대화를 진행하고 있다.

④ 여운을 주는 결말을 사용하고 있다.

핵심정리

갈래 자유시, 서정시
성격 감각적, 낭만적
주제 고향을 그리워하는 마음
배경 일제 강점기
특징 ① 현재 시제를 사용하여 그리움을 강조함
② 감각적 표현(시각, 청각, 후각)을 다양하게 사용함으로써 고향의 모습을 형상화함

정답 번호 07 ③

작품 분석

고향 앞에서 / 오장환

흙이 풀리는 내음새 — 봄이 옴
_{후각적 이미지}

강바람은 / 산짐승의 우는 소릴 불러 — 강바람 소리가 짐승 울음소리 같음
_{청각적 이미지}

다 녹지 않은 얼음장 울멍울멍 떠내려간다.
_{울음이 터질 듯한 모습}

진종일

나룻가에 서성거리다
_{귀향할 수 있는 길}

행인의 손을 쥐면 따뜻하리라.
_{고향 소식을 그리워 함}

고향 가까운 주막에 들러

누구와 함께 지난날의 꿈을 이야기하랴.
_{고향의 추억}

양귀비 끓여다 놓고

주인집 늙은이는 공연히 눈물 지운다.
_{동병상련}

간간이 잔나비 우는 산기슭에는
_{원숭이}

아직도 무덤 속에 조상이 잠자고

설레는 바람이 가랑잎을 휩쓸어 간다.

예제로 떠도는 상고들이여!
_{여기저기로}   _{고향 소식을 가져다 줄 존재}

상고(商賈)하며 오가는 길에
_{장사}

혹여나 보셨나이까.

『: 절실한 그리움

『전나무 우거진 마을 / 집집마다 누룩을 디디는 소리, 누룩이 뜨는 내음새……』
_{시각적 심상}   _{청각적 심상}   _{후각적 심상}

개념정리

1. 감각적 심상

(1) 시각적 심상

대상의 색채, 모양, 동작, 상태 등을 시각적 감각을 통해 일어나는 심상

예) 빨간 사과가 탐스럽고

(2) 청각적 심상

음성, 소리 등 귀로 듣는 청각적 감각을 통해 일어나는 심상

예) 멀리서 들려오는 종소리

(3) 후각적 심상

코로 냄새를 맡는 후각적 감각을 통해 일어나는 심상

예) 향기로운 꽃내음

(4) 미각적 심상

혀로 맛을 보는 미각적 감각을 통해 일어나는 심상

예) 쓰디쓴 약

(5) 촉각적 심상

피부로 느껴지는 차가움이나 뜨거움 등 촉각적 감각을 통해 일어나는 심상

예) 차가운 옷깃

(6) 공감각적 심상

하나의 감각이 동시에 다른 영역의 감각을 불러일으킴으로써 일어나는 심상

예) 파아란 바람이 불고

2. 대표적인 계절적 시어

봄	꽃(매화, 개나리, 진달래 등), 버드나무, 아지랑이, 제비, 새싹, 뻐꾸기, 접동새
여름	녹음, 장마, 녹사의(도롱이), 청약립(삿갓)
가을	국화, 기러기, 오동잎, 귀뚜라미, 서리, 단풍, 홍시, 낙엽, 알밤
겨울	눈

3. 여운을 주는 결말

시의 마지막을 명사로 종결하는 경우

문제 08

08 다음 시에 대한 설명으로 올바르지 않은 것은?

> 해ㅅ살 피여
> 이윽한 후,
>
> 머흘 머흘
> 골을 옮기는 구름.
>
> 길경(桔梗) 꽃봉오리
> 흔들려 씻기우고.
>
> 차돌부리
> 촉 촉 죽순(竹筍) 돋듯.
>
> 물 소리에
> 이가 시리다.
>
> 앉음새 갈히여
> 양지 쪽에 쪼그리고,
>
> 서러운 새 되어
> 흰 밥알을 쫏다.

① 원경에서 근경으로 시선을 이동하고 있다.

② 비장미의 정서가 느껴지는 시이다.

③ 선경후정의 구조를 바탕으로 시상을 전개하고 있다.

④ 화자는 현실에 대한 극복 의지를 감정이입을 통해 드러내고 있다.

정답 번호 08 ④

핵심정리

갈래 자유시, 서정시

성격 감각적, 묘사적, 회화적

주제 비가 온 뒤 아침 풍경을 바라보는 화자의 서글픈 감정

특징 ① 시선이 원경에서 근경으로 이동함

② 선경후정의 방식을 활용하여 시상을 전개함

③ 모든 연을 2행으로 간결하게 구성하여 형태적 통일성을 추구함

④ 음성 상징어와 시각적 이미지를 통해 생동감을 부여함

작품 분석

조찬 / 정지용

해ㅅ살 피여
이윽한 후,
> 아침 햇살이 핀 이후 시간이 한참 흘러

'이슥하다' 평안도 방언

머흘 머흘
> 음성 상징어(구름이 뭉게뭉게 핀 모양)

골을 옮기는 구름.
> 골짜기

길경(桔梗) 꽃봉오리
> 도라지

흔들려 씻기우고.
> 아침 이슬에 도라지 꽃이 씻긴 듯함

차돌부리
촉 촉 죽순(竹筍) 돋듯.
> 촉촉이

물 소리에
이가 시리다.
> 촉각적 심상

앉음새 갈히여
> 앉은 모양 가리어

양지 쪽에 쪼그리고,
> 아침의 깨끗하고 맑은 분위기에 취해 앉은 자세를 바로 하고

서러운 새 되어
> 감정이입

흰 밥알을 쫏다.
> 홀로 아침 식사를 하는 화자의 모습

개념정리

1. 문학의 미적 범주

(1) 숭고미(崇高美)

고고한 정신의 경지를 지향하는 미의식

예 천년(千年) 노룡(老龍)이 구비구비 서려 이셔, 듀야(晝夜)의 흘녀 내여 창해(滄海)예 니어시니, 풍운(風雲)을 언제 어더 삼일우(三日雨)를 디련는다. 음애(陰崖)예 이온 플을 다 살와 내여ᄉ라.

[현대어 풀이]
마치 천 년 묵은 늙은 용이 굽이굽이 서려 있는 것같이 밤낮으로 물을 흘려 내어 넓은 바다에 이었으니, (저 용은) 바람과 구름을 언제 얻어 흡족한 비를 내리려느냐? 그늘진 벼랑에 시들어 있는 풀을 모두 살려 내려무나.

(2) 비장미(悲壯美)

슬픔이나 절망 등 현실과 이상이 조화를 이루지 못한 상태에서의 미의식

예 임이여 강을 건너지 마오
임은 그예 강을 건너시네
강에 빠져 돌아가시니
가신 임을 어이할꼬

(3) 우아미(優雅美)

현실과 이상이 조화롭게 균형을 갖춘 상태에서의 미의식

예 수간모옥(數間茅屋)을 벽계수(碧溪水) 앏픠두고,
송죽(松竹) 울울리(鬱鬱裏)예 풍월주인(風月主人) 되여셔라.

(4) 골계미(滑稽美)

풍자, 해학 등의 방법으로 부정적인 대상을 비판하거나 조롱하는 미의식

예 두터비 ᄑ리를 물고 두험 우희 치ᄃ라 안자
것넌 산(山) ᄇ라보니 백송골(白松骨)이 떠 잇거놀 가슴이 금즉ᄒ여 풀떡 쒸여 내듯다가 두험 아래 잣바지거고
모쳐라 놀낸 낼싀만졍 에헐질 번ᄒ괘라.

개념정리 **시상 전개 방식**

(1) 장소의 이동

예 징이 울린다 막이 내렸다
하강적 시어로 시적 분위기 조성
오동나무에 전등이 매어달린 가설무대

구경꾼이 돌아가고 난 텅 빈 운동장
중의적 의미: ①화장 ②분노
우리는 분이 얼룩진 얼굴로

학교 앞 소줏집에 몰려 술을 마신다

답답하고 고달프게 사는 것이 원통하다
화자의 감정을 직접적, 직설적으로 표현
꽹과리를 앞장세워 장거리로 나서면

따라붙어 악을 쓰는 건 쪼무래기들뿐 「 」: 농촌의 현실을 이해하지 못하는
　　　　　　　　　　　　　　　　　인물들만 농무를 즐김
처녀 애들은 기름집 담벽에 붙어 서서 → 젊은이들이 떠나 황폐화된
　　　　　　　　　　　　　　　　　　농촌의 모습
철없이 킬킬대는구나

보름달은 밝아 어떤 녀석은

꺽정이처럼 울부짖고 또 어떤 녀석은　┐ 역사적 사건을 활용하여
의적 임꺽정(현실에 저항하는 사람)　　┘ 농민의 정서를 표현함
서림이처럼 해해대지만 이까짓
임꺽정을 배신한 인물
산 구석에 처박혀 발버둥 친들 무엇하랴
화자의 감정을 직접적, 직설적으로 표현
비료값도 안 나오는 농사 따위야
　　　　농촌 구조의 모순
아예 여편네에게나 맡겨 두고

쇠전을 거쳐 도수장 앞에 와 돌 때

우리는 점점 신명이 난다
①분노와 한을 신명나는 춤으로 분출하는 역설적인 상황 ②'우리는 분노가 점점 치밀다'는 반어적 표현
한 다리를 들고 날라리를 불거나

고갯짓을 하고 어깨를 흔들거나 「 」: 분노 표출　　　　　　　- 신경림, '농무'

(2) 선경후정

예 펄펄 나는 저 꾀꼬리 ┐ 선경
 암수 서로 정답구나. ┘
      객관적 상관물
      의태어(음성상징어)
                    ↕ 대조
 외로워라 이 내 몸은 ┐ 후정
 뉘와 함께 돌아갈꼬. ┘
      설의법

- 유리왕, '황조가'

(3) 시선의 이동

예 십 년(十年)을 경영(經營)ᄒ여 초려 삼간(草廬三間) 지여 내니
        계획하여   집이나 갈대 따위로 지붕을 인 세 칸짜리 집
 나 ᄒ 간 ᄃ 혼 간에 청풍(淸風) 혼 간 맛져 두고   근경
  나한칸   달한칸   청풍한칸
 강산(江山)은 들일 듸 업스니 둘러 두고 보리라   원경

- 송순, '십 년을 경영ᄒ여'

(4) 시간의 흐름

예 까마득한 날에

<u>하늘이 처음 열리고</u>
　　　천지개벽
어데 닭 우는 소리 들렸으랴
　　　생명의 소리, 기적

　　　　　　　　　　　　　　　광야의 원시성

모든 산맥(山脈)들이

<u>바다를 연모(戀慕)해 휘달릴 때도</u>
　　　산맥의 생성 과정
차마 이곳을 범(犯)하든 못하였으리라
광야, 우리 민족의 터전

　　　　　　　　　　　　　　　광야의 신성성

끊임없는 광음(光陰)을

<u>부지런한 계절(季節)이 피어선 지고</u>
　　　추상적 개념을 구체적 사물로 형상화
큰 강물이 비로소 길을 열었다
　　　인류의 역사

　　　　　　　　　　　　　　　시간의 흐름

지금 눈 내리고
　　　일제 강점기
매화 향기(梅花香氣) 홀로 아득하니
　　　지조, 절개, 독립 의지
내 여기 가난한 노래의 씨를 뿌려라
　　　화자 스스로에게 명령함 (의지, 속죄양 모티프)

다시 천고(千古)의 뒤에

백마(白馬) 타고 오는 초인(超人)이 있어
　　　　　　　후손, 영웅, 선구자
이 광야(曠野)에서 목놓아 부르게 하리라
　　　　　　　　　　　　　　　　　　　　　　－ 이육사, '광야'
　　　광복의 노래를

(5) 어조의 변화

예 내 가슴에 독(毒)을 찬 지 오래로다.
　　　독한 마음(일제강점기의 저항 의지)
　아직 아무도 해(害)한 일 없는 새로 뽑은 독

　벗은 그 무서운 독 그만 흩어 버리라 한다.

　나는 그 독이 선뜻 벗도 해할지 모른다 위협하고

　독 안 차고 살아도 머지않아 너 나 마주 가 버리면

　억만 세대(億萬世代)가 그 뒤로 잠자코 흘러가고

　나중에 땅덩이 모지라져 모래알이 될 것임을
　　　세상의 모든 것은 시간이 지나면 소멸함(허무적 정서의 원인)
　'허무(虛無)한듸!' 독은 차서 무엇하느냐고?

　아! 내 세상에 태어났음을 원망 않고 보낸
　　　　　　　　　　　　　벗의 말 수용
　어느 하루가 있었던가, '허무한듸!' 허나
　　　　　　　　　　　　　어조의 변화, 시상의 전환
　앞뒤로 덤비는 이리 승냥이 바야흐로 내 마음을 노리매
　　　　　　일제　　저항 의지, 순수한 삶에 대한 의지
　내 산 채 짐승의 밥이 되어 찢기우고 할퀴우라 내맡긴 신세임을

　나는 독을 차고 선선히 가리라.
　　　　　　거침없이
　막음 날 내 외로운 혼(魂) 건지기 위하여.　　　　　- 김영랑, '독(毒)을 차고'
　죽는 날　　　본질적 자아

벗의 말(허무주의적 태도)

화자의 현실 인식

01 고대 가요

고대 가요는 향가 이전에 제작된 노래로, 원시종합예술의 분화 형태 중 하나이다. 본래 구전되다가 후대에 이르러서야 한문으로 기록되었으며 초기에는 집단적·주술적인 내용을 담다가 점차 감정을 표현하는 서정시로 발전하였다.

☆ 구지가(龜旨歌)

龜何龜何 구 하 구 하	호명	거북아, 거북아, ↓ 신령스러운 존재 (절대자)
首其現也 수 기 현 야	명령	머리를 내어라 ↓ 우두머리 (수로왕)
若不現也 약 불 현 야	가정	내어 놓지 않으면,
燔灼而喫也 번 작 이 끽 야	위협	구워서 먹으리

- 구간 등

갈래 고대 가요, 4언 4구(한역 시가), 노동요,
　　　주술요, 집단 무가
성격 집단적, 주술적
제재 거북
주제 김수로왕의 탄생 기원
특징 ① 직설적인 명령 어법 사용
　　　② 현전하는 가장 오래된 집단 주술요
별칭 영신가, 가락국가, 영신군가, 구지곡
연대 신라 유리왕
출전 <삼국유사>

>> 작품의 배경 설화

구지(龜旨)에서 '여기 사람 있느냐?'라는 소리가 났다. 이에 구간(九干)들이 '여기 사람 있습니다.'라고 하니 본인은 이곳에 나라를 세우고 다스리라는 하늘의 명을 받았다고 하며, 봉우리의 흙을 파내면서 노래를 부르면 대왕을 맞을 수 있다고 하였다. 사람들이 이를 행하자, 10일 뒤에 하늘에서 여섯 개의 황금 알이 내려와 사람으로 변했는데, 가장 먼저 변한 것이 김수로왕이다.

핵심 포인트 CHECK

다음 작품에 대한 설명이 맞으면 ○, 틀리면 X 표시하시오.

01 가락국 건국 신화에 삽입된 노래로, <삼국유사>에 전한다.

02 현전하는 가장 오래된 서정 시가이다.

03 소망 성취를 위한 위협적 내용을 담고 있다.

04 악귀를 내쫓겠다는 주술적 의도가 강한 노래이다.

실전 적용 문제 2017. 국가직 9급 (4월)

시가의 전개 방식으로 옳은 것은?

① 요구 - 위협 - 환기 - 조건

② 환기 - 요구 - 조건 - 위협

③ 위협 - 조건 - 환기 - 요구

④ 조건 - 요구 - 위협 - 환기

정답 01 ○ 02 X (현전하는 가장 오래된 집단 주술요이다) 03 ○ 04 X ('구지가'는 임금의 강림을 기원하며 부른 노래이다)　|　② '구지가'의 전개 방식은 '거북을 호명(분위기 환기)-임금을 요구(요구)-임금을 내놓지 않으면(조건 제시)-구워 먹어버리겠다(위협)'이다.

해가(海歌)

龜乎龜乎出水路
구 호 구 호 출 수 로

掠人婦女罪何極
약 인 부 녀 죄 하 극

汝若悖逆不出獻
여 약 패 역 불 출 헌

入網捕掠燔之喫
입 망 포 략 번 지 끽

거북아 거북아 수로 부인을 내놓아라

남의 아내 훔쳐 간 죄 얼마나 큰가?

네 만약 거역하고 내어 놓지 않으면,

그물로 잡아서 구워 먹으리

밑줄 친 부분은
구지가와 형식이
동일함

- 작자 미상

갈래 고대 가요, 7언 4구(한역 시가), 주술요
성격 주술적, 집단적
주제 납치된 수로 부인의 무사 귀환을 요구함
특징 ① 위협을 통해 소망을 성취함
　　 ② 신라 시대부터 구비 전승된 노래
　　 ③ 재액을 막고 소원을 성취하기 위해 부른 주술요

 시험에 나올 핵심 포인트!

	구지가	해가
차이점	소망하는 대상: 수로왕 (공적인 존재)	• 소망하는 대상: 수로 부인 (사적인 존재) • '구지가'에 비해 더 구체적
공통점	• 주술요, 집단적 서사시, 고대 가요, 한역시가 • 구조 동일(구조 순서가 같음) → 호명-명령-가정-협박 • 배경 설화가 존재함	

>> 작품의 배경 설화

순정공이 강릉 태수로 부임하는 길에 용이 부인을 끌고 바다로 들어가 버렸다. 한 노인이 "옛말에 여러 사람의 말은 쇠도 녹인다고 했으니, 바닷속의 미물이 어찌 두려워하지 않겠습니까? 백성을 모아 노래를 부르면서 막대기로 언덕을 치면 부인을 볼 수 있을 것입니다."라고 하였다. 공이 그 말을 따르니, 용이 바다에서 나와 부인을 바쳤다.

핵심 포인트 CHECK

다음 작품에 대한 설명이 맞으면○, 틀리면✕표시하시오.

01 '구지가'와 비슷한 내용과 구조를 지니고 있다.

02 임금을 맞이하기 위해 부른 노래이다.

03 '구지가'와 비교할 때 더 구체적인 내용을 담고 있다.

04 소망하는 대상은 집단적 성격을 지니고 있다.

05 부드러운 어조로 상대방을 회유하고 있다.

06 호명-명령-가정-협박의 구조를 지니고 있다.

정답 01 ○ 02 ✕ (수로 부인의 귀환을 바라는 노래이다) 03 ○ 04 ✕(남편 순정공이 아내 '수로 부인'을 애타게 찾고 있는 노래로 집단적이 아니라 개인적 성격의 작품이다) 05 ✕(해가는 위협적인 어조로 자신의 요구를 표현하고 있다) 06 ○

★
공무도하가(公無渡河歌)

公無渡河 공 무 도 하	애원	임이여 강을 건너지 마오
	↓	사랑
公竟渡河 공 경 도 하	초조	임은 그예 강을 건너시네
	↓	이별
墮河而死 타 하 이 사	비애	강에 빠져 돌아가시니
	↓	죽음
當奈公何 당 내 공 하	체념	가신 임을 어이할꼬
		임을 되살릴 수 없다는 체념과 슬픔

- 백수광부의 아내

갈래 4언 4구(한역 시가), 개인적 서정시, 고대 가요
성격 애상적, 체념적, 비극적
제재 강을 건너는 임
주제 사별로 임을 잃은 슬픔
특징 ① 문학사상 최고(最古)의 서정시
② 체념, 슬픔, 안타까움의 원형적인 심상을 가진 소재들을 활용하여 한민족의 보편적인 정서인 '이별의 한'을 표현함
③ 4언 4구체의 형식을 지님

💡 **시험에 나올 핵심 포인트!**

1. 구조: 애원 - 초조 - 비애 - 체념
2. 강의 상징적 의미: 죽음

1행		사랑
2행	강	이별
3행		죽음

3. 주제: 임의 죽음으로 인한 슬픔
   유사한 정서의 시를 물어보는 문제들이 종종 나옴
4. 악곡명: '공후인(箜篌引)'으로도 불림
5. 우리나라 최고(最古)의 서정시

📍 **작품과 관련된 인물들**

곽리자고	전달자
여옥(곽리자고의 아내)	전파자
백수광부	미치광이
백수광부의 아내	작가

>> 작품의 배경 설화

고조선의 뱃사공 곽리자고가 물가에서 그물을 손질하고 있었는데, 건너편에서 한 백수광부(白首狂夫: 머리가 허옇게 센 늙은이)가 머리를 풀어헤친 채 술병을 들고 강물을 건너고 있었으며, 그의 아내가 뒤를 쫓아 말렸으나 그는 결국 물에 빠져 죽고 말았다. 이에 그의 아내는 공후를 타며 노래를 부른 후 자신도 물에 몸을 던져 죽었다. 이 광경을 목격한 곽리자고가 집에 돌아와 아내 여옥에게 이야기와 함께 그 노래를 들려주었더니 여옥 또한 슬퍼하였다. 여옥은 그 후, 이웃집에 사는 여용에게 공후를 연주하며 이 노래를 전하였고 결국 널리 알려지게 되었다.

핵심 포인트 CHECK

다음 작품에 대한 설명이 맞으면○, 틀리면X 표시하시오.

01 우리나라 최고(最古)의 서정 가요로 알려져 있다.

02 이 노래에 나타난 한(恨)의 정서는 후대의 한국 문학에 계승되었다.

03 이 노래의 구조는 '애원-초조-비애-극복 의지'로 나타난다.

04 임의 죽음으로 인한 비탄의 감정을 표출하고 있다.

05 문제 상황을 극복하려는 화자의 의지가 드러난다.

실전 적용 문제 2019. 서울시 9급 (2월)

위 시에 대한 설명으로 가장 옳은 것은?

① 황조가와 더불어 현존하는 우리나라 최고(最古)의 서사시다.

② 한시와 함께 번역한 시가가 따로 전한다.

③ '물'의 상징적 의미를 따라 시상을 전개하고 있다.

④ 몇 번을 죽어도 충성의 마음이 변치 않음을 노래하고 있다.

정답 01 ○ 02 ○ 03 X 04 ○ 05 X | ③ '물'의 상징적 의미가 '사랑 → 이별 → 죽음'으로 변하는 것에 따라 시상을 전개하고 있다. [오답 설명] ① '공무도하가'는 우리나라 최고의 서정시이다. ② 한시의 형태만 존재한다. ④ 임을 잃은 슬픔을 노래하고 있다.

★★★
정읍사(井邑詞)

기원의 대상 (절대자)
둘하 노피**곰** 도ᄃ샤
높임의 호격 조사

□ : 강조 접미사

어긔야 머리**곰** 비취오시라

어긔야 어강됴리

아으 다롱디리

후렴구(=여음구, 조흥구), 특별한 의미는 없음

져재 녀러신고요
시장 (남편의 직업이 상인임을 짐작할 수 있음)

어긔야 **즌 ᄃ**를 드듸욜셰라 (두렵습니다)
위험한 곳, 다른 여성

어긔야 어강됴리

어느이다 노코시라
→ ① 내가(님이) 가는 곳
② 내가 (님을) 마중 가는 곳
③ 우리가 가는 곳(우리의 미래)

어긔야 내 가논 ᄃᆡ 졈그를 셰라 (두렵습니다)

어긔야 어강됴리

아으 다롱디리

— 어느 행상인의 아내

달님이시여! 높이높이 돋으시어 / 멀리멀리 비추어 주십시오.
시장에 가 계신가요? / 진 곳을 디딜까 두렵습니다.
어느 곳에나 (짐을) 놓으십시오.
내(임) 가는 곳에 (날이) 저물까 두렵습니다.

갈래	서정시, 고대 가요(백제 가요)
성격	여성적, 기원적, 서정적
제재	남편에 대한 걱정과 염려
주제	장사를 나간 남편의 안전을 빎
특징	① 현전 유일의 백제 노래 ② 한글로 기록된 최고(最古)의 고대 가요 ③ 시조 형식의 기원

💡 **시험에 나올 핵심 포인트!**

1. 현전하는 유일한 백제 가요
   (cf. '숙세가' 백제 가요로 추정)
2. 주제: 장사 나간 남편의 무사 귀환 기원 → 망부석 설화 관련
3. 구전되다가 한글 창제 이후 기록 → 현전하는 최고(最古)의 한글 표기 작품
4. 상징적 의미
   • 돌: 기원의 대상(절대자) ≒ '구지가'의 거북
   • 져재: 남편의 직업 → 행상(상인)
   • 내 가논 ᄃᆡ
     ① 내(님이) 가는 곳
     ② 내가 (님을) 마중 가는 곳
     ③ 우리가 가는 곳(우리의 미래, 앞날)
5. 시조 형식의 기원 → 후렴구를 제외한 구절들이 3장 6구 형식과 유사한 형태
   예 돌하 노피곰 도ᄃ샤 / 머리곰 비취오시라 // 져재 녀러신고요 / 즌 ᄃᆡ를 드듸욜셰라 // 어느이다 노코시라 / 내 가논 ᄃᆡ 졈그를셰라

📍 **시어의 대립**

돌		즌 ᄃᆡ
기원의 대상	대립	위험한 곳(상황)
절대자	◄──►	다른 여성

>> **작품의 배경 설화**

정읍에 사는 한 사내가 행상을 떠나 오래도록 돌아오지 않았다. 그러자 그의 아내가 산 위의 바위에 올라 남편이 간 곳을 바라보면서 남편이 밤길을 오다가 해를 입지나 않을까 염려하며 남편의 무사귀환을 소망하는 노래를 불렀다.

핵심 포인트 CHECK

다음 작품에 대한 설명이 맞으면 ○, 틀리면 X 표시하시오.

01 색채의 대비를 통해 화자의 내적 갈등을 드러내고 있다.

02 훈민정음으로 기록된 유일한 백제 가요이다.

03 달의 이미지에 의탁하여 소망을 기원하고 있다.

04 대립적인 이미지를 활용하여 화자의 의도를 부각시키고 있다.

05 후렴구를 구사하여 운율감을 획득하고 있다.

실전 적용 문제

다음 중 위 작품의 설명으로 옳지 않은 것은?

① 접미사를 통해 화자의 의도를 강조하고 있다.

② 현전하는 유일한 백제 노래이다.

③ 후렴구를 제외한 부분이 고려 가요의 형식과 유사하다.

④ 달은 화자가 임의 안전을 기원하는 대상이다.

정답 01 X (색채 대비를 찾을 수 없다) 02 O 03 O 04 O 05 O | ③ '정읍사'는 후렴구를 제외하면 3장의 형태를 이루고 있는데 이는 '초장-중장-종장'으로 구성된 시조의 형태와 유사하다.

02 향가

향가는 신라부터 고려 초까지 제작 되었으며, 향찰로 표기된 서정 시가이다. 향가의 형식에는 4구체, 8구체, 10구체(사뇌가)가 있으며 주된 작가층이 승려와 화랑이었기에 주술적 내용과 불교적 내용을 담은 작품이 많다. <삼국사기>에 향가집인 <삼대목>에 대한 언급이 있지만 현전하지 않으며, 현재 전해지는 향가는 <삼국유사>에 14수, <균여전>에 11수로 모두 25수이다.

★ 처용가(處容歌)

東京明期月良 (동 경 명 기 월 량)	서울 볼기 도라라
夜入伊遊行如可 (야 입 이 유 행 여 가)	밤 드리 노니다가
入良沙寢矣見昆 (입 량 사 침 의 견 곤)	드러사 자리 보곤
脚烏伊四是良羅 (각 오 이 사 시 량 라)	가로리 네히러라.
二肹隱吾下於叱古 (이 힐 은 오 하 어 질 고)	두브른 내해엇고
二肹隱誰支下焉古 (이 힐 은 수 지 하 언 고)	두브른 누기핸고.
本矣吾下是如馬於隱 (본 의 오 하 시 여 마 어 은)	『본디 내해다마르 는
奪叱良乙何如爲理古 (탈 질 량 을 하 여 위 리 고)	아 눌 엇디 흐릿고.』 『 』: 처용의 관용적·체념적 태도

빼앗긴 것을 어찌하겠는가?

– 처용

서울 밝은 달밤에 / 밤늦도록 놀고 다니다가 / 들어와 자리를 보니
다리가 넷이로구나. / 둘은 내 (아내의) 것이지마는 / 둘은 누구의 것인고?
본디 내 것이었지마는 / 빼앗긴 것을 어찌하리오.

갈래	무가, 8구체 향가
성격	주술적
제재	역신의 침범
주제	벽사진경, 아내를 해한 귀신을 쫓음
특징	① 현전하는 신라 향가 중 마지막 작품
	② 향가 해독의 기준이 되는 작품
	③ 고려 가요 '처용가'의 모태가 되는 작품
	④ 벽사진경의 민속 사상에서 형성된 무가(巫歌)
	⑤ 의식무·연희의 성격을 갖고 조선 시대까지 전승됨
	⑥ 체념과 관용을 기반으로 한 축사
연대	신라 헌강왕 때(879년)
출전	<삼국유사>

💡 시험에 나올 핵심 포인트!

1. 향가의 특징
   • 시대 및 표기: 신라 시대, 향찰
   • 출전: 삼국유사 14수 + 균여전 11수
   • 작가 계층: 스님·화랑
2. 배경 설화: '역신' 침범, 주술성을 지님
   ('구지가'와 연관)
3. 벽사진경(辟邪進慶), 축사(逐邪)
   악을 쫓고 복을 부름   요사스러운 기운이나 귀신을 물리쳐 내쫓음
4. 처용의 관용적 태도, 체념적 태도

>> 작품의 배경 설화

헌강왕이 개운포에 용을 기리는 절을 지었는데, 이에 크게 기뻐한 용이 일곱 아들을 데리고 나와 헌강왕에게 용궁의 음악을 알려 주었다. 이를 계기로 아들 중 하나인 처용이 헌강왕의 곁에서 정사를 돕게 되고, 부인까지 얻게 된다. 처용의 부인은 아름답기로 유명하였는데, 그녀의 미모를 눈여겨본 역신이 처용이 자리를 비운 사이 처용의 부인과 동침하게 된다. 이를 발견한 처용은 노래와 춤을 추며 물러났는데, 그의 관용에 감복한 역신이 처용의 그림만 보아도 가까이 다가가지 않겠다는 약조를 하였다.

핵심 포인트 CHECK

다음 작품에 대한 설명이 맞으면 ○, 틀리면 X 표시하시오.

01 고려 속요 '처용가'의 기원이 되었다.
02 독백체의 형식으로 내용이 서술되고 있다.
03 의식무, 연희의 형태로 조선 시대까지 계승되었다.
04 부정적 대상에 대한 적대적인 태도가 드러나 있다.

실전 적용 문제

다음 중 위 작품의 설명으로 옳지 않은 것은?

① 벽사진경의 내용을 지니고 있다.
② 화자는 달관과 체념의 태도를 보여 준다.
③ 이처럼 주술적 성격을 지닌 작품으로는 '황조가'가 있다.
④ <삼국유사>에 수록되어 전해지는 작품이다.

정답 01 ○ 02 ○ 03 ○ 04 X (처용은 체념과 관용의 태도를 보여 주고 있다) | ③ '황조가'는 유리왕이 자신의 외로움을 표현한 작품이다. 주술적 성격을 지닌 작품으로는 '해가'와 '구지가' 등이 있다.

제망매가(祭亡妹歌)

生死路隱 생 사 로 은	생사(生死) 길흔
此矣有阿米次肹伊遣 차 의 유 아 미 차 힐 이 견	이에 이샤매 머뭇그리고, 이승　　있으므로
吾隱去內如辭叱都 오 은 거 내 여 사 질 도	나는 가느다 말ㅅ도 누이
毛如云遣去內尼叱古 모 여 운 견 거 내 니 질 고	몯다 니르고 가느닛고. 　　이르고　　가는구나
於內秋察早隱風未 어 내 추 찰 조 은 풍 미	어느 ᄀ술 이른 ᄇᄅ매 　가을　　누이의 요절
此矣彼矣浮良落尸葉如 차 의 피 의 부 량 락 시 엽 여	이에 뎌에 ᄯ러딜 닙ᄀᆫ 　　　죽은 누이
一等隱枝良出古 일 등 은 지 량 출 고	ᄒᄃᆞᆫ 가지라 나고 한 부모
去奴隱處毛冬乎丁 거 노 은 처 모 동 호 정	가논 곧 모ᄃᆞ론뎌. 10구체 향가의 특징
阿也彌陀刹良逢乎吾 아 야 미 타 찰 량 봉 호 오	아야 『미타찰(彌陀刹)아 맛보올 나 　　　극락세계　　　　화자 (월명사)
道修良待是古如 도 수 량 대 시 고 여	도(道) 닷가 기드리고다.』 　　　기다리겠노라

『♩』: 미래의 재회를 확신하며 현실에 충실하겠다는 태도

슬픔의 종교적
승화

- 월명사

생사의 길은 / 여기 있으매 머뭇거리고
나는 간다는 말도 / 못다 이르고 가버렸는가.
어느 가을 이른 바람에 / 여기저기 떨어지는 잎처럼
한 가지에 나고 / 가는 곳은 모르는구나.
아아 미타찰에서 만날 나 / 도 닦아 기다리겠노라.

갈래	10구체 향가
성격	애상적, 추모적, 서정적, 종교적
제재	누이의 죽음
주제	누이의 죽음을 추모하고 누이의 명복을 기원
특징	① 불교적 신앙심과 윤회 사상이 기반이 됨 ② 비유적 표현이 뛰어난 작품 ③ 생사의 문제에 대한 성찰과 종교적 승화가 드러남
연대	신라 경덕왕 19년(760년)
출전	<삼국유사>

💡 **시험에 나올 핵심 포인트!**

시어 '나'의 의미

3구	누이
9구	월명사(화자)

📍 **작품의 구성 및 중심 내용**

기(1~4구)	누이의 죽음을 슬퍼함
서(5~8구)	삶의 무상감 = 인생무상
결(9~10구)	슬픔의 종교적 승화

📍 **시어의 비유적 관계**

이른 ᄇᄅ매	누이의 요절
ᄯ러딜 닙	죽은 누이
ᄒᄃᆞᆫ 가지	한 부모

핵심 포인트 CHECK

다음 작품에 대한 설명이 맞으면 ○, 틀리면 X 표시하시오.

01 비유를 통해 시상을 형상화하고 있다.

02 10구체 향가이며 향찰로 기록된 작품이다.

03 동기(同氣)간의 우애와 사랑을 보여 주고 있다.

04 불교적 무상감에 의한 절망적 어조가 지배적이다.

05 기·서·결의 3단 구성으로 되어 있다.

실전 적용 문제 2010. 지방직 9급

위 작품에 대한 설명으로 옳지 않은 것은?

① '어느 가을 이른 바람에 이에 저에 떨어질 잎처럼'은 누이의 요절을 비유적으로 표현한 부분이다.

② 화자는 삶의 허무함을 종교를 통해 극복하고자 하는 의지를 보이고 있다.

③ 마지막 두 행에 삶의 무상함이 잘 표현되어 있다.

④ 향가의 10구체 형식을 취하고 있다.

정답 01 ○ ('바람, 한 가지' 등의 시어에서 '제망매가'의 뛰어난 비유를 엿볼 수 있다) 02 ○ 03 ○ 04 X (화자는 누이의 죽음으로 인한 슬픔을 불교적 신앙심으로 승화하고 있다) 05 ○ (내용상 '기(1~4구)-서(5~8구)-결(9~10구)'의 3단 구성을 이루고 있으며, 이는 시조의 구성과 유사하다) | ③ 마지막 두 행은 삶의 무상함이 아닌 불교적 믿음을 통해 누이와의 재회를 염원하는 부분이다.

03 고려 가요

고려 가요는 고려 시대 평민들이 부르던 민요적 시가이다. 구전되다가 훈민정음 창제 이후에 기록되었으며, 대부분의 노래가 남녀상열지사를 내용으로 하였기에 삭제되거나 개작되었다. 주로 3음보의 3·3·2조의 운율을 띠며 연이 나뉘어져 있고 무의미한 후렴구를 가지고 있다.

★

서경별곡(西京別曲)

서경(西京)이 아즐가 서경(西京)이 셔울히마르는
평양　　　　　여음　　　　　강조(반복)　　　서울이지마는
위 두어렁셩 두어렁셩 다링디리
　　운율 형성을 위한 후렴구로 의미는 없음

닷곤 딕 아즐가 닷곤 딕 소셩경 고외마른
　　　　　　　새로 닦은　　　　　　　사랑합니다
위 두어렁셩 두어렁셩 다링디리
　　　　　　　　　　　　　　　　　▶ ① 화자가 여성임을 알 수 있는 소재
　　　　　　　　　　　　　　　　　② 이별을 거부하는 적극적인 태도
여히므론 아즐가 여히므론 질삼뵈 브리시고　(경제적 수단을 버리더라도 이별하지 않겠다)
　　　이별하기보다　　　길쌈하던 베
위 두어렁셩 두어렁셩 다링디리

괴시란딕 아즐가 괴시란딕 우러곰 좃니노이다.
　　　　　　사랑해 주신다면　울면서
위 두어렁셩 두어렁셩 다링디리
　　　　　　　　　　　　　　　　▶ 이별의 거부와 연모의 정

서경(평양)이 서울이지마는
새로 닦은 곳인 서경을 사랑합니다만
(임과) 이별하기보다는 길쌈하던 베를 버리고서라도
(저를) 사랑해 주신다면 울며 따라가겠습니다.

구스리 아즐가 구스리 바회예 디신들
　　　　　　　구슬이 바위에 떨어진들
위 두어렁셩 두어렁셩 다링디리

긴히똔 아즐가 긴히똔 그츠리잇가 나눈
　　　끈이 끊어지겠습니까　　　　여음
위 두어렁셩 두어렁셩 다링디리

즈믄 히를 아즐가 즈믄 히를 외오곰 녀신들
　　　　　　　천년을 외로이 지낸들
위 두어렁셩 두어렁셩 다링디리

신(信)잇돈 아즐가 신(信)잇돈 그츠리잇가 나눈
　　　　　　　믿음이 끊어지겠습니까　　여음
위 두어렁셩 두어렁셩 다링디리
　　　　　　　　　　　　　　　　▶ 임에 대한 믿음과 사랑의 맹세

구슬이 바위에 떨어진들
끈이야 끊어지겠습니까.
(임과 헤어져) 천 년을 홀로 살아간들
믿음인들 끊어지겠습니까.

갈래 고려가요

성격 남녀상열지사(男女相悅之詞, 조선 사대부들이 남녀 간의 사랑을 적나라하게 다룬 고려 가요를 낮잡아 이르던 말)

제재 이별

주제 이별의 정한(情恨)

구성 전 3연의 분연체

운율 3·3·3조, 3음보

특징 설의법, 비유법, 반복법을 사용함

의의 전통 정서인 한(恨)을 표현한 노래

출처 <악장가사>

💡 **시험에 나올 핵심 포인트!**

1. 화자의 태도: 적극적으로 이별 거부
　여성('질삼뵈'를 통해 알 수 있음)

2. 남녀상열지사: 남자와 여자의 저속한 사랑 이야기

3. 핵심 시어
　• 질삼뵈
　　① 화자가 여성임을 알 수 있는 소재
　　② 이별을 거부하는 적극적인 태도
　　　(경제적 수단을 버리더라도 이별하지 않겠다)
　• 사공
　　① 얄미운 존재
　　② 임과의 사이를 방해하는 존재
　• 고즐: 다른 여자 ≠ 정읍사 '즌 딕'

📍 **'구슬'과 시적 화자의 대응 관계**

대상	시련과 고난	결과
구슬	바위에 떨어짐	끈은 끊어지지 않음
화자	천년을 외롭게 지냄	믿음은 끊어지지 않음

대동강(大同江) 아즐가 대동강(大同江) 너븐디 몰라셔
　　　　　　　　넓은 줄 몰라서

위 두어렁셩 두어렁셩 다링디리

빈 내여 아즐가 빈 내여 노흔다 샤공아
　　　　　　　　원망의 대상 (임을 데리고 가서)

위 두어렁셩 두어렁셩 다링디리

네 가시 아즐가 네 가시 럼난디 몰라셔
　　　　　　　　네 각시 바람난 줄 몰라서

위 두어렁셩 두어렁셩 다링디리

널 빈예 아즐가 널 빈예 연즌다 샤공아
　　　　　　　　떠나가는 배에 (내 님을) 얹었느냐

위 두어렁셩 두어렁셩 다링디리

> 화자가 사공에게 하는 말

대동강(大同江) 아즐가 대동강(大同江) 건너편 고즐여
　　　　　　　　건너편 꽃 (다른 여자)

위 두어렁셩 두어렁셩 다링디리

빈 타 들면 아즐가 빈 타 들면 것고리이다 나는
　　　　　　　　꺾을 것이다　　여음

위 두어렁셩 두어렁셩 다링디리

> 화자의 원망, 질투, 의심
> (남녀상열지사적 성격)

▶ 임을 태운 사공과 임에 대한 원망

> 대동강 넓은 줄을 몰라서
> 배를 내어 놓았는가 사공아!
> 네 아내가 음란한 줄을 몰라서
> 가는 배에 (임을) 태웠는가 사공아!
> (임은) 대동강 건너편 꽃을
> 배를 타고 (건너편에) 들어가면 꺾을 것입니다.

- 작자 미상

핵심 포인트 CHECK

다음 작품에 대한 설명이 맞으면○, 틀리면✕표시하시오.

01 재회(再會)에 대한 긍정적 기대가 나타나 있다.

02 여음을 사용하여 운율을 형성하고 있다.

03 이별에 대해 적극적으로 거부하는 화자의 자세가 드러난다.

04 시적 화자는 사공을 자신과 '임'의 사이를 방해하는 대상으로 생각하고 있다.

05 고려 시대 서민들의 정서를 느낄 수 있다.

실전 적용 문제 2011. 서울시 7급

다음 중 단어의 뜻으로 옳지 않은 것은?

① 괴시란ᄃᆡ: 사랑해 주신다면

② 우러곰: 우러러보며

③ 긴히ᄯᆞᆫ: 끈이야

④ 그츠리잇가: 끊어지겠습니까

⑤ 외오곰: 외로이

정답 01 ✕ (임과의 이별을 원치 않는다는 내용을 담고 있는 작품으로, 재회에 대한 긍정적 기대는 찾아 볼 수 없다) 02 ○ 03 ○
04 ○ 05 ○ ┃ ② '우러곰'의 옳은 현대어 풀이는 '울면서'이다.

04 악장

악장은 국가의 행사에 사용되던 노래로, 왕업을 찬양하거나 창업주를 예찬하는 내용을 주로 담고 있다. 왕조가 교체되는 시기였던 조선 전기에만 나타나는 독특한 갈래로, 지나친 목적 문학적 성격과 제한된 향유 계층 등의 이유로 인해 대중적으로 퍼지지 못하고 소멸하게 된다. 주요 작품으로는 '용비어천가', '월인천강지곡', '신도가' 등이 있다.

★★★ 용비어천가(龍飛御天歌)

제1장

조선 건국의 주역인 6조 (목조, 익조, 도조, 환조, 태조, 태종)

해동(海東) 육룡(六龍)이 ᄂᆞᄅᆞ샤 일마다 천복(天福)이시니.
　　바다 동쪽

고성(古聖)이 동부(同符)ᄒᆞ시니.　　　　　　　　▶ 조선 건국의 정당성(천명성)
　중국의 옛 왕들　　들어 맞으시니

> 해동 육룡이 날으시어 일마다 하늘이 내려 준 복이십니다.
> (이 모습이) 옛 성인과 똑같이 일치하십니다.

제2장

○:조선　△:시련, 고난

불휘 기픈 남ᄀᆞᆫ ᄇᆞᄅᆞ매 아니 뮐씨, 곶 됴코 여름 하ᄂᆞ니.　┐ 대구법
　　　나무　　　흔들리지 않다　　　　　　　많으니　　┘ 반복법
ᄉᆡ미 기픈 므른 ᄀᆞ므래 아니 그츨씨, 내히 이러 바ᄅᆞ래 가ᄂᆞ니.
　　　　　　　그치지 않다　　　　　　　　　　　▶ 조선의 무궁한 발전 송축

> 뿌리 깊은 나무는 바람에 흔들리지 않으므로 꽃이 좋고 열매가 많습니다.
> 샘이 깊은 물은 가뭄에도 그치지 않으므로 냇물이 이루어져 바다에 갑니다.

제4장

┌─── 고공단보께서 (생략)

적인(狄人)ㅅ 서리예 가샤 적인(狄人)이 ᄀᆞᆯ외어늘.
북쪽 오랑캐　　사이에　　　　　　침범하므로　┐ 대구법
기산(岐山) 올ᄆᆞ샴도 하ᄂᆞᇙ 뜨디시니　　　 │ (주나라와 비교)
　　　　옮기신 것도　　　　　　　　　　　　　│
┌─── 익조께서 (생략)　　　　　　　　　　　　　│
야인(野人)ㅅ 서리예 가샤 야인(野人)이 ᄀᆞᆯ외어늘 ┘

덕원(德原) 올ᄆᆞ샴도 하ᄂᆞᇙ 뜨디시니　　　　　▶ 익조에게 내린 하늘의 뜻

> (주나라 태왕 고공단보께서) 북쪽 오랑캐 사이(빈곡)에 사실 때에, 북쪽 오랑캐가 침범하므로
> 기산으로 옮기신 것도 하늘의 뜻이시니.
>
> (익조께서) 여진족 사이(오동)에 가시어 살 때, 여진족이 침범하므로
> 덕원으로 옮기신 것도 하늘의 뜻이시니.

갈래 악장, 송축가, 영웅 서사시
성격 권계적, 송축적, 예찬적, 서사적
제재 조선 왕조의 창업
주제 조선 개국의 정당성
구성 10권 5책 125장
의의 ① 최초로 훈민정음으로 기록된 작품
　　② 우리말로 기록한 최초의 장편 영웅 서사시
　　③ 악장 문학의 대표작
연대 ① 창작: 세종 27년(1445년)
　　② 간행: 세종 29년(1447년)

💡 시험에 나올 핵심 포인트!

1. <125장> '하나빌 미드니잇가' → 한나라 태장왕 일화 차용

> 하나라 태장왕은 자신의 할아버지인 우왕의 덕만 믿고 놀음에 빠져 나라를 돌보지 않았다. 그러던 중 낙수(洛水) 밖으로 사냥을 나가 백일이 넘도록 돌아오지 않았는데, 이를 참지 못한 제후 예(羿)가 태장왕을 폐위해 버렸다.

2. 암기해야 할 중세 국어 어휘와 뜻

중세 국어	현대어
하다	많다
ᄒᆞ다	하다
여름	열매
녀름	여름

제125장

천세(千歲) 우희 미리 정(定)ᄒ샨 한수(漢水) 북(北)에,
　　천년 전에　　　　　　　　　　　　한양
누인개국(累仁開國)ᄒ샤 복년(卜年)이 ᄀ업스시니.
'어짊'을 바탕으로 나라를 열어　　　　끝이 없으시니
성신(聖神)이 니ᄉ샤도 경천근민(敬天勤民)ᄒ샤ᄉ, 더욱 구드리시이다.
　후대왕　　　　　　　하늘을 공경하고 백성을 위하여 부지런히 일함

님금하, 아ᄅ쇼셔.
　　　아소서
낙수(洛水)예 산행(山行) 가 이셔 하나빌 미드니잇가.　　　　▶ 후대 왕에 대한 권고
　　　　　　　　　　　　　설의법
　　　　　　　　　　할아버지만 믿으셨습니까?

> 천 년 전에 미리 정하신 한강 북쪽에
> 인(仁)을 차곡차곡 쌓은 바탕 위에 나라를 열어 왕조의 운명이 끝이 없습니다.
> 성스러운 왕손이 이으셔도 하늘을 공경하고 백성을 위하여 부지런히 일하셔야 더욱 굳건할 것입니다.
> 임금이시어, 아소서
> 낙수에 사냥하러 가서 할아버지만 믿으셨습니까?

- 정인지 등

용비어천가의 전체 구성

서사: 개국송 (開國頌)	제1장	조선 창업의 정당성을 밝힘
	제2장	조선의 무궁한 발전을 송축
본사: 사적찬 (事蹟讚)	제3-8장	태조의 선조인 사조의 사적을 노래함
	제9-89장	태조의 인품과 업적을 노래함
	제90-109장	태종의 위업 찬양
결사: 계왕훈 (戒王訓)	제110-125장	후대 왕에 대한 권계

시어의 함축적 의미

불휘, 심	기초가 튼튼한 나라
ᄇ룸, ᄀ몸	시련과 고난
곶, 여름, 내, 바롤	문화의 융성, 번영

핵심 포인트 CHECK

다음 작품에 대한 설명이 맞으면○, 틀리면X표시하시오.

01 훈민정음으로 지어진 최초의 장편 서사시이다.

02 국문학 갈래상 악장으로, 조선 건국의 정당성을 기리는 노래이다.

03 조선 창업주들의 사적을 예찬하는 목적성이 강한 노래이다.

04 민간에서 주로 국가의 번영을 빌기 위해 부르던 노래이다.

05 시조와 형식상 유사한 부분이 많아 시조의 효시로 보기도 한다.

실전 적용 문제　2008. 법원직 9급

<용비어천가 제2장>에 대한 설명으로 바르지 못한 것은?

① 고유어의 사용이 매우 뛰어나다.

② 왕조의 번성을 위해 후대 왕들에게 경각심(警覺心)을 불러일으키고 있다.

③ 고도의 비유와 상징성을 띠고 있다.

④ 대구와 반복을 통해 내용을 강조하고 있다.

정답 01 ○ 02 ○ 03 ○ 04 X ('악장'은 민간에서 부르던 노래가 아니라 궁중에서 불리던 노래이다) 05 X ('용비어천가'는 시조와 형식상 유사한 부분이 없다. 참고로 시조는 고려 중기에, 악장은 조선 전기에 형성된 갈래이다) │ ② '용비어천가' 제2장은 조선이 뿌리 깊은 나무와 샘이 깊은 물처럼 굳건할 것을 얘기하고 있다. 이는 후대의 왕들에게 경각심을 불러일으키는 것보다 오히려 안심시키려는 것에 가깝다.

05 평시조

시조는 고려 중기에 발생하여 고려 말에 완성된 문학 형태로, 실질적으로 향유된 시기는 조선 시대이다. 초기에는 신진 사대부 위주로 향유되었으나, 조선시대에 이르러 향유층이 평민으로 확대되며 국민 문학으로 발전하였다. 시조는 3·4조 또는 4·4조와 4음보를 기본으로 하는 3장 6구 45자 내외로 구성된 정형시이며 종장 첫 음보가 3음절로 고정된다.

★★★
지조와 절개 1

가 간밤의 부던 바람에 눈서리 치단말가
　　　　　　　시련·고난
　　낙락 장송(落落長松)이 다 기우러 가노미라
　　　　충신　　　　　쓰러져
　　ㅎ 믈며 못다 핀 곳이야 닐너 므슴 ㅎ 리오
　　　　　유생(충신)　　말해서
　　　　　　　　　　　　　　　　　　　　　　- 유응부

○ : 긍정적 시어
△ : 부정적 시어

> 간밤에 불던 바람에 눈과 서리까지 친단 말인가? / 낙락장송도 다 쓰러져 가는구나.
> 하물며 못다 핀 꽃이야 말해서 무엇하리오.

나 국화야 너는 어찌 삼월동풍(三月東風) 다 보내고
　지조와 절개　　　　　　좋은 시절
　　낙목한천(落木寒天)에 네 홀로 피었는가
　　　힘겨운 시절
　　아마도 오상고절(傲霜孤節)은 너뿐인가 하노라
　　　서릿발 속에서도 지켜내는 굳은 절개
　　　　　　　　　　　　　　　　　　　　　- 이정보

> 국화야 너는 어찌 봄바람이 부는 계절을 다 보내고, / 나뭇잎이 지고 추워진 계절에 홀로 피었느냐?
> 아마도 서리를 이겨내는 높은 절개를 지닌 것은 너밖에 없는 것 같구나.

다 백설(白雪)이 즈자진 골에 구름이 머흐레라
　　충신　　　없어진　　　간신　　험하구나
　　반가온 매화(梅花)는 어니 곳에 픠엿는고
　　　　　충신
　　석양(夕陽)에 홀로 셔 이셔 갈 곳 몰라 ㅎ 노라
　　　　　　　　　　　　　　　　　　　　　- 이색

> 흰 눈이 없어진 골짜기에 구름이 험하구나 / (나를) 반겨 줄 매화는 어느 곳에 피어 있는가?
> 석양에 홀로 서서 갈 곳 몰라 하노라.

핵심 포인트 CHECK

다음 작품에 대한 설명이 맞으면 ○, 틀리면 X 표시하시오.

가 01 '바람'은 정치적 시련을 의미하는 시어이다.
　02 '낙락장송'은 충신들의 절개를 의미하는 시어이다.
나 03 '삼월동풍'과 '낙목한천'은 대조적 시어이다.
　04 '국화'를 의인화하여 선비가 지켜야 할 지조, 절개의 덕목을 강조하고 있다.

다 05 대조적 의미의 시어를 사용하였다.
　06 '백설'은 당시 시대적 상황을 표현한 시어이다.
　07 종장에서 현 상황을 극복하려는 화자의 적극적 의지를 찾을 수 있다.

정답 01 ○ 02 ○ 03 ○ 04 ○ 05 ○ 06 X 07 X (화자의 의지가 아닌 고뇌가 드러난다)

가 갈래 평시조, 서정시
　성격 풍자적, 우의적
　제재 바람, 낙락장송, 꽃
　주제 세조(수양대군)의 횡포 비판
　특징 대조적 소재를 사용하여 주제를 표현함

나 갈래 단시조, 평시조
　성격 교훈적, 절의가
　제재 국화
　주제 굳은 절개에 대한 찬양

다 갈래 단시조, 평시조
　성격 우국적
　제재 백설, 구름, 매화, 석양
　주제 혼란스러운 시대에 대한 걱정과 근심
　특징 ① 풍유법을 사용함
　　　② 색채 이미지가 대조됨

>> **작품 해제**

가 수양대군의 왕위 찬탈 과정(계유정난)에서 수많은 충신들을 죽음으로 몰아넣고 단종을 폐위시킨 것을 우의적이고 은유적으로 풍자한 시조이다. 화자는 수양대군의 왕위 찬탈 과정의 희생자들을 안타까워하며 세조의 횡포를 비판한다.

나 사군자(四君子) 중 국화를 제재로 하여 선비가 지켜야 할 지조·절개를 노래한 작품으로, 관직에서 물러난 이정보가 은거 생활을 할 때 지은 시조이다. 추운 가을에도 꿋꿋이 핀 국화를 찬양하며 국화를 따라 절개를 지키겠다는 신념을 보여 준다.

다 고려 말 사대부는 새 왕조의 설립을 주장하는 급진파와 기존의 왕조(고려 왕조)를 지키는 것을 주장하는 온건파로 나누어졌다. 본 시조는 혼란스러운 역사의 전환기 속, 신진 사대부를 지도하는 입장임과 동시에 온건파인 작가의 고민과 그에 따른 작가의 수난을 노래한 시조이다.

★★★
지조와 절개 2

가 눈 마ᄌ 휘여진 딕를 뉘라서 굽다턴고
시련   지조와 절개의 상징
구블 절(節)이면 눈 속의 프를소냐
굽힐   절개   푸르겠는가
아마도 세한 고절(歲寒孤節)은 너뿐인가 ᄒ노라   - 원천석
한겨울의 추위에도 변함없는 절개

> 눈을 맞아 휘어진 대나무를 누가 굽었다고 하던가?
> 굽힐 절개라면 눈 속에서 푸르겠는가?
> 아마도 한겨울의 추위를 이기는 높은 절개는 너뿐인가 하노라.

나 이 몸이 주거가셔 무어시 될고 ᄒ니
봉래산 제일봉에 낙락장송(落落長松) 되야 이셔
충신   되어서
백설이 만건곤(滿乾坤)홀 제 독야청청(獨也靑靑) ᄒ리라   - 성삼문
시련   온세상에 가득할 때   절개를 지킬 것을 다짐함

> 이 몸이 죽어서 무엇이 될 것인가 하면,
> 봉래산 가장 높은 봉우리에 큰 소나무가 되어서
> 흰 눈이 온 세상을 덮을 때, 나 혼자만은 푸르고 푸르겠노라.

다 수양산(首陽山) ᄇ라보며 이제(夷齊)를 한(恨)하노라
① 중국의 산 ② 수양대군 (중의법) 백이와 숙제 (중국 은나라의 충신)
주려 죽을진데 채미(採薇)도 하는 것가
죽을지라도   ① 고사리 ② 낮은 벼슬
아모리 푸새엣 것인들 긔 뉘 따희 낫다니   - 성삼문
풀이지만   누구 땅에서 났느냐

> 수양산을 바라보면서, 백이와 숙제를 꾸짖으며 한탄한다.
> 차라리 굶주려 죽을지언정 고사리를 먹겠는가?
> 비록 풀이라 하더라도 그것이 누구의 땅에서 났는가?

가 갈래 평시조, 서정시, 정형시
성격 회고적, 절의적, 의지적
제재 대나무
주제 고려 왕조에 대한 지조
특징 의인법, 상징법, 설의법을 사용해
   굳은 의지를 표현함
출전 <병와가곡집>, <청구영언>

나 갈래 평시조, 서정시, 정형시
성격 절의적, 지사적, 의지적
제재 낙락장송
주제 임금(단종)을 향한 충절, 일편단심
특징 비유와 상징을 통해 주제를 표현함
연대 조선 세조 때
출전 <청구영언>

다 갈래 평시조, 서정시, 정형시
성격 풍자적, 비판적, 지사적
제재 중국 충신(백이·숙제)의 고사
주제 죽음도 불사하는 굳은 지조·절개
특징 설의법과 중의법을 사용하여 자신
   의 지조를 부각시킴
출전 <청구영언>

>> 작품 해제

가 흰 눈에도 그 푸름을 유지하는 대나무를 제재로 하여 어떠한 상황 속에서도 자신이 모시던 왕조에 대한 충절을 지키겠다는 작가의 굳은 의지를 보여 주는 작품이다.

나 단종을 복위시키는 데 실패한 성삼문이 죽임을 당할 때 읊은 시조이다. 화자가 스스로를 '낙락장송(落落長松)'이라 하며, 세상 모든 만물이 세조를 섬기게 되더라도 자신은 단종에 대한 충절을 지킬 것이라는 결의를 상징적으로 보여 준다.

다 백이와 숙제는 지조와 절개를 지킨 중국의 충신이다. 그들은 자신이 모시던 왕조가 주나라의 손에 멸망하자, 주나라의 녹을 받아 사는 것을 거부하며 관직을 버리고 수양산에 올라 고사리를 캐 먹다 굶어 죽었다. 세조의 왕위 찬탈을 비판하여 죽은 성삼문은 산 속의 고사리조차도 주나라의 땅에서 난 것이니 이를 캐 먹은 백이와 숙제를 비판하며 자신의 절개를 강조한다.

핵심 포인트 CHECK

다음 작품에 대한 설명이 맞으면 ○, 틀리면 X 표시하시오.

가 01 '딕'를 매개로 하여 화자의 절개를 표현하고 있다.

02 '눈'은 시련, 고난을 뜻한다.

나 03 상징적 표현을 사용하여 주제를 드러내고 있다.

04 '백설'은 화자를 상징하는 시어이다.

다 05 중국 고사를 활용해 화자의 다짐을 강조하고 있다.

06 절개를 굳게 지킬 것을 표현한 절의가(絶義歌)이다.

07 자신의 처지를 한탄하며 과거의 잘못을 자책하고 있다.

정답 01 ○ 02 ○ 03 ○ 04 X 05 ○ 06 ○ 07 X

★★★
맥수지탄(麥秀之嘆) : 나라가 멸망함을 한탄함

가 흥망(興亡)이 유수(有數)ᄒ니 만월대(滿月臺)도 추초(秋草) ㅣ 로다
　　　　　운수가 있으니　　고려의 옛 궁궐터　　가을 풀
　　오백 년 왕업(王業)이 목적(牧笛)에 부쳐시니 ○: 고려 왕조의 역사를 뜻함(맥수지탄)
　　　　　　　　　목동의 피리 소리　깃들어 있으니
　　석양(夕陽)에 지나는 객(客)이 눈물계워 ᄒ노라　　　　　　- 원천석
　중의적 표현(해 질 녘, 고려의 멸망)　화자 자신

> 흥하고 망하는 것이 운수에 매어 있으니, (고려의 궁궐이 있던) 만월대도 가을 풀만이 우거져 있구나.
> 오백 년 고려의 왕업이 목동이 부는 구슬픈 피리 소리에 담겨 있으니
> 해질 무렵 이 곳을 지나는 나그네로 하여금 슬픔을 이기지 못하게 하는구나.

나 선인교(仙人橋) 나린 물이 자하동(紫霞洞)에 흘너 드러
　　└─────────┘ 고려 왕조
　　반천 년 왕업(王業)이 물소리ᄲ이로다
　　　　　　　　　고려 왕업의 무상함
　　『아희야 고국 흥망(故國興亡)을 무러 무엇ᄒ리오』 『 』: 체념　- 정도전
　　　　고려의 멸망은 역사적 흐름에 따른 필연적 사건이라는 인식

> 선인교에서 내려오는 맑은 물이 자하동으로 흘러내리는 것을 보니,
> 오백 년이나 이어 내려온 왕업도 남은 것은 이 물소리뿐이로다.
> 아이야, 고려 왕조의 흥망을 따져 본들 무엇하겠느냐?

다 오백 년 도읍지를 필마로 도라드니
　　　　　　　말한필
　　산천은 의구(依舊)ᄒ되 인걸은 간 듸 업다　산천↔인걸: 자연과 인간을 대조하며
　　자연　옛날 그대로 변함이 없다　인간　　　　　　현실을 한탄함
　　어즈버 태평연월(太平烟月)이 ᄭ꿈이런가 ᄒ노라　　　　　- 길재

> 오백 년 이어온 고려의 옛 서울에 한 필의 말을 타고 들어가니,
> 산천의 모습은 예나 다름없으나, 인걸은 간 데 없다.
> 아아, 고려의 태평한 시절이 한낱 꿈처럼 허무하도다.

핵심 포인트 CHECK

다음 작품에 대한 설명이 맞으면○, 틀리면✕표시하시오.

가 01 '석양'은 시간적 배경뿐만 아니라 역사적 배경을 나타내는 이중적 의미를 지닌 시어이다.

02 '지나는 객'을 관찰하며 쓴 시이다.

나 03 '반천 년 왕업'은 이전 왕조의 업적을 의미한다.

04 종장에서 왕조의 멸망이 역사의 흐름에 따른 것임을 언급하고 있다.

다 05 자연의 영원성과 인간의 유한성을 대조하고 있다.

06 종장에서 융성했던 옛 시절을 회고하는 화자의 허무한 감정이 드러난다.

정답　01 ○ 02 ✕ ('지나는 객'은 화자 자신을 표현한 것이다) 03 ○ 04 ○ 05 ○ 06 ○

가 갈래 평시조, 서정시, 정형시
성격 비유적, 감상적, 회고적
제재 만월대
주제 고려의 멸망을 탄식하며 역사의 무상함을 느낌
특징 ① 시각적·청각적 이미지를 사용하여 정서를 표현함
② 은유법, 영탄법, 중의법을 사용하여 주제를 형상화함
출전 <청구영언>

나 갈래 단시조, 평시조
성격 감상적, 회고적
제재 물소리
주제 망해버린 나라(고려 왕조)를 돌아봄, 인생무상
특징 ① 설의, 은유, 영탄법을 사용하여 주제 의식을 드러냄
② 청각적 이미지를 사용하여 고려 왕업의 무상함을 표현함
출전 <청구영언>, <화원악보>

다 갈래 단시조, 평시조, 서정시, 정형시
성격 영탄적, 감상적, 회고적
제재 과거 고려의 도읍지
주제 망국의 한·회고의 정(맥수지탄)
특징 ① 자연과 인간을 대비하여 인생무상의 정서를 효과적으로 표현
② 비유적 표현을 사용하여 고려의 멸망을 노래함(회고가)
출전 <청구영언>

>> 작품 해제

가 회한의 정조를 띠는 시어(추초, 목적, 석양, 객 등)를 사용해 나라(고려)를 잃은 선비의 한(恨)을 형상화하고 있다.

나 자하동 선인교를 보며 고려 역사의 무상함을 노래한 작품이다. 다양한 상징(선인교·자하동 - 흥왕하던 고려, 물소리 - 고려 역사의 무상함)을 사용하고 있다.

다 고려가 망하고 조선이 세워지던 때 고려 충신에 의해 지어진 회고가(懷古歌)로, 개성(고려 옛 도읍지)에 평범한 신분으로 다시 찾아온 작가는 변함없는 자연을 보면서 인재와 유신들이 사라진 현실을 한탄하고 있다.

가 유교적 가치관 | 나 다 연군지정(戀君之情) : 임금에 대한 변함없는 사랑

가 반중(盤中) 조홍(早紅)감이 고아도 보이ᄂ다
　　소반　　　　홍시
유자(柚子) 안이라도 품엄즉도 ᄒ다마ᄂ
중국의 '회귤 고사'를 인용
『품어 가 반기리 업슬ᄉᆡ 글노 설워 ᄒᄂ이다』 『 』: 효를 행할 수 없음을 슬퍼함.
　　반길 이(부모님)　　그것을　　　　　풍수지탄(風樹之嘆)
　　　　　　　　　　　　　　　　　　　　　　　　　　　　– 박인로

'회귤 고사'의 내용: 중국의 이름난 효자인 육적(陸績)이 여섯 살 때 원술(袁術)을 찾아가 대접받은 귤을 어머니께 드리기 위해 품에 숨겼다.

> 소반 위에 놓인 홍시가 매우 곱게도 보인다.
> 유자가 아니라 할지라도 몸에 품고 돌아갈 만도 하다마는,
> (품속에) 품어 가도 반가워해 주실 분이 없으므로 그것으로 인하여 서러워 하노라.

나 간 밤에 우던 여흘 슬피 우러 지내여다. ◯ : 감정 이입의 대상
　　　　　　　　흐르는구나
이제야 싱각ᄒ니 님이 우러 보내도다.
　　　　　단종
져 ⓜ이 거스리 흐르고져 나도 우러 녜리라.
　　　　　　　　　　　　　　　　　　　　– 원호

> 지난밤에 울며 흐르던 여울, 슬피 울면서 흘러 가는도다.
> 이제야 생각하니 (우는 소리는) 임(임금)이 울면서 보내는 것이로구나
> 저 물이 거슬러 흐른다면 나도 울면서 가리라.

다 천만 리 머나먼 길희 고은 님 여희Ꮎᆸ고
　　슬픔의 깊이　　　　　고운님(단종) 이별하고
니 마음 둘 디 업서 냇ᄀᆞ에 안쟈시니
져 ⓜ니ᄂ ᄀᆞ툿ᄒ여 우러 밤길 녜놋다.
　　마음　　　　　　　　흐르는구나
　　　　　　　　　　　　　　　　　　　– 왕방연

> 천 리 만 리 머나먼 길에 고운 님(단종)과 이별하고
> 내 마음 둘 곳이 없어 냇가에 앉았는데,
> 저 물도 내 마음 같아서 울면서 밤길을 흐르는구나.

핵심 포인트 CHECK

다음 작품에 대한 설명이 맞으면 ◯, 틀리면 ✕표시하시오.

가 01 '유자'는 화자가 소유하고 싶어 하는 대상이다.

02 '글노 설워'는 '글로 서러움을 표현함'을 의미한다.

03 위 작품의 주제는 '풍수지탄(風樹之嘆)'이다.

나 04 창작 시기를 고려했을 때 '님'은 단종을 뜻한다.

05 '여흘'은 화자가 감정 이입을 한 대상이다.

06 '간 밤'은 화자와 임을 연결하는 매개체이다.

다 07 이별로 인한 슬픔을 '천만 리'라는 표현을 통해 극대화하고 있다.

08 화자의 감정을 '믈'을 통해 표현하고 있다.

정답 01 ✕ ('유자'는 작품의 주제를 강조하기 위해 인용한 고사의 등장인물로, 화자가 소유하고 싶어하는 대상은 아니다) 02 ✕ 03 ◯
04 ◯ 05 ◯ 06 ✕ (화자와 '님'을 연결하는 매개체는 '여흘'이다) 07 ◯ 08 ◯

가 갈래 단시조, 평시조
성격 교훈적
제재 조홍감(홍시)
주제 효(孝), 풍수지탄(風樹之嘆)
특징 육적(중국 삼국 시대의 이름난 효자)의 회귤 고사를 인용하여 지극한 효심을 표현함
연대 조선 선조 때
출전 〈노계집〉

나 갈래 평시조
성격 감상적, 절의가, 연군가
제재 여울물이 흘러가는 소리
주제 임과의 이별에 대한 슬픔, 연군지정(戀君之情)
특징 감정 이입과 의인법이 사용됨

다 갈래 평시조
성격 감상적, 절의가, 연군가
제재 임금(단종)의 유배
주제 임(임금, 단종)과의 이별에 대한 슬픔
특징 냇물에 감정을 이입하여 연군지정을 표현함

💡 시험에 나올 핵심 포인트!

감정 이입이 드러난 대표적 작품
• 〈청산별곡〉: '우러라 우러라 새여'
• 김소월, 〈초혼〉: '사슴의 무리가 슬피 운다'
• 백석, 〈여승〉: 산꿩

>> 작품 해제

가 작가가 한음 이덕형에게 받은 감에서 회귤 고사를 떠올리고, 세상을 뜬 어버이를 그리워하며 지은 시조이다. 작가는 회귤 고사를 인용함으로써 부모에 대한 그리움과 효심을 부각시켰다.

나 생육신 원호의 시로, 평생을 자신이 모시던 단종을 그리워한 작가의 애달픈 마음이 잘 나타난 연군가이다.

다 어린 임금(단종)을 자신의 손으로 유배를 보내야 했던 금부도사가 단종의 유배지에서 돌아오는 길에 지었다고 전해지는 시이다. 아직 어린 아이를 험한 산골인 영월에 직접 가둬야 했던 죄책감과 안타까움을 냇물에 빗대어 표현하고 있다.

★★★
임에 대한 그리움 1

가 ᄆᆞ음이 어린 후(後) ㅣ니 ᄒᆞ는 일이 다 어리다.
　　　어리석은　　　　　하는　　　　　어리석구나
만중 운산(萬重雲山)에 어ᄂᆡ님 오리마ᄂᆞᆫ,
　　　임과의 만남의 장애물
지ᄂᆞᆫ 닙 부ᄂᆞᆫ 바람에 ᄒᆡᆼ여 긘가 ᄒᆞ노라.　　　　　　　　　- 서경덕
　　　　　　　　　　　임인가

> 마음이 어리석으니 하는 일이 모두 어리석다.
> 겹겹이 구름 낀 산중에 어느 임이 오겠느냐마는
> 떨어지는 잎과 부는 바람 소리에 행여 임인가 하노라.

나 산은 녯 산이로ᄃᆡ 물은 녯 물이 안이로다
　불변성　옛　　　　　가변성
주야(晝夜)에 흘은이 녯 물이 이실쏜야

인걸(人傑)도 물과 ᄀᆞᆺᄋᆞ야 가고 안이 오노ᄆᆡ라　　　　　- 황진이
　사람, 영웅　　　　　　같아서

> 산은 옛 산인데 물은 옛 물이 아니로구나.
> 밤낮으로 흐르는데 옛 물이 있겠느냐.
> 임도 물과 같아서 가고 안 오는구나.

다 방(房) 안에 혓는 촉(燭)불 눌과 이별(離別)ᄒᆞ엿관ᄃᆡ,　　　○: 감정 이입의 대상
　　　　켜 있는　　　　누구와　　　의인법
것츠로 눈물 디고 속 타는 쥴 모르는고.
　　　(떨어)지고
뎌 촉(燭)불 날과 갓트여 속 타는 쥴 모로도다.　　　　　　　- 이개
　　　　　　　　　　　모르는구나

> 방 안에 켜 있는 촛불은 누구와 이별을 하였기에,
> 겉으로 눈물을 흘리면서 속타는 줄 모르는가.
> 저 촛불도 나와 같아서 속이 타는 줄을 모르는구나.

가 갈래 평시조
　성격 낭만적, 감상적
　제재 기다림
　주제 연모하는 이를 기다리는 마음
　특징 ① 인간의 순수한 감정(사랑)을 노래
　　　② 자연물을 소재로 하여 감정을 효과적으로 표현함

나 갈래 평시조, 서정시
　성격 애상적, 관조적
　제재 산, 물, 인걸
　주제 임과의 이별에서 오는 그리움, 인생무상(人生無常)
　특징 대조적인 표현을 통해 시적 의미를 강조함

다 갈래 평시조
　성격 감상적, 절의가, 연군가
　제재 촛불
　주제 임금(단종)과 이별한 슬픔, 연군지정(戀君之情)
　특징 감정 이입, 의인법이 사용됨

>> 작품 해제

가 도학자인 작가가 사모하는 임(황진이)을 기다리는 심정을 진솔하게 표현한 작품이다. '만중 운산(萬重雲山)'이라는 방해물을 설정했으며, 자연의 미세한 변화에도 혹시 임인가 생각하는 시적 화자의 모습에서 인간의 순수한 감정(사랑)이 드러난다.

나 황진이가 임(서경덕)을 그리워하는 마음을 표현한 시조로, 애상적 정서가 드러난다.

다 세조의 왕위 찬탈 후 모시던 임금(단종)이 유배를 가게 되자, 그를 그리워하며 쓴 절의가(節義歌)이다. 촛불에 감정 이입을 하여 이별의 슬픔을 노래하고 있는 것이 특징이다.

핵심 포인트 CHECK

다음 작품에 대한 설명이 맞으면 ○, 틀리면 X 표시하시오.

가 01 임을 기다리는 안타까운 심정을 표현하고 있다.

　02 '만중 운산'은 임과 화자 사이를 갈라놓는 장애물이다.

나 03 대조적인 표현을 사용하여 정서를 표현하고 있다.

　04 '산'은 스쳐지나가는 존재, 유한함을 상징한다.

　05 '물'은 '인걸'과 유사한 의미를 지닌 시어이다.

다 06 대상을 의인화하여 화자의 정서를 효과적으로 드러내었다.

　07 이별의 슬픔으로 흘린 눈물을 촛농에 비유하였다.

정답 01 ○ 02 ○ 03 ○ 04 X 05 ○ 06 ○ 07 ○

★★★
임에 대한 그리움 2

가 <u>임이 자신을 잊지 않기를 바라는 마음</u>
묏버들 갈히 것거 보내노라 님의손디,
　　골라　　　　　　　　　　　에게
　자시는 창(窓) 밧긔 심거 두고 보쇼셔.
　주무시는
　밤비예 새닙곳 나거든 날인가도 너기쇼셔.
　　　　　　　　　　나처럼
　　　　　　　　　　　　　　　　　　　　　　　- 홍랑

> 산버들을 (좋은 것으로) 골라 꺾어 보내노라 임에게
> 주무시는 방 밖에 심어두고 보소서.
> 밤비에 새잎 나거든 나를 본 것처럼 여기소서.

나 <u>계절적 배경 (봄)</u>
이화우(梨花雨) 흣뿌릴 제 울며 줍고 이별흔 님
(비처럼 흩날리는) 배꽃
　추풍낙엽(秋風落葉)에 저도 날 싱각는가
　　시간의 흐름(가을)　　임
　천 리(千里)에 외로운 꿈만 오락가락 ᄒ노매
　　　　　　만나고자 하는 마음
　　　　　　　　　　　　　　　　　　　　　　　- 계랑

> 배꽃이 비처럼 흩날릴 때, 울며 이별한 임,
> 가을바람에 낙엽 지는 때에, 임도 나를 생각하여 주실까?
> 천 리 머나먼 길에서 외로운 꿈만 오락가락 하는구나.

가 갈래 단시조, 평시조, 서정시, 정형시
　성격 여성적, 애상적, 감상적, 이별가, 연정가
　제재 이별, 묏버들
　주제 임에게 마음(사랑)을 전함
　특징 ① 여인의 이미지(섬세함, 가련함)
　　　　　가 드러남
　　　　② 간절한 당부의 메시지가 포함됨
　연대 조선 선조 때
　출전 <청구영언>

나 갈래 단시조, 평시조, 서정시, 정형시
　성격 여성적, 애상적, 감상적, 연정가
　제재 이별, 이화, 낙엽
　주제 임에 대한 그리움
　특징 하강의 이미지를 통해 이별의 정
　　　　서를 심화함
　연대 조선 명종 때
　출전 <청구영언>

>> 작품 해제

가 작가의 연인인 최경창이 상경하기 전 버들가지를 주면서 바친 시로, 이별에 대한 아쉬움을 비유법을 사용하여 우아하고 솔직하게 표현한 것이 특징인 연정가(戀情歌)이다.

나 노래, 거문고, 한시에 능했던 기녀 계랑의 작품으로, 배꽃이 떨어질 때 연인인 유희경과 헤어지던 상황과 그를 그리워하는 가을날, 임과의 재회를 꿈꾸는 모습 등을 여성만의 섬세한 감성으로 표현한 것이 특징이다.

핵심 포인트 CHECK

다음 작품에 대한 설명이 맞으면 ○, 틀리면 X표시하시오.

가 01 '묏버들'은 화자 또는 화자의 마음을 의미한다.
02 화자는 임이 자신을 잊지 않고 사랑해 주기를 바란다.
03 반어법을 통해 임에 대한 화자의 마음을 드러내고 있다.

나 04 화자는 자신을 두고 떠난 임을 원망하고 있다.
05 '이화우'와 '추풍낙엽'을 통해 시간의 흐름을 효과적으로 표현하고 있다.
06 하강의 이미지를 통해 화자의 정서를 심화하고 있다.

정답 01 ○ 02 ○ 03 X 04 X 05 ○ 06 ○

⭐ 임에 대한 그리움 3

가 어이 못 오던가 무슴 일로 못 오던가

　너 오는 길 위에 무쇠로 성(城)을 쏘고 성안에 담 쏘고 담 안에란 집을 짓고
　　　　　　　　　　　　성을 쌓고

집 안에란 뒤주 노코 뒤주 안에 궤를 노코 궤 안에 너를 결박(結縛)ᄒ여 너코
　　　　　　뒤주를 놓고　　　궤짝 놓고

쌍(雙)비목 외걸쇠에 용(龍)거북 ᄌ믈쇠로 수기수기 ᄌ갓더냐 네 어이 그리
　　　문을 잠그는 도구　　　　　　꽁꽁　　잠가 두었더냐

아니 오던가

　흔 둘이 서른 날이여니 날 보라 올 하루 업스랴
　　　서른 날인데　　　　날 보러 올 하루 없겠는가
　　　　　　　　　　　　　　　　　　　　　　　　　　　- 작자 미상

> 어찌하여 못 오던가, 무슨 일로 못 오던가? / 너 오는 길 위에 무쇠로 성을 쌓고, 성안에 담을 쌓고, 담 안에 집을 짓고, 집 안에 뒤주를 놓고, 뒤주 안에 궤짝 놓고, 궤 안에 너를 결박하여 넣고, 쌍배목 외걸쇠, 금거북 자물쇠로 꽁꽁 잠가 두었더냐? 네가 어찌 그리 아니 오던가? / 한 달이 서른 날인데, 날 보러 올 하루가 없겠는가?

나 나모도 바히돌도 업슨 뫼헤 매게 ᄶ친 가토릐 안과,　　○: 열거
　　　　바윗돌　　　　　　쫓긴 까투리 마음

　대천(大川) 바다 한가온대 일천 석(一千石) 시른 빈에, 노도 일코 닷도 일

코 뇽총도 근코 돗대도 것고 키도 쌔지고 ᄇ람 부러 물결치고 안개 뒤섯계
　　돛줄

ᄌ자진 날의 갈 길은 천리만리 나믄듸 사면이 거머 어둑 져믓 천지적막 가치
　　잦아진　　　　　　　　　　　　　　　어둑어둑

노을 쩟ᄂ듸 수적 만난 도사공의 안과,
　　　　　뱃사공

　엇그제 님 여흰 내 안히야 엇다가 ᄀ을ᄒ리오.
　　　　　　　　　　　　　　비교하겠는가 (설의법)
　　　　　　　　　　　　　　　　　　　　　　- 작자 미상

> 나무도 바위도 없는 산에서 매에게 쫓기는 까투리 마음과, / 넓은 바다 한가운데 일천 석 실은 배에 노도 잃고 닻도 잃고 줄도 끊어지고 돛대도 꺾어지고 키도 빠지고 바람 불어 물결 치고 안개 뒤섞여 자욱한 날에 갈 길은 천 리 만 리 남았는데 사방이 어둑히 저물고 천지 적막하고 사나운 파도 이는데 해적 만난 도사공의 마음과, / 엊그제 임과 이별한 내 마음을 어디다 비교하겠는가?

핵심 포인트 CHECK

다음 작품에 대한 설명이 맞으면 ○, 틀리면 X 표시하시오.

가 01 화자는 임에 대한 원망의 마음을 드러내고 있다.

　02 중장에서는 가상적인 상황을 설정하여 화자의 답답한 마음을 보여 주고 있다.

나 03 비교법을 통해 이별의 안타까움을 강조한다.

　04 과장된 표현을 사용하여 절박한 심정을 강조하고 있다.

　05 극복 의지를 드러낸다는 점에서 진취적인 여성상을 엿볼 수 있다.

정답 01 ○ 02 ○ 03 ○ 04 ○ 05 X (상황을 극복하려는 화자의 의지는 작품에 드러나지 않는다)

가 갈래 사설시조
　성격 해학적
　제재 이별한 임
　주제 임을 기다리는 마음과 임에 대한 그리움
　특징 ① 연쇄법을 통해 운율을 형성하고 임이 오지 않는 상황을 강조함
　　② 중장의 열거법, 과장법을 통해 작품의 해학성을 부각함

나 갈래 사설시조
　성격 수심가, 이별가
　주제 임과의 이별에서 오는 절망감
　특징 ① 열거법, 점층법, 비교법, 과장법 등 다양한 표현법이 사용됨
　　② 수다스럽고 과장된 표현에서 해학성이 드러남

💡 시험에 나올 핵심 포인트!

1. 시적 대상의 상황

대상	시련과 고난	부정적 상황
꿩 (가토리)	매	나무와 바위 없음
도사공	해적	대천~가치 노을 섯눈듸
화자	임과의 이별	×

2. 점층법: 꿩 → 도사공 → 화자(나)

>> 작품 해제

가 중장에서 임을 못 오게 하는 사물을 연쇄적으로 나열하며, 종장에서 한 달에 하루도 자신을 보러 올 수 없냐고 임에게 직설적으로 물음으로써 오지 않는 임에 대한 원망과 탄식을 드러내고 있다.

나 자신의 상황과 '까투리'와 '도사공'을 비교함으로써 임과 이별한 절망감을 효과적으로 드러내고 있다. 특히 중장에서는 설상가상(雪上加霜)의 상황을 나열하고, 과장과 열거, 점층을 통해 화자의 절박함을 효과적으로 표현하고 있다.

★★
탄로가 : 늙음에 대한 탄식

가 춘산(春山)에 눈 녹인 바름 건듯 불고 간 듸 업다
　　　젊음, 청춘 ↔ 늙음　　　살짝, 잠깐　　 간 곳

　　져근덧 비러다가 마리 우희 불니고져
　　　잠시 동안　　　　　　 위에

　　귀 밋틱 히묵은 서리를 녹여 볼가 ㅎ노라
　　　귀 밑의 흰머리　　　　　　　　　　　　　　　　　　 - 우탁

> 봄 산에 쌓인 눈을 녹인 바람이 살짝 불고 간 곳이 없구나.
> 잠시 동안 (그 봄바람을) 빌려다가 머리 위에 불게 하고 싶구나.
> 귀 밑에 여러 해 묵은 서리(백발)를 녹여 볼까 하노라.

나 흔 손에 막틱 잡고 또 흔 손에 가싀 쥐고
　　　　　막대　　　　　　　　　 가시

　　늙는 길 가싀로 막고 오는 백발 막듸로 치려터니
　　　추상적 개념을 구체적으로 형상화, 의인법 사용 (해학성이 드러남)

　　백발(白髮)이 제 몬져 알고 즈럼길노 오더라
　　　　　　　　　먼저　　　　　지름길　　　　　　　　　　　 - 우탁

> 한 손에 막대를 잡고 또 한 손에는 가시를 쥐고,
> 늙는 길은 가시로 막고, 오는 백발은 막대로 치려고 했더니,
> 백발이 (내 생각을) 제가 먼저 알고 지름길로 오더라.

가 갈래 단시조, 평시조,
　 성격 달관적, 낙천적, 탄로가
　 제재 봄바람, 흰 머리
　 주제 늙음을 한탄, 탄로(嘆老)
　 특징 색채 이미지를 사용한 참신한 비
　　　　유가 돋보임
　 연대 고려 말(원종~충혜왕)
　 출전 <청구영언>, <병와가곡집>

나 갈래 단시조, 평시조
　 성격 해학적, 직설적
　 제재 막대기, 가시, 백발
　 주제 탄로(嘆老)
　 특징 ① 대구법, 의인법을 사용함
　　　　② 추상적 대상을 시각화, 구체화
　　　　　하여 표현함
　 연대 고려 말(원종~충혜왕)
　 출전 <청구영언>

>> 작품 해제

가 기존의 고려 속요에서 흔히 볼 수 있
는 감상적(感傷的), 애상적(哀傷的)
정조가 아닌 긍정적 자세를 보여 주
는 작품이다. 봄바람으로 백발을 녹
여 젊은 날의 자신으로 돌아가겠다는
대목에서 인생을 달관한 자의 여유가
느껴진다.

나 세월의 흐름에 따라 다가오는 노화
를 막을 수 없다는 것을 표현한 작품
이다. 늙음을 길, 늙음을 막으려는 시
도를 '가시'와 '막대기'로 표현(추상적
대상의 구체화)하여 인생무상을 익살
스럽게 표현하였다. 초장과 중장에서
는 대구법을 사용하여 늙음을 피하려
는 인간의 소망을 노래하였고 종장에
서는 백발을 의인화함으로써 무정한
세월과 인간의 한계를 노래하였다.

핵심 포인트 CHECK

다음 작품에 대한 설명이 맞으면 ○, 틀리면 X 표시하시오.

가 01 '춘산(春山)'은 '청춘'을 비유적으로 표현한 시어
이다.

　 02 '히묵은 서리'는 '백발'을 비유적으로 표현한 시어
이다.

나 03 추상적 대상의 구체화 · 시각화가 돋보이는 작품
이다.

　 04 '늙는 길 가싀로 막고 오는 백발 막듸로 치려터
니'에서 옛 선조들의 해학성을 엿볼 수 있다.

　 05 비유적 표현을 사용하여 인위적으로 늙음을 막아
보려는 사람들을 비판하고 있다.

실전 적용 문제

나의 '백발'을 비유적으로 표현한 시어를 가에서 찾으면?

① 춘산(春山)

② 눈

③ 바름

④ 서리

정답 01 ○ 02 ○ 03 ○ 04 ○ 05 X (비유적 표현을 사용하여 늙음을 막을 수 없는 인간의 한계를 해학적으로 나타내고 있을 뿐, 이에
대한 비판은 드러나 있지 않다) | ④ '백발'을 비유적으로 표현한 시어는 '서리'이다. 참고로 '춘산(春山)'은 '청춘'을 비유적으
로 표현한 시어이다.

가 나라를 떠나는 마음 | ★★★ 나 간신의 횡포

가 가노라 ㉠ 삼각산(三角山)아 다시 보자 ㉡ 한강수(漢江水)야

'북한산'의 옛 이름
□: 고국을 나라냄 (대유법)
→ 유사한 통사 구조 반복 (대구법)
A B A' B'

㉢ 고국산천(故國山川)을 떠나고쟈 하랴마는

시절(時節)이 하 ㉣ 수상(殊常)하니 올동 말동 ㅎ여라

너무 올듯말듯

- 김상헌

> 가노라 삼각산아, 다시 보자 한강수야.
> 고국의 산천을 떠나고자 하랴마는
> 시절이 너무 어수선하니 돌아올 듯 말 듯 하여라.

나 구롬이 무심(無心)튼 말이 아마도 허랑(虛浪)ㅎ다

간신 (신돈) 욕심이 없음 믿기가 어렵다

중천(中天)에 써 이셔 임의(任意)로 ᄃ니면셔

권력의 중심 다니면서

구틴야 광명(光明)ᄒ 날빗츨 싸라가며 덥ᄂ니

밝은 햇빛 (임금, 임금의 혜안)

- 이존오

> 구름이 욕심이 없다는 것은 아무래도 거짓말인 듯하다.
> 하늘에 높이 떠 있어 마음대로 다니면서
> 구태여 밝은 햇빛을 따라가며 덮는구나.

가 갈래 평시조
성격 비장감, 우국가
제재 고국 산천
주제 어쩔 수 없이 조국을 떠나는 우국지사(憂國之士)의 마음
특징 대유법, 대구법, 의인법이 사용됨

나 갈래 단시조, 평시조, 정형시
성격 비판적, 풍자적
제재 간신(신돈)
주제 간신 신돈의 횡포를 풍자함
특징 의인법이 사용됨
연대 고려 공민왕
출전 <청구영언>

>> 작품 해제

가 조국을 떠나 청나라로 끌려가게 된 작자의 비통한 심정과 우국의 정을 표현한 작품이다. 이 시조의 작가 김상헌은 병자호란 때 청나라에 대항하여 끝까지 싸울 것을 주장한 자로, 병자호란 이후 소현 세자, 봉림 대군과 함께 청나라에 볼모로 끌려가게 된다.

나 고려 공민왕 시기에 진평후가 된 신돈이 나라를 어지럽히는 것을 본 이존오가 이를 한탄하며 지은 작품이다. 신돈 일행이 임금의 총애를 받으면서 나라를 어지럽히는 것에 대한 경계와 이를 깨닫지 못하는 공민왕에게 느끼는 안타까운 충정을 보여주는 시조로, 임금의 총명을 '해', 간신을 '구름'에 비유해 간신의 횡포를 풍자하고 있다.

핵심 포인트 CHECK

다음 작품에 대한 설명이 맞으면 ○, 틀리면 X 표시하시오.

가 01 화자는 외적의 침입에 무기력하였던 자신의 처지를 한탄하고 있다.

02 '삼각산'과 '한강수'는 조선을 상징하는 시어이다.

03 종장에서 조국을 떠나는 작가의 정서를 엿볼 수 있다.

나 04 비유법을 사용하여 대상을 풍자하고 있다.

05 화자는 이별한 임을 그리워하고 있다.

06 간신의 횡포를 비판한 시조이다.

실전 적용 문제 2018. 서울시 9급 (6월)

가 시조를 이해한 내용으로 가장 옳지 않은 것은?

① ㉠의 다른 명칭은 '인왕산'이다.

② ㉡은 여전히 사용하는 명칭이다.

③ ㉢의 당시 국호는 '조선'이다.

④ ㉣은 병자호란 직후의 상황을 뜻한다.

정답 01 X (외적의 침입에 대한 화자의 태도는 작품을 통해 알 수 없다) 02 ○ 03 ○ 04 ○ 05 X (화자는 간신의 횡포를 비판하고 있을 뿐, 이별한 임을 그리워하고 있지는 않다) 06 ○ ① '삼각산'은 인왕산의 다른 명칭이 아닌 북한산의 옛 이름으로, 한강수와 함께 조선의 수도를 상징하는 시어이다.

가 삶의 시름 | 나 인생무상

가 한숨아 셰 한숨아 네 어늬 틈으로 드러온다
　　　　가느다란
고모장즈 셰살장즈 가로다지 여다지에 암돌져귀 수돌져귀 비목걸새 쑥닥
　　　문의 종류　　　　　　　　　　　　　문 닫는 데 필요한 도구
박고 용(龍) 거북 즈물쇠로 수기수기 초엿는듸 병풍(屛風)이라 덜걱 져븐 족
　　　　　　　　　　　　깊숙이　채웠는데　　　　　　　　접고
자(簇子)ㅣ라 되되글 몬다 네 어늬 틈으로 드러온다
　　어인지 너 온 날 밤이면 줌 못 드러 호노라
　　어쩐 일인지 네가　　　　잠을 들지 못하겠노라
　　　　　　　　　　　　　　　　　　　　　　　　　　　　　- 작자 미상

> 한숨아, 가느다란 한숨아, 너는 어느 틈으로 들어오느냐?
> 고모장지, 세살장지, 가로닫이, 여닫이에 암톨쩌귀, 수톨쩌귀, 배목걸쇠 뚝딱 박고, 용 거북 자물쇠로 깊숙이 채웠는데, 병풍이라 덜컥 접고 족자처럼 데굴데굴 마느냐? 너 어느 틈으로 들어오느냐?
> 어쩐 일인지 네가 온 날 밤이면 잠을 들지 못하겠노라.

나 청산리(靑山裏) 벽계수(碧溪水)ㅣ야 수이 감을 자랑 마라
　　　　　　　　중의적 표현(맑은 시냇물, 종친 이혼원)
　　일도 창해(一到滄海)호면 도라오기 어려오니
　　　　한번 바다로 가면
　　명월(明月)이 만공산(滿空山)호니 수여 간들 엇더리
　　　　　　　　　　　　　　　　　가득할 때　　　인생무상
중의적 표현(밝은 달, 황진이)　　　　　　　　　　　　　　　- 황진이

> 청산 속에 흐르는 푸른 시냇물아, 쉽게 흘러간다고 자랑 마라.
> 한번 넓은 바다에 가면, 다시 청산으로 돌아오기 어려우니
> 밝은 달이 산에 가득하니, (나와 함께) 쉬어 감이 어떠냐?

가
갈래 사설시조
성격 해학적
제재 시름, 근심
주제 시름 속에서 벗어나고 싶은 마음
특징 ① '한숨'을 의인화 함
　　　② 열거법이 사용됨

나
갈래 단시조, 평시조, 서정시, 정형시
성격 낭만적, 감상적, 향락적, 회유적, 연정가
제재 벽계수(푸른 시냇물), 명월(밝은 달)
주제 삶의 덧없음, 향락을 권함
특징 ① 의인법과 중의적 표현을 사용함
　　　② 인간의 감정을 솔직하게 표현함

>> **작품 해제**

가 '한숨'을 의인화하여, 이를 막으려고 아무리 힘을 써도 어디로 그렇게 들어오느냐고 묻는 화자의 모습을 통해 삶의 시름과 이를 벗어나고 싶은 화자의 마음을 해학적으로 보여 주고 있다.

나 조선 대표 기녀인 황진이가 지은 시조로, 인생의 덧없음을 강조하며 자신과 같이 향락을 즐길 것을 권유하는 시조이다. 중의법(벽계수, 명월)을 중심으로 시상을 전개하고 있다.

핵심 포인트 CHECK

다음 작품에 대한 설명이 맞으면 ○, 틀리면 X 표시하시오.

가 01 중장의 열거법을 통해 '한숨'을 막으려고 하는 화자의 마음을 표현하고 있다.

　　02 삶의 애환을 웃음으로 승화시키려는 해학성이 드러난다.

나 03 화자는 인생의 덧없음에 대해 말하고 있다.

　　04 중의법을 사용하여 자신의 의도를 드러내고 있다.

정답 01 ○ 02 ○ 03 ○ 04 ○

★ 자연친화적 삶 1

가 말 업슨 청산(靑山)이요 / 태(態) 업슨 유수(流水) ㅣ 로다
　　모양
　　갑 업슨 청풍(淸風)이요 / 님ㅈ 업슨 명월(明月)이로다
값으로 매길 수 없는　　주인
　　이 중(中)에 병(病) 업슨 이 몸이 분별(分別) 업시 늘으리라　　- 성혼
청산, 유수, 청풍, 명월　　　　　근심 없이, 걱정 없이

□ : 자연
대구법

> 말 없는 청산이요, 모양 없는 유수로다.
> 값이 없는 바람이요, 주인 없는 달빛이라.
> 이 중에 병 없는 이 몸은 근심 없이 늘으리라.

나 강산 죠흔 경(景)을 힘센 이 닷톨 양이면,
　　좋은　　　　　　　　다툰다면
　　닉 힘과 닉 분(分)으로 어이ㅎ여 엇들쏜이
　　　　　　　　　　얻을 수 있겠는가
　　진실로 금(禁)ㅎ리 업쓰씨 나도 두고 논이노라.　　- 김천택
　　　　　　　　　　　　　　노니노라

속세의 특징

> 자연의 아름다운 경치를 힘센 사람들이 다툰다면
> 내 힘과 내 분수로 어찌 얻을 수가 있을 것인가?
> 진실로 (자연을 즐기는 것을) 막는 사람이 없으므로 나도 두고 노니노라

다 추강(秋江)에 밤이 드니 물결이 ㅊ노매라

　　낙시 드리치니 고기 아니 무노믜라

　　무심혼 돌빗만 싯고 뷘 빅 저어 오노믜라　　- 월산대군
욕심 없는　　싣고

> 가을 강에 밤이 되니 물결이 차구나.
> 낚싯대를 드리우니 고기 아니 무는구나.
> 욕심 없는 달빛만 가득 싣고 빈 배 저어 오노라.

가 갈래 평시조
성격 한정가
제재 청산유수, 청풍명월
주제 자연 속에서 느끼는 즐거움
특징 ① 대구법, 반복법을 사용함
　　② 시각적 심상이 돋보임
출전 <화원악보>

나 갈래 평시조
성격 비판적, 한정적
제재 강산의 좋은 경치
주제 자연을 사랑하는 마음, 은자의 삶,
　　마음껏 자연을 즐김
출전 <청구영언>

다 갈래 단시조, 평시조
성격 전원적, 풍류적
제재 가을 달밤
주제 자연 속 풍류
연대 조선 성종 때
출전 <청구영언>

>> 작품 해제

가 단순히 자연을 보고 즐기는 것에서 벗어나 자연 속에 내재된 의미를 찾고 여기에서 삶의 교훈을 얻는 태도를 보여 주는 작품이다. 자연과 하나가 된 주객일체(主客一體)의 상황에서 세속적 근심을 잊으려는 달관의 경지를 노래하는 시조이다.

나 신분과 상관없이 누구나 즐길 수 있는 자연의 너그러움을 암시하며 이에 감사하는 마음을 보여 주는 시조이다. 작가인 김천택은 시조집인 <청구영언>을 편찬하였으며, 그의 시조는 평민적이고 솔직한 사고를 반영하는 특징이 있다.

다 성종의 형인 월산대군이 지은 시조로, 왕위에 대한 욕심 없이 그저 자연에 묻혀 살아가고자 하는 월산대군의 맑은 심성의 경지를 보여주는 대표적 강호 한정가이다.

핵심 포인트 CHECK

다음 작품에 대한 설명이 맞으면 ○, 틀리면 X 표시하시오.

가 01 '갑 업슨'은 '값어치 없는'을 의미하는 시어이다.

나 02 화자에게 자연이란 세속적 현실과 대비되는 것이다.

03 '엇들쏜이'는 '얻을 수 있겠는가'를 의미한다.

다 04 종장에 화자의 고독한 정서가 드러나 있다.

정답 01 X 02 ○ 03 ○ 04 X (종장에서 화자는 풍류를 즐기며 유유자적하고 있으므로 고독한 정서와는 거리가 멀다)

★ 자연친화적 삶 2

가 두류산(頭流山) 양단수(兩端水)를 녜 듯고 이지 보니,
　　　_{지리산}　　　　_{두 갈래로 흐르는 물줄기}　_{예전에}
　　도화(桃花) 쁜 묽은 물에 산영(山影)조ᄎ 잠겨셰라.
　　　_{도교 사상}　　　　　　_{산 그림자}
　　아해야, 무릉(武陵)이 어디민오 나ᄂᆞᆫ 옌가 ᄒᆞ노라.　　　　　　　- 조식
　　　　　　_{도교 사상}　　　　　　　_{문답법}

> 지리산 양단수를 지난날 얘기로만 듣고 이제 와 보니,
> 복숭아꽃이 뜬 맑은 냇물에 산 그림자마저 잠기고 있구나(비쳐 있구나).
> 아이야, 무릉도원이 어디냐? 나는 여기인가 하노라.

나 산촌(山村)에 눈이 오니 돌길이 무쳐셰라
　　　　　　　　　　　　_{묻혔구나}
　　시비(柴扉)를 여지 마라 날 ᄎ즈리 뉘 이스리
　　　_{사립문}
　　밤듕만 일편 명월(一片明月)이 긔 벗인가 ᄒᆞ노라　　　　　　- 신흠
　　　　　　_{자연}　　　　　　_내

> 산골 마을에 눈이 내리니 돌길이 묻혔구나.
> 사립문을 열지 마라. 나를 찾아올 손님이 누가 있겠느냐?
> 밤중에 한 조각 밝은 달만이 내 벗인가 싶구나.

핵심 포인트 CHECK

다음 작품에 대한 설명이 맞으면 ○, 틀리면 X 표시하시오.

가 01 화자는 '두류산 양단수'에 예전에 왔던 경험이
　　　　있다.

　　02 문답법을 사용하여 화자의 감흥을 부각하고 있
　　　　다.

나 03 위에서 아래로의 시선 이동을 통해 시상을 전개
　　　　하고 있다.

　　04 산골 마을의 궁핍한 생활상을 고발하고 있다.

정답 01 X ('녜 듯고 이제 보니(예전에 얘기로만 듣고 이제 와 보니)'라고 하였다) 02 ○ 03 X ('돌길'에서 '시비', '일편 명월'로의 시선 이동
은 드러나지만 위에서 아래로 이동하고 있지는 않다) 04 X (산골 마을에서의 한가로운 은거 생활을 그리고 있다)

가 갈래　평시조, 서정시, 정형시
성격　자연 친화적, 예찬적, 한정가
제재　시냇물, 도화
주제　지리산 양단수의 풍경 예찬
특징　동양의 전통적 이상향(무릉도원)
　　　을 노래함
연대　조선 명종 때
출전　<병와가곡집>, <해동가요>

나 갈래　단시조, 평시조
성격　전원적, 탈속적, 은일적
제재　산촌의 겨울 풍경
주제　한가로운 은일지사의 정서
연대　조선 광해군 때
출전　<청구영언>

>> 작품 해제

가 작가인 조식이 벼슬을 거부하고 지
리산에 은거하면서 지은 시조로, 자
신이 생활하고 있는 두류산(지리산)
을 '무릉도원'이라는 이상적 공간으
로 표현하고 있다.

나 작가인 신흠이 인목 대비 폐위 사건
에 휩쓸려 춘천에 유배되었을 때 쓴
시조로, 풍족하진 않지만 그 속에서
즐거움을 찾는 화자의 심정을 보여
준다. 이 시의 공간적 배경인 산촌은
찾는 이 없는 적막한 곳으로, 화자는
'시비(柴扉)'를 걸어 잠금으로써 세
속과의 단절을 추구하고 있다. 종장
의 '일편명월(一片明月)'은 그런 화
자의 고독을 달래 주는 대상이자 화
자가 벗으로 삼고자 하는 대상이다.

★ 자연친화적 삶 3

추상적 개념을 구체적으로 형상화 (cf. 동지ㅅ 둘 기나긴 밤을 한 허리를 버혀 내여)

가 전원(田園)에 나믄 흥(興)을 전나귀에 모도 싯고
　　　자연　　　　　　　　　　다리를 저는 나귀

　　계산(溪山) 니근 길로 흥치며 도라와셔
　　계곡을 끼고 있는 산　익숙한

　　아히 금서(琴書)를 다스려라 나믄 히를 보내리라.
　　　　거문고와 책　　　　　중의적 표현 (① 오늘 남은 시간 ② 남은 여생)

- 김천택

> 전원에 남은 흥취를 다리를 저는 나귀에 모두 싣고서,
> 계곡을 끼고 있는 산 익숙한 길로 흥겨워하며 돌아와서
> 아이야, 거문고와 서책을 챙겨라, 남은 시간을 보내리라.

나 짚방석 내지 마라 낙엽엔들 못 안즈랴 ┐
　　　　　　　　　　　　　　　　　　　　│ 대구법
　　솔불 혀지 마라 어제 진 달 도다 온다 ┘

　　아희야 박주산채ㄹ망졍 업다 말고 내여라
　　　　　술과 나물

- 한호

　　□ : 자연적
　　△ : 인위적

> 짚으로 만든 방석을 내지 말아라. 낙엽엔들 앉지 못하겠느냐.
> 관솔불을 켜지 말아라. 어제 졌던 밝은 달이 돋아온다.
> 아이야, 변변치 않은 술과 나물일지라도, 없다 말고 내오너라.

다 청산도 절로절로 녹수(綠水) ㅣ라도 절로절로 ┐
　　그대로 그대로(저절로 저절로, 순리대로 순리대로)　　　│ 반복법
　　산 절로절로 수(水) 절로 산수간에 나도 절로 ┘ 대구법

　　그중에 절로 자란 몸이 늙기도 절로절로
　　　　　자연스럽게

- 송시열

> 청산도 저절로 저절로(자연의 순리대로), 흐르는 맑은 물도 저절로 저절로.
> 산도 저절로 저절로, 물도 저절로 저절로, 산수 사이의 나도 저절로 저절로.
> 그 중에 저절로 자란 몸이 저절로 저절로 늙으리라.

가 갈래 단시조, 평시조
　성격 전원적, 풍류적
　제재 자연 속 풍류
　주제 자연에서 누리는 풍류
　연대 조선 영조 때
　출전 <청구영언>

나 갈래 단시조, 평시조
　성격 전원적, 풍류적
　제재 산촌에서의 삶
　주제 산촌에서 느끼는 안빈낙도
　연대 조선 광해군 때
　출전 <병와가곡집>

다 갈래 단시조, 평시조
　성격 자연 순응적
　제재 자연 속에서 자연의 순리대로 사는 삶
　주제 ① 조화로운 무위자연의 삶
　　　 ② 자연의 순리에 따라가고자 하는 마음
　출전 <청구영언>

>> 작품 해제

가 작가의 한가하고 여유로운 삶을 노래한 것으로, 작가는 자연에서 풍류를 즐기고 나귀를 타고 돌아와 거문고와 서책을 읽는 등의 생활을 하고 있다. 전원을 심미의 대상으로 여기던 기존의 시조들과 달리 전원을 풍류의 대상으로 파악하였다는 점이 특징이다.

나 자연적인 것을 추구하고 인위적인 것을 배척하고자 하는 사대부의 풍류가 돋보이는 작품으로, 특히 종장의 '박주산채(薄酒山菜)'에서 그가 추구하고자 하는 무욕(無慾)의 정신과 안빈낙도(安貧樂道)의 자세를 찾을 수 있다.

다 자연의 순리에 따라 조화로운 삶을 살고자 하는 화자의 의지를 보여 주는 작품으로, 대구법을 사용하여 꾸밈없는 자연과 마찬가지로 그 속에서 꾸밈없이 사는 화자를 그려내고 있다. 유음(ㄹ)의 반복적 사용으로 물이 흐르는 듯한 느낌을 주고 있으며, '절로'라는 표현을 통해 물이 흘러가는 것처럼 자신도 자연스럽게 살아가고자 하는 마음을 드러내고 있다.

핵심 포인트 CHECK

다음 작품에 대한 설명이 맞으면 ○, 틀리면 ✕ 표시하시오.

가 01 '니근'은 '익숙한'을 뜻하는 시어이다.

　02 '금서(琴書)'는 '나라에서 금하는 책'을 의미하는 시어로 당시의 문화적 제약을 보여준다.

나 03 자연은 화자와 대립하는 공간이다.

　04 전통적 유교 사상인 충(忠) 사상을 노래하고 있다.

　05 대구법을 사용하여 주제 의식을 드러내었다.

다 06 반복법과 대구법이 사용되었다.

　07 '절로절로'는 자연에 섭리에 순응하는 모습을 뜻한다.

정답 01 ○ 02 ✕ 03 ✕ (화자는 자연 친화적 태도를 보이고 있다) 04 ✕ 05 ○ 06 ○ 07 ○

06 연시조

연시조는 3장 6구 45자를 기본으로 하는 평시조를 하나의 제목 아래 중첩한 형식의 작품을 이르는 말이다. 조선 전기 최초의 연시조인 맹사성의 '강호사시가'를 시작으로 하여 이황의 '도산십이곡', 이이의 '고산구곡가' 등의 작품이 창작되었다.

강호사시가(江湖四時歌)

춘사(春詞)

강호(江湖)에 봄이 드니 미친 흥(興)이 절로 난다
　　자연(대유법)　　　　　　　　깊은, 큰
탁료계변(濁醪溪邊)에 금린어(錦鱗魚)ㅣ 안주로다
　　막걸리를 마시는 시내　　　물고기
이 몸이 한가(閑暇)히 옴도 역군은(亦君恩)이샷다　　　▶ 봄의 한가한 생활
　　　　　　임금님의 은혜 (작가가 양반 계층임을 보여줌)

> 강호에 봄이 찾아오니 깊은 흥이 절로 난다.
> 막걸리를 마시며 노는 시냇가에 물고기가 안주로다.
> 이 몸이 이렇듯 한가롭게 지내는 것 역시 임금님의 은혜이시다.

하사(夏詞)

강호(江湖)에 녀름이 드니 초당(草堂)에 일이 업다
　　　　　　　　　　　집안
유신(有信)한 강파(江波)는 보내ᄂ니 ᄇᆞ람이다
　믿음이 있는　강의 물결
이 몸이 서ᄂᆞᆯ히 옴도 역군은(亦君恩)이샷다　　　▶ 여름의 서늘하게 지내는 생활

> 강호에 여름이 찾아오니 초당에는 할 일이 없다.
> 믿음직스러운 강의 물결은 보내는 것이 시원한 바람이다.
> 이 몸이 이렇듯 서늘하게 지내는 것도 역시 임금님의 은혜이시다.

추사(秋詞)

강호(江湖)에 ᄀᆞ올이 드니 고기마다 ᄉᆞᆯ져 잇다
　　　　　　　　　　물고기가 살찌다 (계절적 배경이 가을)
소정(小艇)에 그물 시러 흘리 ᄠᅴ여 더뎌 두고
　작은 배
이 몸이 소일(消日)히 옴도 역군은(亦君恩)이샷다　　▶ 가을의 여유롭게 세월을 보내는 생활
　　심심치 않게 세월을 보냄

> 강호에 가을이 찾아오니 고기마다 살이 올라 있다.
> 작은 배에 그물을 실어 흘러가는 대로 띄워 던져 두고
> 이 몸이 소일하며 지내는 것도 역시 임금님의 은혜이시다.

갈래 연시조(전 4수), 평시조
성격 강호 한정가, 전원적, 풍류적
제재 강호에서의 사계절 생활
주제 한적하게 자연을 즐기면서 임금의 은
　　 혜에 감사함
특징 ① 의인법, 열거법, 반복법을 구사함
　　 ② 각 연의 초장과 종장의 형식을 통일
　　　 하여 주제를 효과적으로 드러냄
　　 ③ 계절의 흐름에 따라 한 수씩 노래함
의의 최초의 연시조
연대 조선 세종 때
출전 <청구영언>, <병와가곡집>

♥ '녀름'과 '여름'의 의미

중세 국어	현대어
녀름	여름
여름	열매

동사(冬詞)

강호에 겨월이 드니 눈 기픠 자히 남다
　　　　　　　　　　　한 자 (길이의 단위)
삿갓 빗기 쓰고 누역으로 오슬 삼아
비·눈과 함께 쓰임　　도롱이 (우비)
이 몸이 칩지 아니히옴도 역군은(亦君恩)이샷다　　▶ 겨울의 춥지 않게 지내는 생활

> 강호에 겨울이 찾아오니 눈의 깊이가 한 자가 넘는다.
> 삿갓을 비스듬히 쓰고 도롱이로 옷을 삼으니
> 이 몸이 춥지 않게 지내는 것도 역시 임금님의 은혜이시다.

- 맹사성

핵심 포인트 CHECK

다음 작품에 대한 설명이 맞으면○, 틀리면✕표시하시오.

01 안빈낙도하는 생활의 모습이 나타나 있다.
02 최초의 연시조라는 문학사적 의미를 지니고 있다.
03 구조적 통일성을 사용하여 주제 의식을 드러내고 있다.
04 사계절의 변화와 자연에서의 삶, 그리고 충의 사상을 읊고 있다.
05 자연을 은둔의 장소로 생각하며 현실과의 단절 의식을 보이고 있다.

실전 적용 문제

다음 중 작품에 대한 설명으로 옳지 않은 것은?

① '강호사시가'의 '자연'은 현실 도피처이자 이상향이다.
② 시간의 흐름에 따라 시상을 전개하고 있다.
③ 강호가도(江湖歌道)의 내용을 담고 있다.
④ 임금의 은혜를 잊지 않는 조선 사대부의 전형을 보여 주는 작품이다.

정답 01 ○ 02 ○ 03 ○ (초장과 종장의 형식을 통일하여 주제를 강조하고 있다) 04 ○ 05 ✕ (자연을 은둔의 장소로 생각하고 있는 것은 맞지만, 지속적으로 임금의 은혜를 생각하는 것을 통해 현실 단절 의식은 보이지 않음을 알 수 있다) │ ① '강호사시가'의 '자연'은 현실 도피처나 이상향이 아닌 화자가 생활하고 있는 공간이다.

★★★
어부사시사(漁父四時詞)°

춘사(春詞) 4

우는 거시 벅구기가 프른 거시 버들숩가 ☐ : 계절을 나타내는 시어 및 시구

『이어라 이어라』
　　　　　노 저어라

어촌(漁村) 두어 집이 닛 속의 나락들락
　　　　　안개 속에 나왔다가 들어갔다가

『지국총(至匊悤) 지국총(至匊悤) 어사와(於思臥)』 『』: 후렴구
　　　노 저을 때 '찌그덩 찌그덩'거리는 소리 (의성어)

말가흔 기픈 소희 온간 고기 뛰노ᄂᆞ다
　　　연못　　　　　　　　생동감　　　　　▶ 유유자적한 삶을 살아가는 어부

> 우는 것이 뻐꾸기인가, 푸른 것이 버드나무 숲인가. / 노 저어라 노 저어라
> 어촌의 두어 집이 안개 속에 들락날락하는구나. / 찌그덩 찌그덩 어여차
> 맑고 깊은 못에 온갖 고기가 뛰노는구나.

하사(夏詞) 2

년닙희 밥 싸 두고 반찬으란 쟝만 마라 / 닫 드러라 닫 드러라
　연잎에　　　　　　　　　　　　　　　　　닻 들어라

청약립(靑箬笠)은 써 잇노라 녹사의(綠蓑衣) 가져오냐
　비 올 때 쓰는 삿갓　　　짚, 띠 따위로 엮어 허리나 어깨에 걸쳐 두르는 비옷

지국총(至匊悤) 지국총(至匊悤) 어사와(於思臥)

무심(無心)흔 백구(白鷗)는 내 좃ᄂᆞᆫ가 제 좃ᄂᆞᆫ가
　욕심 없는　흰 갈매기 (물아일체의 대상)　물아일체의 경지
　　　　　　　　　　　　　　　　　　　　　　▶ 물아일체의 즐거움

> 연잎에 밥을 싸 두고 반찬은 장만하지 마라. / 닻 들어라 닻 들어라
> 청약립은 이미 쓰고 있노라, 녹사의 가져왔느냐? / 찌그덩 찌그덩 어여차
> 무심한 갈매기는 내가 저를 쫓는 것인가, 제가 나를 쫓는 것인가?

추사(秋詞) 2

슈국(水國)의 ᄀᆞ올히 드니 고기마다 슬져 잇다 / 닫 드러라 닫 드러라
　보길도 (지명)

만경딩파(萬頃澄波)의 슬ᄏᆞ지 용여(容與)ᄒᆞ쟈
　넓고 푸른 물　　실컷　　즐기자

지국총(至匊悤) 지국총(至匊悤) 어사와(於思臥)

『인간(人間)을 도라보니 머도록 더욱 됴타』『』: 속세에 대한 작가의 부정적 견해
　인간 세상 (속세)　　멀수록　　좋다
　　　　　　　　　　　　　　　　▶ 가을 강에서 느끼는 흥거움

> 보길도에 가을이 되니 고기마다 살져 있다. / 닻 들어라 닻 들어라
> 넓고 맑은 물에서 마음껏 놀아 보자. / 찌그덩 찌그덩 어여차
> 인간 세상을 돌아보니 멀어질수록 더욱 좋구나.

갈래 연시조(전 40수), 평시조
성격 강호 한정가, 전원적, 풍류적
제재 자연 속 어부의 생활
주제 자연 속에서 느끼는 여유와 즐거움
특징 ① 후렴구가 존재함
　　② 우리말의 묘미를 잘 보여줌
　　③ 선명한 색채 대비가 드러남
　　④ 시간(계절)의 흐름에 따라 시상이
　　　 전개됨
연대 조선 효종 2년(1651년)
출전 <고산유고>

💡 **시험에 나올 핵심 포인트!**

1. 후렴구 존재
 • '이어라 이어라' → 의미 ○
 • '지국총 지국총 어사와' → 의미 ✕
 　(의성어 → 노 젓는 소리)

2. 계절적 시어

	국화 계외
봄	꽃(매화, 개나리, 진달래 등), 버드나무, 아지랑이, 제비, 뻐꾸기, 접동새
여름	장마(삿갓, 도롱이)
가을	국화, 기러기, 오동잎, 귀뚜라미(실솔), 서리, 낙엽, 홍시, 알밤
겨울	눈, 만경유리, 천첩옥산

📍 '가어옹(假魚翁)'

'어부사시사'의 화자는 실제로 고기를 잡는
일을 생업으로 삼은 어부가 아니고, 화자가
자기 스스로를 물고기를 잡으며 자연을 즐
기는 '가어옹'으로 설정한 것이다.

동사(冬詞) 4

간밤의 눈 갠 후(後)에 경믈(景物)이 달란고야
　　　　　　　　　　경치

　이어라 이어라

압희 만경류리(萬頃琉璃) 뒤희 쳔텹옥산(千疊玉山)
　　　눈이 온 바다　　　　　　눈 덮인 산

　지국총(至匊悤) 지국총(至匊悤) 어사와(於思臥)

션계(仙界)ㄴ가 블계(佛界)ㄴ가 인간(人間)이 아니로다　　▶ 눈 덮인 자연의 아름다움
　신선의 세상　　불교의 세상　　인간 세상

지난 밤 눈이 갠 후에 경치가 달라졌구나. / 노 저어라 노 저어라
앞에는 넓고 맑은 바다, 뒤에는 겹쳐 서 있는 흰 산 / 찌그덩 찌그덩 어여차
신선의 세계인지, 불교 세계인지, 인간 세상은 아니로다.

- 윤선도

핵심 포인트 CHECK

다음 작품에 대한 설명이 맞으면 ○, 틀리면 X 표시하시오.

01 자연에서 살아가는 여유와 흥취를 보여주는 강호한 정가(江湖閑情歌)이다.

02 화자는 속세의 부귀공명에 초연하며, 자신의 삶에 만족하고 있다.

03 계절의 흐름에 따른 시상 전개가 드러난다.

04 노 젓는 소리를 의성어로 표현하여 후렴구로 사용하고 있다.

05 과거와 미래를 대비하여 주제를 부각시키고 있다.

실전 적용 문제

작품에 대한 설명으로 옳지 않은 것은?

① 임금에 대한 그리움을 함축적으로 표현하고 있다.

② 청각적 이미지를 활용하고 있다.

③ 대구법을 사용하고 있다.

④ 후렴구를 제외하면 전형적인 3장 6구의 시조 형식을 갖추고 있다.

정답 01 ○ 02 ○ 03 ○ 04 ○ 05 X (과거와 미래를 대비하는 부분은 찾을 수 없다) | ① '어부사시사'는 자연의 풍취에 대해 노래한 작품으로, 임금에 대한 그리움을 함축적으로 표현한 부분은 찾을 수 없다. [오답 설명] ② '우는 거시 벅구기가' 또는 '지국총 지국총 어사와'에서 청각적 심상이 드러난다. ③ '우는 거시 벅구기가 푸른 거시 버들숩가'에서 대구법이 드러난다.

★★★
훈민가(訓民歌)

제1수

아바님 날 나ᄒ시고 어마님 날 기ᄅ시니   ☐ : 강조 접미사 (앞말을 강조함)

두 분곳 아니면 이 몸이 사라시랴

하ᄂᆞᆯ ᄀᆞ툰 ᄀᆞ업순 은덕을 어듸 다혀 갑ᄉ오리
　　　　　　　　　　　　　어떻게
　　　　　　　▶ 부의모자(父義母慈): 부생모육(父生母育)의 은혜에 대한 보답

> 아버님이 나를 낳으시고 어머님께서 나를 기르시니
> 두 분이 아니셨더라면 이 몸이 살아 있었겠는가?
> 하늘 같이 끝없는 은덕을 어떻게 갚아 드리오리까?

제3수

형아 아ᅌᅵ야 네 ᄉᆞᆯ흘 만져 보아

뉘손듸 타나관듸 양지(樣姿)조차 ᄀᆞᄐᆞᆫ다
누구한테서 태어났기에　　　생김새조차

한 졋 먹고 길러나이셔 ᄯᆞᆫ ᄆᆞ음을 먹디 마라
　　　　　　　　　　　다른 마음
　　　　　　▶ 형우제공(兄友弟恭): 형제간의 반목을 금하고, 우애 있게 지내기를 권함

> 형아, 아우야, 네 살을 만져 보아라.
> 누구에게서 태어났길래 모습조차 같은 것인가?
> 같은 젖을 먹고 자랐으니 딴 마음을 먹지 마라.

제4수

어버이 사라신 제 셤길 일란 다ᄒ여라
　　　　　　　　　단정적 표현

디나간 후면 애ᄃᆞᆲ다 엇디ᄒ리
풍수지탄(風樹之嘆)

평ᄉᆡᆼ애 고텨 못ᄒᆞᆯ 이리 이ᄲᅮᆫ인가 ᄒ노라
　　　다시　　　　효(孝)
　　　　　　　　　▶ 자효(子孝): 부모님에 대한 효도 권유

> 부모님 살아 계실 동안에 섬기는 일을 정성껏 다하여라.
> 돌아가시고 나면 아무리 애달프다고 한들 어찌하겠는가?
> 평생에 다시 못할 일이 부모님 섬기는 일이 아닌가 하노라.

갈래 연시조(전 16수), 평시조
성격 설득적, 계몽적, 교훈적, 유교적
제재 유교적 윤리
주제 ① 참다운 삶의 도리
　　 ② 유교 윤리 실천을 권함
특징 ① 순우리말을 사용함
　　 ② 평이하고 정감 있는 단어를 사용하
　　　 여 강한 설득력을 확보함
　　 ③ 청유 어법을 통해 설득력을 높임
연대 조선 선조 13~14년(1580~1581년)
출전 <송강가사>

제8수

무율 사룸들하 올흔 일 ㅎ쟈스라
　　　　　_{하자꾸나}
사룸이 되여 나셔 올티 곳 못ㅎ면

무쇼룰 갓 곳갈 싀워 밥 머기나 다루랴　　　▶ 향려유례(鄕閭有禮): 올바른 행동 권유
　　　_{갓과 고깔}　　_{밥 먹이기와}

마을 사람들아, 옳은 일을 하자꾸나.
사람으로 태어나서 옳지 못하면
말과 소에게 갓이나 고깔을 씌워 놓고 밥을 먹이는 것과 다를 게 무엇이 있겠는가?

제9수

풀목 쥐시거든 두 손으로 바티리라

나갈 데 겨시거든 막대 들고 조츠리라
　　　　　　　　_{지팡이}
향음주(鄕飮酒) 다 파흔 후에 뫼셔 가려 ㅎ노라　　▶ 장유유서(長幼有序): 어른을 공경하는 태도
_{마을 유생들이 모여 향약을 읽고 술을 마시며 잔치하는 예식}

(어른이 기동할 때에 만일) 팔목을 쥐시는 일이 있거든 내 두 손으로 받들어 잡으리라.
나들이하기 위하여 밖으로 나가실 때에는 지팡이를 들고 따라 모시리라.
향음주가 다 끝난 뒤에는 또 모시고 돌아오련다.

제13수

오늘도 다 새거다, 호미 메고 가쟈스라
　　　　　_{새었다}
내 논 다 미여든 네 논 졈 미여 주마
　　　_{매거든}　　_좀
올 길헤 뽕 짜다가 누에 머겨 보쟈스라
　　　　　　　　　　▶ 무타농상(無惰農桑), 상부상조(相扶相助): 농사일과 상부상조의 정신

오늘도 날이 밝았다. 호미 메고 가자꾸나.
내 논 다 매거든 네 논도 좀 매어 주마.
오는 길에 뽕 따다가 누에 먹여 보자꾸나.

제14수

비록 못 니버도 ᄂᆞ미 오술 앗디 마라
　　_{못 입어도 (헐벗어도)}　　_{빼앗지}
비록 못 먹어도 ᄂᆞ미 밥을 비디 마라
　　　　　　　　　　_{구걸하지}
흔 젹 곳 ᄠᅵ 시른 휘면 고텨 빗기 어려우리　　▶ 무작도적(無作盜賊): 남의 물건을 탐내지 말 것
_{한번}　　_{때가 묻은 후면}

비록 못 입어도 남의 옷을 빼앗지 마라.
비록 못 먹어도 남의 밥을 빌어먹지 마라.
한 번이라도 때가 묻은 후면 다시 씻기 어려우리.

제15수

쌍륙 장기(雙六將碁) ᄒ지 마라. 송사(訟事) 글월 ᄒ지 마라
　　　도박의 일종　　　　　　　　　　　고소문
집 빈야 무슴 ᄒ며 남의 원수(怨讎) 될 줄 엇지
　　　망쳐
나라히 법(法)을 세오사 죄 잇ᄂ 줄 모로ᄂ다

▶ 무학도박(無學賭博), 무호쟁송(無好爭訟): 도박과 송사를 금함

> 쌍륙 장기 하지 마라. 송사 글을 올리지 마라.
> 집을 망쳐 무엇할 것이며 남의 원수 될 줄 어찌 (알겠는가?)
> 나라가 법을 만들었는데 죄 있는 줄 모르느냐?

제16수

이고 진 뎌 늘그니 짐 프러 나를 주오
(머리에) 이고 (등에) 진
나ᄂ 졈엇써니 돌히라 므거울가
　　졈었으니
늘거도 셜웨라커든 지믈조차 지실가
서럽다고 하겠거늘　 짐조차

▶ 반백자불부대(斑白者不負戴): 노인에 대한 공경심

> (짐을 머리에) 이고 (등에) 진 저 노인이여, 짐 풀어 나를 주오.
> 나는 젊었으니 돌인들 무거울까?
> 늙기도 서러운데 짐까지 지실까?

－ 정철

다음 작품에 대한 설명이 맞으면 ○, 틀리면 X 표시하시오.

01 백성들을 교화하려는 목적을 평이한 일상어로 표현하였다.

02 청유 어법을 활용하여 설득력을 높이고 있다.

03 윤리 도덕의 실천을 목적으로 한 목적 문학이다.

04 참신한 비유와 표현을 통해 애상적 분위기를 형성한다.

05 정철이 강원도 관찰사로 재직 중일 때 백성을 교화하고자 만들었다.

실전 적용 문제 2018. 지방직 9급

다음 중 제8수의 내용으로 가장 적절한 것은?

① 鄕閭有禮　　② 相扶相助

③ 兄友弟恭　　④ 子弟有學

정답 01 ○ 02 ○ 03 ○ 04 X ('훈민가'는 백성들에게 유교적 가치를 전파하려는 목적을 가진 작품이므로, 참신한 비유와 표현을 통해 애상적 분위기를 형성하지 않는다) 05 ○ | ① 제8수는 올바른 행동을 할 것을 권유하고 있다. 이와 가장 관련 있는 한자 성어는 ① '향려유례(鄕閭有禮)'이다. [오답 설명] ② 서로 돕는다는 뜻인 '相扶相助(상부상조)'는 제13수에 해당하는 한자 성어이다. ③ 형제간의 우애를 뜻하는 '兄友弟恭(형우제공)'은 제3수에 해당하는 한자 성어이다. ④ 자제를 가르치는 것에 힘써야 한다는 뜻인 '子弟有學(자제유학)'은 제7수에 해당하는 한자 성어이다.

07 가사

가사는 조선 시대 전반에 걸쳐 향유된 3(4)·4조, 4음보 연속체 형식의 시가 문학으로, 행수의 제한이 없고, 서사·본사·결사의 짜임을 갖추고 있다. 형식상으로는 운문 문학이지만 내용은 개인의 정서 표현뿐 아니라 산문적인 주제까지 다루고 있어 운문과 산문의 중간 형태로 볼 수 있다. 마지막 행이 시조 종장의 음수율(3-5-4-3)과 유사하게 끝나는 가사를 '정격 가사', 그렇지 않은 것을 '변격 가사'로 구분하기도 한다.

★★ 상춘곡(賞春曲)

홍진(紅塵)에 뭇친 분네 이내 생애(生涯) 엇더ᄒ고. 녯 사ᄅᆞᆷ 풍류(風流)를 미
붉은 먼지(속세)

츨가 못 미츨가. 천지간(天地間) 남자(男子) 몸이 날만ᄒᆞᆫ 이 하건마ᄂᆞᆫ, 산림
많지만

(山林)에 뭇쳐 이셔 지락(至樂)을 ᄆᆞ를 것가. 수간모옥(數間茅屋)을 벽계수(碧
즐거움   초가집   맑은 시냇물

溪水) 앏픠두고, 송죽(松竹) 울울리(鬱鬱裏)예 풍월주인(風月主人) 되여셔라.
울창한 후에   자연의 주인

▶ 자연에 묻혀 사는 삶 (서사)

> 세상에 묻혀 사는 분들이여, 이 내 생애 어떠한가. 옛사람의 풍류에 미칠까 못 미칠까. 세상에 남자로 태어나 나만 한 사람이 많지만, 왜 자연에 묻혀 사는 지극한 즐거움을 모르는 것인가? 몇 칸 안 되는 작은 초가집을 맑은 시냇물 앞에 지어 놓고, 소나무와 대나무가 우거진 속에서 자연의 주인이 되어 있구나.

엇그제 겨을 지나 새봄이 도라오니 『도화 행화(桃花杏花)ᄂᆞᆫ 석양리(夕陽裏)예
『♩대구법   대상   상황

퓌여 잇고, / 녹양방초(綠楊芳草)ᄂᆞᆫ 세우중(細雨中)에 프르도다.』칼로 ᄆᆞ라 낸가,
상태   대상   상황   상태   마름질하는가

붓으로 그려낸가, 조화신공(造化神功)이 물물(物物)마다 헌ᄉᆞ롭다. 수풀에 우는
조물주의 솜씨   사물마다 야단스럽구나

새는 춘기(春氣)를 ᄆᆞᆺ내 계워 소ᄅᆡ마다 교태(嬌態)로다. 물아일체(物我一體)
못 견뎌   아양을 떠는구나   감정 이입

어니 흥(興)이이 다ᄅᆞᆯ소냐. 시비(柴扉)예 거러 보고, 정자(亭子)애 안자 보니,
사립문

소요음영(逍遙吟詠)ᄒᆞ야, 산일(山日)이 적적(寂寂)ᄒᆞᆫ듸, 한중진미(閑中眞味)를
시를 읊으며 천천히 걷다   한가로운 가운데 느끼는 참된 맛

알니 업시 호재로다.
혼자로구나   ▶ 아름다운 봄의 경치 속에서 느끼는 흥취 (본사 1)

> 엇그제 겨울이 지나 새봄이 돌아오니, 복숭아꽃 살구꽃은 저녁 햇빛 속에 피어 있고, 푸른 버들과 아름다운 풀은 가랑비 속에 푸르도다. 칼로 재단해 내었는가, 붓으로 그려 내었는가? 조물주의 신비스러운 솜씨가 사물마다 야단스럽구나. 수풀에서 우는 새는 봄기운을 끝내 이기지 못하여 소리마다 아양을 떠는구나. 자연과 내가 하나가 되니 흥겨움이야 다르겠는가. 사립문 주위를 걷기도 하고, 정자에 앉아 보고, 천천히 거닐며 나직이 시를 읊조리는, 산속의 하루가 적적한데, 한가한 가운데의 참된 즐거움을 아는 사람이 없이 혼자로구나.

갈래 강호 한정가, 양반 가사
성격 묘사적, 서정적, 예찬적
제재 봄의 경치
주제 봄의 아름다움 예찬과 자연친화적 삶
구성 3단 구성(서사-본사-결사)
특징 대유법, 대구법, 직유법, 의인법, 설의법, 감정 이입을 사용함
의의 우리나라 최초의 강호가도를 노래한 가사 작품
연대 조선 성종 때
출전 <불우헌집>

♀ 가사와 고려 가요의 특징 비교

구분	가사	고려 가요
시기	조선시대	고려시대
운율	4음보	3음보
문체	단연체	분절체 · 분연체
후렴구	후렴구 없음	후렴구 존재
향유 계층	양반 (연군지정, 자연친화)	서민 (구비 문학)

이바 니웃드라 산수(山水) 구경 가쟈스라. 답청(踏靑)으란 오늘 ㅎ고/욕기
　　　　　　　　　　　　　　　　　　　　　산책　　　　　　　　대구법
(浴沂)란 내일(來日) ㅎ새. 아츰에 채산(採山)ㅎ고/나조히 조수(釣水)ㅎ새 ㄱㅊ
　목욕　　　　　　　　　　　산나물 캐고　대구법 저녁　 낚시질
괴여 닉은 술을 갈건(葛巾)으로 밧타 노코, 곳나모 가지 것거 수 노코 먹으리
갓 발효하여　　　헝겊
라. 화풍(和風)이 건ᄃ 부러 녹수(綠水)를 건너오니, 청향(淸香)은 잔에 지고,/
　　　봄바람　　　살짝　　　　　　　　　　　　　　　　　　　대구법
낙홍(落紅)은 옷새 진다.　　　　　　　　▶ 산수 구경을 하고 자연 속에서 술을 마심 (본사 2)
　붉은 꽃잎

> 이보게 이웃들아, 산수 구경을 가자꾸나. 산책은 오늘 하고, 목욕은 내일 하세. 아침에 산나물을 캐고, 저녁에 낚시질하세. 갓 발효시켜 익은 술을 두건으로 걸러 놓고, 꽃나무 가지 꺾어 잔 수를 세며 먹으리라. 화창한 바람이 문득 불어 푸른 시냇물을 건너오니, 맑은 향기는 잔에 지고, 떨어지는 꽃잎은 옷에 진다.

준중(樽中)이 뷔엿거ᄃ 날ᄃ려 알외여라. 소동(小童) 아히ᄃ려 주가(酒家)
술 항아리　　　　　　　　　　　　　　　　작은 아이　　　에게
에 술을 들어, 얼운은 막대 집고 아히ᄂ 술을 메고, 미음완보(微吟緩步)ㅎ야 시
　　　　　　　어른　　　　　　아이　　　　시를 읊으며 천천히 걷다
냇ᄀ의 호자 안자, 명사(明沙) 조흔 믈에 잔 시어 부어 들고, 청류(淸流)를 굽
　　　　　　　맑은 모래 깨끗한　　　　　　　　　　맑은 물
어보니 써오ᄂᄂ니 도화(桃花)ㅣ로다. 무릉(武陵)이 갓갑도다. 져 믹이 긘거인
　　　　　　　복숭아꽃 (도교 사상)　　　　　　　　　저 곳이 그 곳인가
고. 송간세로(松間細路)에 두견화(杜鵑花)를 부치 들고, 봉두(峰頭)에 급피 올
　소나무 사이 좁은 길　　　진달래꽃　　　　　　산봉우리
나 구름 소긔 안자 보니, 천촌 만락(千村萬落)이 곳곳이 버러 잇ᄂ. 연하일휘(煙
　　　　　　　　　　　수많은 집　　　펼쳐져 있다.　아름다운 자연
霞日輝)ᄂ 금수(錦繡)를 재폇ᄂ 듯. 엇그제 검은 들이 봄빗도 유여(有餘)ㅎ샤.
　　　비단　　　펼친　　　　　　　　　　　넘치는구나
　　　　　　　　　　　　　　　　　　　▶ 산봉우리에서 경치를 바라봄 (본사 3)

> 술동이가 비었거든 나에게 아뢰어라. 소동 아이를 시켜 술집에 술이 있는지 물어서, 어른은 막대 짚고 아이는 술을 메고, 나직이 읊조리며 천천히 걸어 시냇가에 혼자 앉아, 고운 모래가 비치는 깨끗한 물에 잔 씻어 부어 들고, 맑은 시냇물을 굽어보니 떠내려 오는 것이 복숭아꽃이로구나. 무릉도원이 가까이 있구나. 저 곳이 바로 그곳인가? 소나무 사이 좁은 길로 진달래꽃을 붙들어 잡고, 산봉우리에 급히 올라 구름 속에 앉아 보니, 수많은 촌락이 곳곳에 펼쳐져 있구나. 안개와 노을과 빛나는 햇살(아름다운 자연)은 수놓은 비단을 펼쳐 놓은 듯. 엇그제 검었던 들에 봄빛이 넘치는구나.

화자(주체)가 공명과 부귀(객체)를 꺼리는 것을 반대로 표현 (주객전도)

공명(功名)도 날 씌우고, 부귀(富貴)도 날 씌우니 청풍명월(淸風明月) 외
　　유명해지는 것　　　　　꺼리고

(外)예 엇던 벗이 잇스올고. 단표누항(簞瓢陋巷)에 훗튼 혜음 아니 ᄒᆞᄂᆡ. 아모
　　　　　　　　　　　　　소박한 삶　　　　　　　헛된 생각 (공명, 부귀)

타, 백년행락(百年行樂)이 이만ᄒᆞᆫ 둘 엇지ᄒᆞ리.
　　한 평생 즐거움　　　　　만족감 표현

▶ 자연을 벗하는 삶에 대한 만족 (결사)

공명도 날 꺼리고, 부귀도 날 꺼리니, 아름다운 자연 외에 어떤 벗이 있겠는가. 간소한 음식과 누추한 거처에서 헛된 생각을 하지 않네. 아무튼 평생을 즐겁게 지내는 일이 이만하면 만족하지 않겠는가?

- 정극인

핵심 포인트 CHECK

다음 작품에 대한 설명이 맞으면○, 틀리면✕표시하시오.

01 계절적 배경이 드러나 있다.

02 자연에 묻혀 살며 임금의 은혜에 대해 감사하는 마음이 드러나 있다.

03 작품의 주된 정서는 자연 속에서 홀로 지내는 화자의 고독감이다.

04 화자의 시선 이동에 따라 내용이 전개되고 있다.

실전 적용 문제 2018. 국회직 9급

다음 중 위 작품에 대한 설명으로 옳지 않은 것은?

① 이런 글의 갈래를 '서정 가사', '정격 가사', '양반 가사'라고 한대. 서정적인 내용을 정해진 격식에 따라서 양반이 지어서 그런 건가 봐.

② 맞아. 가사는 길게 쓴 시조라고 볼 수도 있는 건가 봐. 그래서 '운문체'이기도 하고 '가사체'이기도 한다고 해.

③ 어디 보자. 글 내용으로 볼 때 주제는 봄의 완상(玩賞)과 안빈낙도(安貧樂道)가 맞겠지

④ 그렇지. 이 글엔 설의법, 의인법, 풍유법, 대구법, 직유법 등 여러 표현 기교를 사용했네.

⑤ 조선 시대 사대부 가사의 작품으로 송순의 <면앙정가>와 함께 은일 가사라고 불리기도 한대.

정답 01 ○ 02 ✕ (많은 가사들이 임금의 은혜에 감사하는 대목이 있는 것에 반해, '상춘곡'에는 임금의 은혜에 감사하는 대목이 없다) 03 ✕ (작품의 주된 정서는 자연 속에서 느끼는 흥취이다) 04 ○ | ④ 풍유법이란 원관념은 직접 드러내지 않고 속담이나 격언 등을 통해 간접적으로 비유하는 표현 기법으로, '상춘곡'에는 풍유법이 사용되지 않았다. 참고로, 설의법(백년행락(百年行樂)이 이만ᄒᆞᆫ 둘 엇지ᄒᆞ리), 의인법(공명(功名)도 날 씌우고 부귀(富貴)도 날 씌우니), 대구법(답청(踏靑)이란 오늘 ᄒᆞ고 욕기(浴沂)란 내일 ᄒᆞ새), 직유법(연하일휘(煙霞日輝)는 금수(錦繡)를 재펏ᄂᆞᆫ 듯)은 모두 사용되었다.

08 현대 시: 정서 및 소망

★
진달래꽃

나 보기가 역겨워

가실 때에는

말없이 고이 보내 드리오리다. ┐ 체념

영변(寧邊)에 약산(藥山)
실제 지명 사용 (향토적 이미지)
진달래꽃 ┐ 축복

아름 따다 가실 길에 뿌리오리다.
산화공덕 (꽃을 뿌려 축복함을 뜻하는 불교용어)

가시는 걸음 걸음

놓인 그 꽃을 ┐ 희생

사뿐히 즈려 밟고 가시옵소서.
역설법

나 보기가 역겨워

가실 때에는 ┐ 초극 (초월하여 극복함)

죽어도 아니 눈물 흘리오리다.
반어법(애이불비: 슬프지만 겉으로 표현하지 않음을 뜻하는 불교 용어)

- 김소월

갈래 서정시, 자유시
성격 여성적, 향토적, 민요적
제재 이별
주제 이별의 정한을 승화시킴
구성 4단 구성(기-승-전-결)
운율 7·5조, 3음보의 변형
특징 ① 토속적 언어(사투리)의 사용
　　② 유교적 미덕인 인종(忍從)의 태도를
　　　지닌 화자가 드러남
　　③ 종결 어미(-오리다)의 반복을 통해
　　　각운 형성
출전 <개벽>(1922)

💡 **시험에 나올 핵심 포인트!**

1. '진달래꽃'의 의미
   ① 축복
   ② 임에 대한 사랑
   ③ 화자 자신의 희생
   ④ 시각적 심상(사랑을 시각적으로 표현)
   ⑤ 화자의 분신
2. • 역설법: 사뿐히 즈려 밟고
   • 반어법: 죽어도 아니 눈물 흘리오리다 (마음과 반대로 표현)
   　예 잊었노라 – 먼 후일
3. 구조: 체념 – 축복 – 희생 – 초극
4. '이별의 정한'이라는 주제를 잘 보여주는 대표적인 작품
5. 향토적 시어가 사용됨: 영변의 약산
6. • 각운: '-오리다'의 사용으로 운율감이 돋보임
   • 수미 상관의 구조를 사용하여 형태적 안정감을 취함
   • 7·5조, 3음보 운율 구조를 지님
   　민요적 율격

📍 '진달래꽃'의 함축적 의미

(1) 임에 대한 축복
(2) 화자의 헌신적인 사랑
(3) 화자의 분신
(4) 희생

핵심 포인트 CHECK

다음 작품에 대한 설명이 맞으면 ○, 틀리면 X 표시하시오.

01 7·5조 4음보와 7·5조 4음보의 변형으로 이루어져 있다.

02 반어적 표현을 통해 자신의 감정을 절제하여 표현한다.

실전 적용 문제

다음 중 작품에 대한 설명으로 옳지 않은 것은?

① 애이불비(哀而不悲)의 태도를 취함으로써 이별의 정한을 승화시키고 있다.

② 종결 어미를 반복하여 운율을 형성하고 있다.

③ 체념-원망-희생-초극으로 화자의 정서가 변하고 있다.

④ 슬픔을 인고하는 자세를 여성적 어조를 통해 보여준다.

정답 01 X (7·5조 3음보와 7·5조 3음보의 변형으로 이루어져 있다) 02 ○ │ ③ 1연에선 임을 고이 보내겠다는 '체념'의 정서, 2연에선 떠나는 임에게 꽃을 바치겠다는 '축복'의 정서, 3연에서는 화자를 상징하는 꽃을 밟고 가라는 '희생'의 정서, 4연에서는 죽어도 아니 눈물 흘리겠다는 것에서 '초극'의 정서를 느낄 수 있다. 따라서 화자의 정서는 '체념-축복-희생-초극'의 순으로 변하고 있다.

해커스군무원 신민숙 쉬운국어 문학·비문학 필기노트

★
꽃

내가 그의 이름을 불러 주기 전에는
<u>인식의 주체와 객체</u>

그는 다만

하나의 <u>몸짓</u>에 지나지 않았다.   △ : 무의미한 존재
                                        ○ : 의미 있는 존재

내가 그의 이름을 불러 주었을 때
        <u>인식 행위, 대상에 의미를 부여하는 행위</u>

그는 나에게로 와서

꽃이 되었다.

내가 그의 이름을 불러 준 것처럼

나의 이 빛깔과 향기에 알맞은
        <u>대상의 본질, 대상의 특색</u>

누가 나의 이름을 불러 다오.
<u>자신의 존재 가치를 인식하고 인정해 주기를 소망함</u>

그에게로 가서 나도

그의 꽃이 되고 싶다.
<u>누군가에게 유의미한 존재가 되고 싶음</u>

우리들은 모두

무엇이 되고 싶다.

너는 나에게 나는 너에게

잊혀지지 않는 하나의 눈짓이 되고 싶다.
            <u>상호 의미 있는 존재</u>

- 김춘수

갈래 서정시, 자유시
성격 상징적, 철학적, 주지적, 관념적
제재 꽃
주제 ① 누군가에게 의미 있는 존재가 되고
       싶은 마음
     ② 존재의 본질 구현에 대한 갈망
특징 ① 반복적인 변화를 통해 의미가 점층
       적으로 확대됨
     ② 간절한 어조로 소망을 노래함
출전 <현대문학>(1952)

💡 **시험에 나올 핵심 포인트!**

1. 명명 행위
   • 이름을 부름
     → 인식함, 존재 가치 ○
       : 꽃, 무엇, 눈짓 (의미 있는 존재)
   • 이름을 부르지 않음
     → 인식하지 않음, 존재 가치 X
       : 몸짓 (의미 없는 존재)
2. 빛깔, 향기: 사람마다 가지고 있는 특질, 본질
3. 인식의 주체: 나 → 우리
4. 궁극적 소망: 상호 의미 있는 존재로 인식되길 소망

핵심 포인트 CHECK

다음 작품에 대한 설명이 맞으면 ○, 틀리면 X 표시하시오.

01 '꽃'은 실재하는 대상이 아닌 추상적 존재를 의미한다.

02 의성어의 반복을 통해 대상을 감각적으로 드러내고 있다.

실전 적용 문제

시어의 의미를 파악한 것으로 적절하지 않은 것은?

① 하나의 몸짓 : 무의미한 존재

② 꽃 : 의미 있는 존재

③ 무엇 : 존재의 본질

④ 눈짓 : 상호적으로 의미 있는 존재

정답 01 ○ 02 X | ③ '무엇'은 서로에게 의미 있는 존재로, '눈짓'과 시적 의미가 같다고 볼 수 있다. 참고로, '존재의 본질'을 의미하는 시어는 '빛깔과 향기'이다.

산유화

산에는 꽃 피네
세계, 우주 존재 존재의 생성
꽃이 피네.
갈 봄 여름 없이
가을
꽃이 피네.　　　□ : 관조적 어조

산에
산에
피는 꽃은
저만치 혼자서 피어 있네.
① 화자와의 거리
② '꽃'들 사이의 거리

산에서 우는 작은 새여,
　　　　감정 이입 고독한 존재의 모습
꽃이 좋아
산에서
사노라네.

산에는 꽃 지네
　　　　존재의 소멸
꽃이 지네.
갈 봄 여름 없이
꽃이 지네.

- 김소월

갈래 자유시, 서정시
성격 관조적, 민요적, 전통적
제재 산에 피는 꽃
주제 자연의 섭리와 존재의 근원적 고독
특징 ① 수미 상관
　　　② 종결 어미 '-네'의 각운 사용
　　　③ 자연의 순환적 구조가 나타남
출전 <진달래꽃(1925)>

💡 시험에 나올 핵심 포인트!

1. 운율 형성
　① 수미 상관
　② '-네' 각운
　③ 갈 봄 여름 없이
　　　1　1　2　2
　　단어 수로 음악성을 높임
　→ 일반적인 계절 표현을 변화시킴
　　('가을'을 '갈'로 시적 허용함)
2. 구조: 피네 -- 저만치 혼자서 -- 지네
　　　(탄생)　　(고독)　　　(소멸)
3. 감정 이입: 새
4. A-A-B-A 구조
　예 산에는 꽃 피네 / 꽃이 피네 /
　　　갈 봄 여름 없이 / 꽃이 피네

핵심 포인트 CHECK

다음 작품에 대한 설명이 맞으면○, 틀리면✕표시하시오.

01 화자는 고독한 감정을 자연물에 이입하고 있다.

02 자연 현상을 통해 생명의 중요성을 표현하고 있다.

03 운율을 고려하여 문법적 질서를 파괴한 구절이 있다.

04 동일한 종결 어미를 사용하여 운율을 형성하고 있다.

05 1연과 4연의 반복되는 호응 구조를 통해 자연의 질서
　가 나타나고 있다.

실전 적용 문제

다음 중 작품에 대한 설명으로 적절하지 않은 것은?

① 산에 핀 꽃은 화자와의 거리감을 조성하고 있다.

② 종결 어미의 반복을 통해 화자의 감정이 절제되고 있다.

③ 자연물을 통해 존재의 생명력과 역동성을 그려내고 있다.

④ 첫 연과 마지막 연의 동일한 구조를 통해 형태적 안정
　감을 주고 있다.

정답　01 ○ 02 ✕ 03 ○ 04 ○ 05 ○　　③ 제시된 작품은 '꽃'의 '피고 짐'을 통해 '생성과 소멸을 거듭하는 자연의 질서'를 표현하고 있으
며 서로 '저만치' 떨어져 있는 존재들을 통해 '존재의 고독함'을 그리고 있다. 하지만 자연물을 통해 '존재의 생명력과 역동성'은 드러내
고 있지는 않으므로 답은 ③이다. [오답 설명] ① 2연 '꽃이 저만치 혼자서 피어 있네'라는 내용을 통해 화자와 꽃 사이의 거리감이
느껴진다는 것을 알 수 있다. ② 종결 어미 '-네'의 반복을 통해 화자가 대상과 거리감을 두면서 '꽃'을 바라보고 있음을 알 수 있으
므로 화자는 감정을 절제하고 있다. ④ 1연과 4연이 동일한 구조를 지닌 수미 상관을 이루고 있으므로 형태적 안정감을 주고 있다.

09 현대 시: 죽음

★★★
유리창 1

유리(琉璃)에 차고 슬픈 것이 어린거린다.　　□: 죽은 아이를 비유한 말
단절과 연결의 이중적 역할
열없이 붙어서서 입김을 흐리우니

길들은 양 언 날개를 파다거린다.

지우고 보고 지우고 보아도
　　　　간절한 그리움과 안타까움
새까만 밤이 밀려 나가고 밀려와 부딪치고,

물 먹은 별이, 반짝, 보석(寶石)처럼 백힌다.
화자의 눈물이 더해짐
밤에 홀로 유리를 닦는 것은

외로운 황홀한 심사이어니,
　　　역설법 (모순 형용)
고흔 폐혈관(肺血管)이 찢어진 채로
　　　아이가 병으로 죽었음을 추측할 수 있음
아아, 늬는 산(山)ㅅ새처럼 날아갔구나!
　　　　　　　　　　　　　　　　　　　　　- 정지용

갈래 서정시, 자유시
성격 회화적, 감각적, 애상적
제재 유리창
주제 자식을 잃은 슬픔과 그리움
구성 4단 구성(기-승-전-결)
운율 내재율
특징 ① 감각적인 언어 사용과 탁월한 이미지 표현
　　 ② 역설적 표현 사용
출전 <조선지광> 89호(1930)

💡 **시험에 나올 핵심 포인트!**

1. 아이를 비유한 시어: 차고 슬픈 것, 언 날개, 물 먹은 별, 산(山)ㅅ새
2. 역설법: 외로운 황홀한 심사
3. 어조: 차분하고 절제된 어조

📍 **'유리(琉璃)'의 이중적 역할**

연결의 매개체	아이를 볼 수 있게 함
단절의 매개체	아이와 만날 수 없도록 단절시킴

핵심 포인트 CHECK

다음 작품에 대한 설명이 맞으면○, 틀리면✕표시하시오.

01 자식을 잃은 슬픔과 그리움을 노래하고 있다.

02 감각적 언어 사용과 탁월한 이미지 표현이 도드라지는 작품이다.

03 '유리창'은 시적 화자가 그리워하는 대상으로, '아이'를 비유적으로 표현한 시어이다.

04 대상의 부재에서 오는 슬픔을 적극적으로 극복하고자 하는 화자의 태도를 엿볼 수 있다.

실전 적용 문제 2019. 서울시 9급

작품의 시어 가운데 내적 연관성이 가장 적은 것은?

① 차고 슬픈 것　　② 새까만 밤
③ 물 먹은 별　　　④ 늬

정답 01 ○ 02 ○ 03 ✕ ('유리창'은 화자와 아이를 연결시켜 줌과 동시에 단절시키는 기능을 수행하는 것으로 시적 화자가 그리워하는 대상과는 거리가 멀다) 04 ✕ (화자는 죽은 자식에 대한 슬픔과 그리움을 절제된 어조를 통해 노래하고 있으며, 적극적으로 슬픔을 극복하려는 태도는 드러나지 않는다) | ② '차고 슬픈 것', '물 먹은 별', '늬'는 죽은 아이의 이미지를 보여주는 시어이나, '새까만 밤'은 작품의 시간적 배경을 나타내는 시어이다.

10 현대 시: 이상적 세계에 대한 동경

★★★
청노루

머언 산 청운사(淸雲寺)
시적 허용 (거리감 강조)
낡은 기와집

산은 자하산(紫霞山)

봄눈 녹으면
시간적 배경 제시

느릅나무

속잎 피어나는 열두 굽이를
시행이 늘어나 빠르게 읽어야 함 (빠른 호흡으로 변화를 줌)

청노루
동양적 아름다움을 나타내는 소재
맑은 눈에

도는

구름
명사형으로 종결하여 여운을 남김

- 박목월

☐: 시선의 이동 (원경 → 근경)

느린 리듬감, 탈속적 이미지 부여

갈래 서정시, 자유시
성격 묘사적, 서경적, 관조적
제재 청노루
주제 봄날의 아름다운 정취와 동양적 이상 세계 추구
운율 내재율
특징 ① 원경에서 근경으로의 시선 이동이 드러남
② 상상적·허구적 소재를 통해 이상 세계에 대한 동경의 마음을 드러냄
③ 간결하고 압축된 표현을 통해 여백의 미를 드러냄
④ 빠른 호흡으로 변화하는 구절이 드러남
출전 <청록집>(1946)

💡 **시험에 나올 핵심 포인트!**

1. 내용 전개 방식: 시선의 이동(원경 → 근경) 청운사 → 자하산 → 느릅나무 → 청노루 → 구름
2. 주제: 동양적 이상 세계에 대한 동경 (한가롭고 평화로운 모습 → 동경·그리움)
3. 간결·압축된 형태
   → 빠른 호흡으로 변화를 준 부분 (=다른 시행에 비해 길이가 긴 부분)
4. 명사형 종결: 여운을 주는 결말

📍 시에 드러난 색채 대비

청운사	자하산
파란색	자주색

핵심 포인트 CHECK

다음 작품에 대한 설명이 맞으면 ○, 틀리면 X 표시하시오.

01 파란색과 자주색의 색채 대비를 제시하고 있다.

02 명사형으로 작품을 종결하여 여운을 남기고 있다.

03 '자하산'은 '청운사'와 대조되는 대상으로, 화자가 그리는 이상향이다.

실전 적용 문제 2018. 지방직 9급

다음 시에 대한 설명으로 적절하지 않은 것은?

① 묘사된 자연이 상상적, 허구적이다.

② 이상적 세계에 대한 그리움을 노래하고 있다.

③ 시적 공간이 원경에서 근경으로 옮아오고 있다.

④ 사건 발생의 시간적 순서에 따라 제재가 배열되고 있다.

정답 01 ○ 02 ○ 03 X (자하산과 청운사는 모두 화자가 그리는 이상화된 장소이다) | ④ 단순히 시선에 따라 보이는 풍경을 제시하고 있으므로 시간적 순서에 따라 제재가 배열되고 있다고 할 수 없다. 참고로 시간적 순서에 따라 제재가 배열되는지를 판단하기 위해서는 작품에 서사성이 드러나는지를 살펴보면 된다.

★★
깃발

이것은 소리 없는 아우성
□: 깃발을 비유한 말
역설법
저 푸른 해원을 향하여 흔드는
이상 세계
영원한 노스탤지어의 손수건

순정은 물결같이 바람에 나부끼고

오로지 맑고 곧은 이념의 푯대 끝에
깃대
애수는 백로처럼 날개를 펴다

아아 누구던가.

이렇게 슬프고도 애달픈 마음을
이상 세계를 영원하지만
현실에서 벗어날 수 없는 상황을 한탄함 (도치법)
맨 처음 공중에 달 줄을 안 그는

- 유치환

갈래 서정시, 자유시
성격 의지적, 역설적, 상징적
제재 바람에 흩날리는 깃발
주제 이상에 대한 동경과 좌절
운율 내재율
특징 ① 의인, 은유, 직유 등 다양한 비유법
을 사용함
② 역설법을 사용함
③ 색채 대비가 드러남
출전 <조선문단>(1936)

💡 시험에 나올 핵심 포인트!

1. 이상 세계: 푸른 해원
2. 역설법: 소리 없는 아우성

📍 깃발을 비유한 시어의 의미

소리 없는 아우성, 순정	이상향에 도달하고자 하는 마음
노스탤지어의 손수건	이상 세계에 대한 그리움
애수	이상 세계에 도달할 수 없는 운명의 한계
슬프고도 애달픈 마음	순수한 세계를 염원하나 현실에서 벗어날 수 없음

※ 애수, 슬프고도 애달픈 마음: 깃발 표현 중 이질적
(부정적)

📍 시에 드러난 색채 대비

푸른 해원	백로
파란색	흰색

핵심 포인트 CHECK

다음 작품에 대한 설명이 맞으면○, 틀리면X표시하시오.

01 직유법, 의인법, 은유법 등의 다양한 비유법이 사용
되었다.

02 풍경을 제시한 후 그에 대한 감상을 표현하고 있다.

03 색채 대비를 통해 선명한 이미지를 제시한다.

04 어순의 도치를 통해 인간의 좌절과 비애를 강조하였다.

실전 적용 문제 2015. 사회복지직 9급

다음 중 내포적 의미가 다른 하나는?

① 해원 ② 손수건
③ 애수 ④ 마음

정답 01 ○ 02 X (풍경과 그에 대한 감상은 드러나 있지 않다) 03 ○ 04 ○ | ① '해원'을 제외한 시어들은 모두 깃발을 나타내는 보조
관념이다. 참고로 '해원'은 화자가 그리는 이상향, 생명 탄생의 시발점 등을 의미하는 시어이다.

11 현대 시: 저항 및 극복 의지

님의 침묵

□ : 광복
△ : 일제 강점기

님은 갔습니다. 아아, 사랑하는 나의 님은 갔습니다.
연인, 절대자, 조국, 민족
푸른 산빛을 깨치고 단풍나무 숲을 향하여 난 작은 길을 걸어서, 차마 떨치

고 갔습니다.

황금(黃金)의 꽃같이 굳고 빛나던 옛 맹서(盟誓)는 차디찬 티끌이 되어서

한숨의 미풍(微風)에 날아갔습니다. / 날카로운 첫 키스의 추억(追憶)은 나의
                                        광복 후 누릴 권리에 대한 깨달음을 줌
운명(運命)의 지침(指針)을 돌려 놓고, 뒷걸음쳐서 사라졌습니다. / 나는 향기

로운 님의 말소리에 귀먹고, 꽃다운 님의 얼굴에 눈멀었습니다.
공감각적 심상 (청각의 후각화), 역설법   역설법
사랑도 사람의 일이라, 만날 때에 미리 떠날 것을 염려하고 경계하지 아니한

것은 아니지만, 이별은 뜻밖의 일이 되고, 놀란 가슴은 새로운 슬픔에 터집니다.
                                                        예기치 못한 슬픔
그러나 이별을 쓸데없는 눈물의 원천(源泉)을 만들고 마는 것은 스스로 사랑
시상의 전환
을 깨치는 것인 줄 아는 까닭에, 걷잡을 수 없는 슬픔의 힘을 옮겨서 새 희망의

정수박이에 들이부었습니다. / 우리는 만날 때에 떠날 것을 염려하는 것과 같
                            회자정리(會者定離): 만난 자는 반드시 헤어짐
이, 떠날 때에 다시 만날 것을 믿습니다.
거자필반(去者必返): 떠난 사람은 반드시 돌아오게 됨
아아, 님은 갔지마는 나는 님을 보내지 아니하였습니다.
                        역설법
제 곡조를 못 이기는 사랑의 노래는 님의 침묵(沈默)을 휩싸고 돕니다.
                일제 강점기(현재)+조국 광복에 대한 희망(미래)   - 한용운

갈래 서정시, 자유시
성격 여성적, 의지적, 상징적
제재 이별
주제 임을 향한 변치 않는 사랑
운율 내재율
특징 불교의 윤회 사상
출전 <님의 침묵>(1926)

💡 시험에 나올 핵심 포인트!

1. 님(당신): ① 연인 ② 조국(광복) ③ 부
   처, 절대자
2. 님의 침묵: 일제 강점기+독립에 대
   한 희망
3. 대표적 시어

대상	일제 강점기
푸른 산빛	단풍나무 숲
옛 맹서	차디찬 티끌

4. 공감각적 심상: 향기로운 님의 말소리
                              청각의 후각화
5. 시상의 전환: 그러나
   대표: 그러나, 그런데, 하지만
6. 불교적 윤회 사상: 회자정리, 거자필반
7. 역설법의 대표
   • 꽃다운 님의 얼굴에 눈멀었습니다
   • 님은 갔지마는 나는 님을 보내지 아
     니하였습니다
   • 사뿐히 즈려 밟고
   • 찬란한 슬픔의 봄
   • 외로운 황홀한 심사
   • 괴로웠던 사나이 행복한 예수그리
     스도
   • 겨울은 강철로 된 무지개

핵심 포인트 CHECK

다음 작품에 대한 설명이 맞으면○, 틀리면✕표시하시오.

01 불교적 윤회 사상을 찾아볼 수 있다.

02 공감각적 심상을 통해 시적 이미지를 형상화하고 있다.

03 전통적 도교 사상을 확인할 수 있다.

실전 적용 문제

위 작품에 대한 설명으로 적절하지 않은 것은?

① 대립적 이미지의 시어가 사용되었다.

② '님'은 연인, 절대자, 조국 등을 상징한다.

③ 시상의 전환을 통해 주제 의식을 강조하고 있다.

④ 임과의 이별의 상황을 가정하여 시상을 전개하고 있다.

정답 01 ○ 02 ○ 03 ✕ (도교 사상이 아닌 불교 사상을 확인할 수 있다) | ④ 시적 화자는 이별의 상황을 가정한 것이 아니라 임과 이
별한 상태이다.

당신을 보았습니다

당신이 가신 뒤로 나는 당신을 잊을 수가 없습니다.
① 연인 ② 절대자(부처) ③ 조국 ④ 진리
까닭은 당신을 위하나니보다 나를 위함이 많습니다.

나는 갈고 심을 땅이 없음으로 추수(秋收)가 없습니다. / 저녁거리가 없어서
일제강점기의 궁핍한 삶
조나 감자를 꾸러 이웃집에 갔더니, / 주인(主人)은 "거지는 인격(人格)이 없
다. 인격이 없는 사람은 생명(生命)이 없다. 너를 도와 주는 것은 죄악(罪惡)이
다."고 말하얐습니다.

그 말을 듣고 돌어 나올 때에, 쏟어지는 눈물 속에서 당신을 보았습니다.
반복법

나는 집도 없고 다른 까닭을 겸하야 민적(民籍)이 없습니다.
"민적 없는 자(者)는 인권(人權)이 없다. 인권이 없는 너에게 무슨 정조(貞操)
냐." 하고 능욕(凌辱)하랴는 장군(將軍)이 있었습니다. / 그를 항거한 뒤에,
남에게 대한 격분이 스스로의 슬픔으로 화(化)하는 찰나에 당신을 보았습니다.
주인, 장군   자기 자신에 대한 자책으로 변하는 순간

아아 왼갖 윤리(倫理), 도덕(道德), 법률(法律)은 칼과 황금을 제사 지내는 연
일제를 위한 도구들   장군과 주인(일제) 숭배하는
기(煙氣)인 줄을 알았습니다.

영원(永遠)의 사랑의 받을까, 인간 역사(人間歷史)의 첫 페이지에 잉크칠을
죽음   역사에 대한 부정
할까, 술을 마실까 망설일 때에 당신을 보았습니다.
자포자기   회망을 발견함. 일제에 저항하고 극복하고자 하는 의지를 지니게 됨
                                                              - 한용운

갈래 서정시, 자유시
성격 산문적, 명상적, 상징적
제재 당신
주제 삶의 절망 극복, 참된 가치의 추구
운율 내재율
특징 ① 반복법(당신을 보았습니다)을 사용
함
② 경어체 형식이 드러남
③ 상징적 표현을 사용함
출전 <님의 침묵>(1926)

💡 **시험에 나올 핵심 포인트!**

1. 당신: ① 연인 ② 절대자(부처) ③ 조
국 ④ 진리
2. 윤리, 도덕, 법률 → 일본을 위한 것
3. 시구의 의미
• 영원의 사랑: 죽음
• 인간 역사의 첫 페이지에 잉크칠:
역사 부정
• 술을 마실까: 자포자기

📍 **시어의 상징적 의미**

주인(황금), 장군(칼)	거지, 민적 없는 자	인격×, 생명×, 인권×, 정조×
일제	민족	기본권을 보장받지 못하는 시대 현실

핵심 포인트 CHECK

다음 작품에 대한 설명이 맞으면○, 틀리면✕표시하시오.
01 동일한 시구의 반복으로 주제를 강조한다.
02 대화체를 활용하여 시적 상황을 표현하고 있다.
03 '술'은 화자가 삶에 대한 의지를 상실하였음을 나타내는 소재이다.
04 '황금'은 독립을 맞이한 조국을 상징한다.

실전 적용 문제

다음 중 작품에 대한 설명으로 옳지 않은 것은?
① '잉크칠'은 역사와 현실에 대한 부정을 의미한다.
② 산문적 호흡으로 시적 분위기를 형성하고 있다.
③ 경어체와 남성적 어조를 사용하여 광복의 의지를 드러낸다.
④ '거지'는 조국을 잃은 국민들의 비참함을 상징한 시어이다.

정답 01 ○ 02 ○ 03 ○ 04 ✕('황금'은 '일제'를 상징하는 시어이다) | ③ 작품 전체에서 경어체를 사용하고 있으며 화자를 여성으로
설정하여 절망적인 삶을 극복해야 한다는 의지를 여성적 어조로 드러내고 있다.

⭐ 교목 📍

푸른 하늘에 닿을 듯이
이상세계(광복)

세월에 불타고 우뚝 남아 서서
화자가 견뎌야 했던 세월 (소멸의 이미지)

□ : 화자의 의지 강조

차라리 봄도 꽃 피진 말아라
일제로부터 얻는 이익, 행복, 기쁨(부정적 시어)

○ : –지 않겠다로 해석, 부정 명령문으로 화자의 의지 표현

낡은 거미집 휘두르고

끝없는 꿈길에 혼자 설레이는
이상세계(광복)

마음은 아예 뉘우침 아니라

△ : 부정적 현실(일제)

검은 그림자 쓸쓸하면

마침내 호수 속 깊이 거꾸러져
죽음   죽을지라도

차마 바람도 흔들진 못해라
시련·고난

- 이육사

갈래 서정시, 자유시
성격 저항적, 상징적, 의지적
제재 교목
주제 현실의 어려움에 굴복하지 않겠다는
     굳건한 의지
운율 내재율
출전 <인문평론>(1940)

💡 **시험에 나올 핵심 포인트!**

1. 명령형 종결 어미 '–라': 화자의 의지
   를 강조함 (말아라, 아니라, 못해라: 부정문
   으로 '~않겠다'라고 해석)
2. 부사어: 화자의 의지를 강조하는 역할
   우뚝, 차라리, 아예, 마침내, 차마
3. 각운 '–라'
4. 시행의 규칙적 배열
   각 연의 1행 길이 ————
   각 연의 2행 길이 ————
   각 연의 3행 길이 ————

📍 '교목'의 의미

'교목'은 암담한 현실 속에서도 굽히지 않
는 화자의 결연한 의지를 형상화한 것으
로, 화자의 신념을 드러내는 객관적 상관
물로 기능한다.

📍 시어의 대조적 의미

이상 세계 (광복)	푸른 하늘, 끝없는 꿈길
부정적 현실 (일제)	세월에 불타고, 낡은 거미집, 검은 그림자

핵심 포인트 CHECK

다음 작품에 대한 설명이 맞으면○, 틀리면✕표시하시오.

01 시의 전반에 외형률이 드러나 있다.

02 부정 종결 어미로 화자의 체념을 표현하였다.

03 '호수'는 죽음을 상징하는 시어로 사용되었다.

04 '교목'은 객관적 상관물로, 시적 화자와 동일시된다.

실전 적용 문제

다음 중 작품에 대한 설명으로 옳지 않은 것은?

① 담담하고 차분한 어조를 사용하여 화자의 관조적인 태
   도를 표현했다.

② 대조적인 시어를 활용하여 화자의 의지를 강조하고 있다.

③ '차라리, 아예, 차마' 등의 부사 활용을 통해 시적 효과
   를 높이고 있다.

④ '바람'은 화자가 뜻을 이루기 어렵게 만드는 것으로, 시
   련이나 고난을 의미한다.

정답 01 ✕ (내재율을 통해 시상을 전개하고 있다) 02 ✕ (부정형 종결 어미를 통해 화자의 강한 의지를 보여주고 있다) 03 ○ 04 ○ | ①
화자는 단호하고 의지적인 어조로 강한 의지를 표현하고 있다.

★★ 절정

매운 계절(季節)의 채찍에 갈겨
　　일제 강점기　　　탄압
마침내 북방(北方)으로 휩쓸려 오다.
　　　　수평적 극한 상황

하늘도 그만 지쳐 끝난 고원(高原)
　　　　　　수직적 극한 상황
서릿발 칼날진 그 위에 서다.
　　　　절정의 극한 상황

어데다 무릎을 꿇어야 하나
　　굴복이 아닌 기도하는 자세
한 발 재겨 디딜 곳조차 없다.
발끝이나 뒤꿈치만 땅에 닿게 하는 것

시상의 전환, 어조의 변화
이러매 눈 감아 생각해 볼밖에
　　차분하게 현실을 인식하고 극복 의지를 다짐
겨울은 강철(鋼鐵)로 된 무지갠가 보다.
　　현실 상황을 초극하고자 하는 의지를 역설적 표현으로 드러냄

- 이육사

갈래 서정시, 자유시
성격 지사적, 남성적, 의지적
제재 현실에서의 극한 상황
주제 극한 상황을 극복하려는 의지
구성 4단 구성(기-승-전-결)
운율 내재율
특징 ① 기승전결의 구성
　　 ② 현재형 시제를 사용함
　　 ③ 역설적 표현을 사용함
　　 ④ 상징적인 시어를 사용함 (매운 계절,
　　　　채찍 등)
출전 <문장>(1940)

💡 시험에 나올 핵심 포인트!

1. 극한 상황

수평적 극한 상황	북방
수직적 극한 상황	고원
최절정 극한 상황	서릿발 칼날진 그 위

2. 시상 전환: '이러매'
3. 역설법: 겨울은 강철로 된 무지개

핵심 포인트 CHECK

다음 작품에 대한 설명이 맞으면○, 틀리면✕표시하시오.

01 내용상 기-서-결의 3단 구성을 지니고 있다.

02 토속적 시어를 사용하여 정겨운 풍취를 불러일으킨다.

03 '매운 계절'은 일제강점기의 비참한 현실을 의미하는 시어이다.

04 현재 시제를 통해 화자가 처한 상황의 긴박함을 표현하고 있다.

실전 적용 문제　2018. 소방직 9급

위 작품에서 역설적 표현이 사용된 부분은?

① 매운 계절(季節)의 채찍에 갈겨

② 서릿발 칼날진 그 위에 서다

③ 한 발 재겨 디딜 곳조차 없다

④ 겨울은 강철(鋼鐵)로 된 무지갠가 보다

정답 01 ✕(기-승-전-결의 4단 구성을 지닌 작품이다) 02 ✕ (토속적 시어는 찾을 수 없다) 03 ○ 04 ○　｜　④ 부드럽고 온난한 이미지를 지닌 '무지개'에 '강철'의 차갑고 딱딱한 이미지를 부여하는 역설법을 통해 비극적인 상황을 극복하려는 의지를 표현하였다.

독(毒)을 차고

내 가슴에 독(毒)을 찬 지 오래로다
　　　　독한 마음 (일제강점기의 저항 의지)
아직 아무도 해(害)한 일 없는 새로 뽑은 독

벗은 그 무서운 독 그만 흩어 버리라 한다.

나는 그 독이 선뜻 벗도 해할지 모른다 위협하고

독 안 차고 살아도 머지않아 너 나 마주 가 버리면 ┐
억만 세대(億萬世代)가 그 뒤로 잠자코 흘러가고　　│
나중에 땅덩이 모지라져 모래알이 될 것임을　　　　│ 벗의 말 (허무주의적 태도)
　　세상의 모든 것은 시간이 지나면 소멸함 (허무적 정서의 원인)│
'허무(虛無)한듸!' 독은 차서 무엇하느냐고?　　　　┘

아! 내 세상에 태어났음을 원망 않고 보낸

어느 하루가 있었던가, '허무한듸!' 허나
　　　　　　벗의 말을 수용함　어조의 변화, 시상의 전환
앞뒤로 덤비는 이리 승냥이 바야흐로 내 마음을 노리매 ┐
　　　　　　일제　　　　저항 의지, 순수한 삶에 대한 의지　│ 화자의 현실 인식
내 산 채 짐승의 밥이 되어 찢기우고 할퀴우라 내맡긴 신세임을 ┘

나는 독을 차고 선선히 가리라.
　　　　　　　　거침없이
막음 날 내 외로운 혼(魂) 건지기 위하여.
죽는 날　　　본질적 자아

　　　　　　　　　　　　　　　　　　　　　　　- 김영랑

갈래 서정시, 자유시
성격 저항적, 의지적
제재 독(毒)
주제 식민지에서 벗어나려는 의지
특징 ① '나'와 '벗'의 태도를 대조함
　　　② 직설적 표현으로 의지를 강조함
출전 <문장>(1939)

 시험에 나올 핵심 포인트!

1. 독을 차고: 저항 의지
2. '나': 저항적 태도
　　　　　↕ 대조
　 '벗': 허무주의적 태도
　　　　└ 2연 전체
3. 시상 전환: 허나
4. 이리 승냥이: 일본

핵심 포인트 CHECK

다음 작품에 대한 설명이 맞으면○, 틀리면X표시하시오.

01 두 대상의 태도를 대조하며 시상을 전개한다.

02 간접적이고 우회적인 표현을 사용하여 자신의 주장을 피력하고 있다.

03 '벗'은 부조리한 현실에 저항하는 태도를 지닌 인물이다.

04 '나'는 운명에 순응하는 태도를 보여주는 인물이다.

실전 적용 문제

다음 중 작품에 대한 설명으로 옳지 않은 것은?

① '독'은 화자가 희망하는 이상적 세계를 의미한다.

② '벗'은 '나'의 행동을 비판하는 모습을 보인다.

③ 부분적으로 대화체를 활용하여 화자의 의지를 강조하고 있다.

④ '외로운 혼'은 화자의 순수한 내면을 의미하는 시어이다.

정답 01 ○ 02 X (직설적인 표현을 사용하여 자신의 주장을 강하게 이야기하고 있다) 03 X 04 X ('벗'은 현실에 순응하는 인물이고, '나'는 현실에 대항하는 인물이다) | ① '독'은 화자가 꿈꾸는 이상이 아닌, 부정적인 현실에 저항하고자 하는 화자의 의지를 상징하는 것이다.

★
쉽게 씌어진 시

창(窓)밖에 밤비가 속살거려
<small>암담한 시대적 상황</small>
육첩방(六疊房)은 남의 나라,
<small>① 화자가 현재 일본에 살고 있음을 의미 ② 시대적 배경(일제강점기)을 드러냄</small>

시인(詩人)이란 슬픈 천명(天命)인 줄 알면서도
<small>① 자신의 시가 현실을 바꾸지 못함을 한탄함 ② 실천적인 행동을 하지 못하는 것을 한탄함</small>
한 줄 시(詩)를 적어 볼까,

땀내와 사랑 내 포근히 품긴
보내 주신 학비 봉투(學費封套)를 받어

대학(大學) 노―트를 끼고
늙은 교수(教授)의 강의를 들으러 간다.
<small>현실과 동떨어진 수업을 하는 인물(현실과의 거리감)</small>

생각해 보면 어린 때 동무들
하나, 둘, 죄다 잃어버리고
<small>죽음, 변절</small>

[나]는 무얼 바라   □ : 현실적 자아
[나]는 다만, 홀로 침전(沈澱)하는 것일까?   ○ : 본질적 자아

인생(人生)은 살기 어렵다는데
시(詩)가 이렇게 쉽게 씌어지는 것은 ⎤ <small>소극적 행위만을 하는 화자의 부끄러움을 표현</small>
부끄러운 일이다.

육첩방(六疊房)은 남의 나라
창(窓)밖에 밤비가 속살거리는데,

갈래 서정시, 자유시
성격 저항적, 반성적, 고백적, 성찰적, 미래 지향적
제재 시가 쉽게 씌어지는 것에 대한 부끄러움
주제 ① 시인으로서의 자기 성찰
     ② 어두운 시대 현실에 대한 극복 의지
운율 내재율
출전 <하늘과 바람과 별과 시>(1948)

💡 **시험에 나올 핵심 포인트!**

1. 쉽게 씌어진 시
   → 소극적인 독립운동에 대한 부끄러움 표현
   → 시를 통한 독립운동은 쉬운 일이란 표현
2. 수미 상관: 1연과 8연
3. 상징적 시어
   • 등불: 저항 의지
   • 어둠: 일제 강점기
   • 아침: 독립, 광복
   • 최초의 악수: 화해(현실 극복 의지)
4. 시간적 배경: 밤비
   <small>화자의 자아 성찰 시간을 가리킴</small>

등불을 밝혀 **어둠**을 조금 내몰고,
희망   *일제*
시대(時代)처럼 올 **아침**을 기다리는 최후(最後)의 나,
          광복

나는 나에게 작은 손을 내밀어

눈물과 위안으로 잡는 **최초(最初)의 악수(握手)**
          내적 화해   - 윤동주

핵심 포인트 CHECK

다음 작품에 대한 설명이 맞으면 ○, 틀리면 X 표시하시오.

01 외적 상황의 변화에 따라 시상이 전개되고 있다.

02 시적 화자는 자신의 태도를 성찰한 후 현실 극복 의지를 보여준다.

03 '슬픈 천명'이란 현실에 적극적으로 저항하지 못하고 시를 쓰는 것을 의미한다.

실전 적용 문제 2020. 법원직 9급

다음 시를 읽고 이해한 내용으로 가장 옳지 않은 것은?

① 시선의 이동에 따라 시상을 전개해 시적 안정감을 부여한다.

② 시간적, 공간적 배경을 통해 화자의 현재 상황을 드러낸다.

③ 상징적 의미를 지닌 시어의 대립을 통해 시적 의미를 구체화한다.

④ 반성적이고 미래지향적인 어조를 통해 주제의식을 효과적으로 제시한다.

정답 01 X (외적 상황의 변화는 나타나지 않는다) 02 ○ 03 ○ | ① 시선의 이동에 따른 시상 전개는 작품에서 찾아볼 수 없다. [오답 설명] ② '밤비'와 '육첩방'을 통해 화자의 상황을 알 수 있다. ③ 희망을 상징하는 '등불', '아침' 등의 시어와 현실을 상징하는 '밤비', '어둠' 등의 시어가 대립하고 있다.

12 현대 시: 현실 인식 및 현실 참여

★★ 껍데기는 가라

껍데기는 가라.

사월(四月)도 알맹이만 남고 / 껍데기는 가라.
　　4·19 혁명

껍데기는 가라.

동학년(東學年) 곰나루의, 그 아우성만 살고 / 껍데기는 가라.
　　동학 농민 운동

그리하여, 다시 / 껍데기는 가라.

이곳에선, 두 가슴과 그곳까지 내논 / 아사달 아사녀가
　　　　　　　　순수한 상태　　　　　　　우리 민족 (대유법)

중립(中立)의 초례청 앞에 서서
　　　민족 화합의 장

부끄럼 빛내며 / 맞절할지니

껍데기는 가라. / 한라에서 백두까지
　　　　　　　한반도 전체 (대유법)

향그러운 흙가슴만 남고

그 모오든 쇠붙이는 가라.

　　　　　　　　　　　　　　　　　　　- 신동엽

△ : 부정적 시어 (갈등, 가식, 허위, 독재, 외세 의존 세력, 분단)
○ : 긍정적 시어 (화합, 순수, 민주주의, 자주주의, 통일)

갈래　참여시, 서정시, 자유시
성격　의지적, 저항적, 주지적, 이념적, 상징
　　　적, 현실 참여적
제재　불의와 거짓이 팽배하고 외세가 지배
　　　하는 사회상
주제　① 민족의 삶(진실, 순수) 추구
　　　② 민주 사회에 대한 열망
운율　내재율
특징　① 반복적인 시어를 사용하여 주제 의
　　　　식을 강조함
　　　② 각운('-라')을 사용하여 부정적 세력
　　　　에 대한 화자의 저항 의지를 드러냄
출전　<52인 시집>(1967)

💡 **시험에 나올 핵심 포인트!**
1. • 껍데기, 쇠붙이: 갈등, 불협, 독재,
　　비민주주의, 전쟁, 반자주정신
　　↕ 대조적 시어
　• 알맹이, 아우성, 흙가슴: 평화, 화합,
　　민주주의, 자주정신, 순수
2. 역사적 사건 배경
　• 4·19 혁명
　• 동학 농민 운동
　→ 민중들의 순수한 정신
3. 대유법
　• 아사달·아사녀: 우리 민족 전체
　• 한라에서 백두까지: 우리 국토 전체
4. 중립의 초례청: 화합의 장
5. 각운 '-라'
6. 수미 상관: 1연과 4연

핵심 포인트 CHECK

다음 작품에 대한 설명이 맞으면○, 틀리면X 표시하시오.

01 명령형 종결 어미를 사용하여 화자의 의지를 드러낸다.

02 '동학년 곰나루의, 그 아우성'은 동학 농민 운동의 정신을 의미한다.

03 시어를 반복적으로 제시하여 주제 의식을 강조하고 있다.

04 대립적인 시어를 통해 주제를 부각하고 있다.

실전 적용 문제 2015. 국회직 9급

위 시의 시어에 대한 설명으로 적절하지 않은 것은?

① '알맹이'는 '껍데기'와 대립되는 시어로 4·19 혁명의 순수한 정신을 의미한다.

② '아사달'과 '아사녀'는 우리 민족의 원초적이고 본질적인 모습을 의미한다.

③ '한라에서 백두까지'는 우리나라를 의미하는 것으로 민족 분단의 현실을 극복하고자 하는 민족 통일에의 염원이 담겨 있는 표현이다.

④ '동학년 곰나루'는 동학 농민 전쟁의 본거지였던 웅진을 의미하고 '아우성'은 동학 전쟁 당시의 민중의 수난을 상징한다.

⑤ '쇠붙이'는 '향그러운 흙가슴'과 대립되는 시어로 민족의 통일을 가로막는 무력이나 이데올로기 대립과 같은 부정적인 요소를 일컫는다.

정답 01 ○ 02 ○ 03 ○ 04 ○ | ④ '동학년 곰나루'가 동학 농민 운동의 본거지를 의미하는 것은 맞지만 '아우성'은 당시 민중의 수난이 아닌 민중들의 열망을 의미하는 시어이다.

★★
농무(農舞)

징이 울린다 막이 내렸다
　　　　하강적 시어로 시적 분위기 조성

오동나무에 전등이 매어 달린 가설무대

구경꾼이 돌아가고 난 [텅 빈 운동장]　　　　　　☐ : 공간의 이동

우리는 분이 얼룩진 얼굴로 / 학교 앞 [소줏집]에 몰려 술을 마신다
중의적 의미: ① 화장 ② 분노

답답하고 고달프게 사는 것이 원통하다
　　　　　화자의 감정을 직접적, 직설적으로 표현

꽹과리를 앞장세워 [장거리]로 나서면

『따라붙어 악을 쓰는 건 쪼무래기들뿐

처녀 애들은 기름집 담벽에 붙어 서서 / 철없이 킬킬대는구나』
『』:농촌 현실을 이해하지 못하는 인물들만 농무를 즐김 → 젊은이들이 떠나 황폐화된 농촌의 모습

보름달이 밝아 어떤 녀석은

꺽정이처럼 울부짖고 또 어떤 녀석은
의적 임꺽정 (현실에 저항하는 사람)　　　　　　　　　　역사적 사건을 활용하여 농민의 정서를 표현함

서림이처럼 해해대지만 이까짓
임꺽정을 배신한 인물 (현실에 타협하는 사람)

산 구석에 처박혀 발버둥 친들 무엇하랴
　　　　화자의 감정을 직접적, 직설적으로 표현

비료값도 안 나오는 농사 따위야
　　　농촌 구조의 모순

아예 여편네에게나 맡겨 두고

[쇠전]을 거쳐 [도수장]앞에 와 돌 때 / 우리는 점점 신명이 난다
　　　① 분노와 한을 신명나는 춤으로 분출하는 역설적인 상황 ② '우리는 점점 분노가 치밀다'는 반어적 표현

『한 다리를 들고 날나리를 불거나

고갯짓을 하고 어깨를 흔들거나』　　　　　　　　　　　　　　- 신경림
『』: 분노표출

갈래　자유시
성격　사실적, 현실비판적, 참여적
제재　농무
주제　산업화 과정 속에서 소외된 농민들의
　　　한과 고뇌
특징　① 장소의 이동에 따라 시상이 전개됨
　　　② 직설적 표현을 통해 당대 현실을 비
　　　　 판함
　　　③ 역설적 상황을 통해 한의 정서를 표
　　　　 출함
출전　<창작과 비평>(1971)

💡 **시험에 나올 핵심 포인트!**

1. 농무: 한풀이(분노와 저항의 몸짓)
2. 장소의 이동: 텅 빈 운동장 → 소줏집
　 → 장거리 → 쇠전 → 도수전
3. 화자의 심리를 직접적으로 표현
　 • 답답하고 고달프게 사는 것이 원통
　　 하다
　 • 산 구석에 처박혀 발버둥 친들 무
　　 엇하랴
4. 중의법: '분' → ① 화장품 ② 분노
5. 농촌 구조의 모순: 비료값도 안 나오
　 는 농사
6. 실제 인물을 활용하여 현실감 부각
　 • 꺽정이: 저항적 삶
　 • 서림이: 타협적 삶
7. 우리는 점점 신명이 난다
　 ★① 반어적 표현(주로 반어적이라고 봄)
　　 ② 역설적 상황

핵심 포인트 CHECK

다음 작품에 대한 설명이 맞으면○, 틀리면X표시하시오.

01 시간의 흐름에 따라 시상이 전개된다.

02 반어적·역설적 표현을 활용하여 울분을 표현했다.

03 역사적 사건을 활용하여 농민들의 정서를 표현하였다.

04 직설적 표현을 통해 농촌의 비참함을 드러냈다.

실전 적용 문제

다음 중 작품에 대한 설명으로 옳지 않은 것은?

① 하강적 이미지를 활용하여 몰락한 농촌을 표현하였다.

② 처녀 애들의 웃음은 힘든 삶 속 희망을 표현한 것이다.

③ '도수장'은 농민들의 분노가 극에 달하는 공간이다.

④ 산업화 시기에 피폐해진 농촌의 현실을 비판한 작품이다.

정답 01 X (시간의 흐름이 아닌 공간의 이동에 따라 시상이 전개된다) 02 ○ ('신명'에 대한 설명이다) 03 ○ ('꺽정이'와 '서림이'에 대한 설명이다) 04 ○ │ ② 처녀 애들의 웃음은 농촌 안에서도 농민의 설움을 이해하지 못하는 자들이 있다는 것을 표현한 것이다.

군무원 시험 전문 해커스군무원
army.Hackers.com

II 산문 문학

문제로 문학 개념 완성하기

문제 01

01 다음 글에 대한 설명으로 가장 옳지 않은 것은?

핵심정리

갈래 국문 소설, 영웅 소설, 사회 소설
성격 전기적(傳奇的), 사회 개혁적
제재 적서 차별
주제 ① 부조리한 적서 차별과 신분제도의
　　　개혁
　　　② 해외진출과 이상국 건설
　　　③ 빈민 구제
의의 우리나라 최초의 국문 소설
배경 조선 시대
시점 3인칭 전지적 작가 시점

　　그 달부터 태기가 있어 열 달만에 옥동자를 낳았는데, 기골이 비범하여 짐짓 영웅호걸의 모습이더라. 공이 한편 기쁘나 유 씨 부인에게서 낳지 못함을 한탄하더라.
　　길동이 점점 자라 여덟 살이 되니, 총명이 과인하여 하나를 들으면 백을 깨닫더라. 공이 더욱 애중하나 근본이 천생이라, 길동이 매양 아비를 아비라 부르고, 형을 형이라 부르면 꾸짖어 못하게 하더라. 길동은 열 살이 넘도록 감히 아버지와 형을 부르지 못하고, 비복 등이 천대함을 뼈에 새길 만큼 원통하게 생각하여 마음이 안정되지 못하더라. <중 략>
　　"너는 무슨 일로 나를 죽이려 하느냐? 무죄한 사람을 해하면 어찌 하늘의 벌이 없으리오?"
하고 주문을 외우더니, 갑자기 한 줄기 검은 구름이 일어나며 큰 비 퍼붓듯이 오고 모래와 돌이 날리거늘, 특재가 정신을 차려 살펴보니 길동이라. 비록 그 재주를 신기히 여기나, '어찌 나를 대적하리오.'하고 달려들며 크게 외치기를
　　"너는 죽어도 나를 원망하지 말라. 초란이 무당과 상자로 하여금 상공과 의논하고 너를 죽이려 함이니, 어찌 나를 원망하리오."
하고 칼을 들고 달려들거늘, 길동이 분함을 참지 못하여 요술로 특재의 칼을 빼앗아들고 크게 꾸짖기를,
　　"너는 재물을 탐하여 사람 죽임을 좋게 여기니 너 같은 무도한 놈을 죽여 후환을 없게 하리라."
하고 한번 칼을 드니, 특재의 머리 방속에 떨어지는지라.

① 전기적 요소가 나타나고 있다.
② 1인칭 시점과 3인칭 시점이 교차되어 다각도로 사건을 서술하고 있다.
③ 등장 인물은 재자가인형 인물이다.
④ 작품 밖의 서술자가 등장인물의 심리를 직접적으로 제시하고 있다.

1인칭 시점과 3인칭 시점의 교차

1인칭 시점을 사용하여 작품 속 주인공인 '나'가 자신의 이야기나 자의식에 초점을 맞춰 서술하다가, 주인공을 둘러싼 상황을 보여 줄 때는 3인칭 시점을 사용하여 서술자가 작품 밖에서 주인공의 행동이나 주변 상황을 객관적으로 파악할 수 있게 서술함

재자가인형 인물

재주와 재능을 지닌 아름다운 사람

정답 번호 **01** ② (홍길동전은 3인칭 전지적 작가 시점으로 1인칭, 3인칭 시점이 교차되지 않는다.)

홍길동전 / 허균

그 달부터 태기가 있어 열 달만에 옥동자를 낳았는데, 기골이 비범하여 짐짓 영웅호걸의 모습이더라. 공이 한편 기쁘나 유 씨 부인에게서 낳지 못함을 한탄하더라.

길동이 점점 자라 여덟 살이 되니, 총명이 과인하여 하나를 들으면 백을 깨닫더라. 공
<u>문일지십</u>
이 더욱 애중하나 근본이 천생이라, 길동이 매양 아비를 아비라 부르고, 형을 형이라 부르면 꾸짖어 못하게 하더라. 길동은 열 살이 넘도록 감히 아버지와 형을 부르지 못하고, 비
<u>호부호형하지 못함(적서차별 제도)</u>
복 등이 천대함을 뼈에 새길 만큼 원통하게 생각하여 마음이 안정되지 못하더라. <중 략>

"너는 무슨 일로 나를 죽이려 하느냐? 무죄한 사람을 해하면 어찌 하늘의 벌이 없으리오?"

하고 주문을 외우더니, 갑자기 한 줄기 검은 구름이 일어나며 큰 비 퍼붓듯이 오고 모래와
<u>전기적 요소</u>
돌이 날리거늘, 특재가 정신을 차려 살펴보니 길동이라. 비록 그 재주를 신기히 여기나,

'어찌 나를 대적하리오.'하고 달려들며 크게 외치기를

"너는 죽어도 나를 원망하지 말라. 초란이 무당과 상자로 하여금 상공과 의논하고 너를 죽이려 함이니, 어찌 나를 원망하리오."

하고 칼을 들고 달려들거늘, 길동이 분함을 참지 못하여 요술로 특재의 칼을 빼앗아들고
<u>분기충천</u>
크게 꾸짖기를,

"너는 재물을 탐하여 사람 죽임을 좋게 여기니 너 같은 무도한 놈을 죽여 후환을 없게 하리라."

하고 한번 칼을 드니, 특재의 머리 방속에 떨어지는지라.

개념정리

1. 소설의 시점

(1) 1인칭 주인공 시점
- 작품 속의 주인공이 자신의 이야기를 전달하는 형식
- 작품에 '나'가 존재하며 인물(주인공)의 내면 심리가 잘 드러남

(2) 1인칭 관찰자 시점
- 작품 속 부수적 인물인 '나'가 관찰자의 입장에서 주인공의 이야기를 서술하는 형식
- 작품에 '나'가 존재하며, '나'가 주인공을 중심으로 일어나는 사건을 관찰하여 전해 주는 내용을 통해 독자가 주인공의 생각이나 심리를 추측하여 읽어야 함

(3) 3인칭 전지적 작가 시점
- 서술자가 작품 밖에서 등장인물들의 심리 상태를 서술하는 형식
- 작품에 '나'는 존재하지 않으나 서술자가 등장인물의 심리를 잘 표현할 수 있음

(4) 3인칭 관찰자 시점
- 서술자가 작품 밖에서 등장인물의 행동이나 태도를 객관적으로 서술하는 형식
- 작품에 '나'는 존재하지 않고, 외부 관찰자 입장에서 서술하기 때문에 등장인물에 대한 심리적 표현은 거의 없음

2. 전기적(傳奇的) 요소 (전기성)

현실 속에서 찾을 수 없는 비현실적인 이야기

문제 02

02 다음 글에 대한 설명으로 가장 옳은 것은?

핵심정리

갈래 농촌 소설, 단편 소설
성격 서민적, 토속적, 서정적, 해학적
제재 사춘기 남녀의 풋풋한 사랑
주제 시골 남녀 간의 순박하고 풋풋한
사랑
배경 ① 시간: 1930년대 봄
② 공간: 강원도 산골 마을
시점 1인칭 주인공 시점
출전 <조광> (1936)

점순네 수탉(은 대강이가 크고 똑 오소리같이 실팍하게 생긴 놈)이 덩저리 작은 우리 수탉을 함부로 해내는 것이다. 그것도 그냥 해내는 것이 아니라 푸드덕 하고 면두를 쪼고 물러섰다가 좀 사이를 두고 또 푸드덕하고 모가지를 쪼았다. 이렇게 멋을 부려 가며 여지없이 닦아 놓는다. 그러면 이 못생긴 것은 쪼일 적마다 주둥이로 땅을 받으며 그 비명이 킥, 킥 할 뿐이다. 물론 미처 아물지도 않은 면두를 또 쪼이어 붉은 선혈은 뚝뚝 떨어진다.

이걸 가만히 내려다보자니 내 대강이가 터져서 피가 흐르는 것같이 두 눈에서 불이 번쩍 난다. 대뜸 지게막대기를 메고 달려들어 점순네 닭을 후려칠까 하다가 생각을 고쳐먹고 헛매질로 떼어만 놓는다.

이번에도 점순이가 쌈을 붙여 났을 것이다. 바짝바짝 내 기를 올리느라고 그랬음에 틀림없을 것이다. 고놈의 계집애가 요새로 들어서서 왜 나를 못 먹겠다고 그렇게 아르릉거리는지 모른다.

나흘 전 감자 쪼간만 하더라도 나는 저에게 조금도 잘못한 것은 없다. <중 략>

잔소리를 두루 늘어놓다가 남이 들을까 봐 손으로 입을 틀어막고는 그 속에서 깔깔댄다. 별로 우스울 것도 없는데, 날씨가 풀리더니 이놈의 계집애가 미쳤나 하고 의심하였다. 게다가 조금 뒤에는 저의 집께를 할금할금 돌아보더니 행주치마의 속으로 꼈던 바른손을 뽑아서 나의 턱 밑으로 불쑥 내미는 것이다. 언제 구웠는지 아직도 더운 김이 홱 끼치는 굵은 감자 세 개가 손에 뿌듯이 쥐었다.

"느 집엔 이거 없지?"

하고, 생색 있는 큰소리를 하고는 제가 준 것을 남이 알면 큰일 날 테니 여기서 얼른 먹어 버리란다. 그리고 또 하는 소리가,

"너, 봄감자가 맛있단다."

"난 감자 안 먹는다, 니나 먹어라." <중 략>

"요담부터 또 그래 봐라, 내 자꾸 못살게 굴 테니."

"그래그래, 인젠 안 그럴 테야."

"닭 죽은 건 염려마라. 내 안 이를 테니."

그리고 뭣에 떠다밀렸는지 나의 어깨를 짚은 채 그대로 픽 쓰러진다. 그 바람에 나의 몸뚱이도 겹쳐서 쓰러지며 한창 피어 퍼드러진 노란 동백꽃 속으로 폭 파묻혀 버렸다.

① 삽화 형식으로 나열된 구성 방식을 지니고 있다.

② 장면에 따라 서술자를 교체하여 다양한 관점을 제시하고 있다.

③ 신빙성 없는 화자, 믿을 수 없는 화자의 모습을 보이고 있다.

④ 작품 속의 서술자가 등장인물을 관찰하여 객관적으로 서술하고 있다.

정답 번호 02 ③

작품 분석

동백꽃 / 김유정

> 점순네 수탉(은 대강이가 크고 똑 오소리같이 실팍하게 생긴 놈)이 덩저리 작은 우
> <small>상대적으로 강한 점순이네 수탉이 '나'의 수탉을 괴롭힘</small>
> 리 수탉을 함부로 해내는 것이다. 그것도 그냥 해내는 것이 아니라 푸드덕 하고 면두를
> <small>마구잡이로 괴롭힘</small>   <small>닭벼슬</small>
> 쪼고 물러섰다가 좀 사이를 두고 또 푸드덕하고 모가지를 쪼았다. 이렇게 멋을 부려 가
> 며 여지없이 닦아 놓는다. 그러면 이 못생긴 것은 쪼일 적마다 주둥이로 땅을 받으며 그
> 비명이 킥, 킥 할 뿐이다. 물론 미처 아물지도 않은 면두를 또 쪼이어 붉은 선혈은 뚝뚝
> 떨어진다.
>   이걸 가만히 내려다보자니 내 대강이가 터져서 피가 흐르는 것같이 두 눈에서 불이번쩍
> <small>작품 속의 서술자, 자신의 주관적 심리 표현 (관찰자 시점X)</small>
> 난다. 대뜸 지게막대기를 메고 달려들어 점순네 닭을 후려칠까 하다가 생각을 고쳐먹고
> <small>'나'의 집이 점순이네의 소작농이기 때문에 적극적으로 저항하지 못함</small>
> 헛매질로 떼어만 놓는다.
>   이번에도 점순이가 쌈을 붙여 놨을 것이다. 바짝바짝 내 기를 올리느라고 그랬음에 틀
> 림없을 것이다. 고놈의 계집애가 요새로 들어서서 왜 나를 못 먹겠다고 그렇게 아르릉
> <small>점순의 마음을 모르는 '나' (신빙성 없는 화자)</small>
> 거리는지 모른다.
>   나흘 전 감자 쪼간만 하더라도 나는 저에게 조금도 잘못한 것은 없다. <중 략>
> <small>역순행적 구성</small>   <small>사건</small>
>   잔소리를 두루 늘어놓다가 남이 들을까 봐 손으로 입을 틀어막고는 그 속에서 깔깔댄
> 다. 별로 우스울 것도 없는데, 날씨가 풀리더니 이놈의 계집애가 미쳤나 하고 의심하였
> 다. 게다가 조금 뒤에는 저의 집께를 할끔할끔 돌아보더니 행주치마의 속으로 꼈던 바른
> 손을 뽑아서 나의 턱 밑으로 불쑥 내미는 것이다. 언제 구웠는지 아직도 더운 김이 홱 끼
> 치는 굵은 감자 세 개가 손에 뿌듯이 쥐었다.
> <small>점순이가 닭싸움을 걸게 되는 계기</small>
>   "느 집엔 이거 없지?"
> <small>점순이의 호의 표시</small>
> 하고, 생색 있는 큰소리를 하고는 제가 준 것을 남이 알면 큰일 날 테니 여기서 얼른
> <small>'나'의 오해, 점순이 자랑하는 것으로 생각해서 자존심이 상함</small>
> 먹어 버리란다. 그리고 또 하는 소리가,
>   "너, 봄감자가 맛있단다."
>   "난 감자 안 먹는다, 니나 먹어라." <중 략>
> <small>자존심이 상해서 감자를 거절함</small>
>   "요담부터 또 그래 봐라, 내 자꾸 못살게 굴 테니."
>   "그래그래, 인젠 안 그럴 테야."
>   "닭 죽은 건 염려 마라. 내 안 이를 테니."
>   그리고 뭣에 떠다밀렸는지 나의 어깨를 짚은 채 그대로 픽 쓰러진다. 그 바람에 나의
> 몸뚱이도 겹쳐서 쓰러지며 한창 피어 퍼드러진 **노란 동백꽃** 속으로 폭 파묻혀 버렸다.
> <small>'나'와 점순이 사이에 피어난 사랑의 감정</small>

II 산문 문학
해커스공무원 신민숙 쉬운국어 문학·비문학 필기노트

개념정리

1. 소설의 구성 방식 및 기법

(1) 병렬식 구성 (옴니버스식 구성)
각각의 중심 내용을 지닌 여러 개의 사건이 나열되어 있는 방식

(2) 액자식 구성
사건의 신빙성을 확보하기 위한 외부 이야기와 핵심 이야기인 내부 이야기로 구성되어 있는 방식

(3) 추보식 구성 (일대기적 구성 방식)
시간의 흐름에 따라 사건을 전개해 나가는 구성 방식

(4) 역순행적 구성
시간의 순서를 따르지 않고 현재에서 과거로 이야기를 거슬러 올라가는 방식 혹은 '현재-과거-미래', '과거-미래-현재' 등으로 사건이 구성되는 방식

(5) 의식의 흐름
등장인물의 머릿속에 떠오르는 생각이나 심리를 바탕으로 이야기가 전개되는 방식임. 일관된 하나의 사건을 중심으로 진행되기보다는 등장인물의 우연적이고 즉흥적인 심리를 바탕으로 쓰이는 경우가 많음

2. 신빙성 없는 화자 (믿을 수 없는 화자)

독자들이 말하고 있는 논평이나 서술을 신뢰하지 못하거나 의심하게 되는 화자를 뜻함. 주로 지적 수준이 아주 낮은 사람이나 순진한 어린이가 화자로 등장하는 경우를 말함

♀ 소재의 의미

(1) 감자 세 개
- '나'에 대한 점순이의 애정
- 갈등의 원인을 제공하는 소재

(2) 노란 동백꽃
- '나'와 점순이 사이에 피어난 사랑
- 향토적 소재
- 서정적 분위기 고조
- 시각적 심상 + 후각적 심상을 사용하여 풋풋한 사랑의 느낌을 표현

문제 03

03 다음 작품에 대한 이해로 적절하지 않은 것은?

> "암행어사 출도(出道)야!"
> 외는 소리, 강산이 무너지고 천지가 뒤눕는 듯, 초목금수(草木禽獸)인들 아니 떨랴.
> 남문에서 / "출도야!" / 북문에서 / "출도야!" <중 략>
> "어 추워라, 문 들어온다, 바람 닫아라. 물 마른다, 목 들여라." <중 략>
> 다 각각 문죄(問罪) 후에 무죄자 방송(放送)할새, / "저 계집은 무엇인다?" / 형리 여짜오되,
> "기생 월매 딸이온데, 관정(官庭)에 포악(暴惡)한 죄로 옥중에 있삽내다."
> "무슨 죄냐?" / 형리 아뢰되,
> "본관 사또 수청(守廳)으로 불렀더니 수절(守節)이 정절(貞節)이라 수청 아니 들려 하고,
> 관전(官前)에 포악한 춘향이로소이다."
> 어사또 분부하되,
> "너만 년이 수절한다고 관정 포악하였으니 살기를 바랄쏘냐. 죽어 마땅하되 내 수청도
> 거역할까?"
> 춘향이 기가 막혀, / "내려오는 관장(官長)마다 개개이 명관이로구나. 수의사또 들으
> 시오. 층암절벽(層巖絶壁) 높은 바위 바람 분들 무너지며, 청송녹죽(靑松綠竹) 푸른 나무
> 눈이 온들 변하리까? 그런 분부 마옵시고 어서 바삐 죽여 주오." / 하며,
> "향단아, 서방님 어디 계신가 보아라. 어젯밤에 옥문간에 와 계실 제 천만 당부하였더니
> 어디를 가셨는지, 나 죽는 줄 모르는가?"
> 어사또 분부하되,
> "얼굴을 들어 나를 보라." / 하시니, 춘향이 고개를 들어 대상(臺上)을 살펴보니 걸객(乞
> 客)으로 왔던 낭군, 어사또로 뚜렷이 앉았구나. 반 웃음 반 울음에
> "얼씨구나 좋을씨고. 어사 낭군 좋을씨고. 남원 읍내 추절(秋節) 들어 떨어지게 되었더니,
> 객사에 봄이 들어 이화 춘풍(李花春風) 날 살린다. 꿈이냐 생시냐, 꿈을 깰까 염려로다."
> 한참 이리 즐길 적에 춘향 모 들어와서 가없이 즐겨 하는 말을 어찌 다 설화(說話)하랴.
> 춘향의 높은 절개 광채 있게 되었으니 어찌 아니 좋을쏜가?

① 반어적 표현을 사용하여 인물의 태도를 드러낸다.

② 사건 전개에서 서술자의 개입이 나타난다.

③ 운율감이 느껴지는 문체가 사용되었다.

④ 입체적 인물을 통해 주제를 부각하고 있다.

핵심정리

갈래	판소리계 소설, 염정 소설
성격	평민적, 풍자적, 해학적
제재	이 도령과 춘향의 사랑
주제	① 신분의 한계를 뛰어넘은 사랑과 정절(貞節) ② 지배층의 부도덕함과 그들의 횡포에 대한 비판
배경	① 시간: 조선 후기 ② 공간: 전라도 남원
특징	① 평민 의식과 실학사상이 반영됨 ② 골계미(해학과 풍자)를 드러냄 ③ 서술자의 편집자적 논평이 드러남

정답 번호 03 ④

작품 분석

춘향전 / 작자 미상

"암행어사 출도(出道)야!"
극적 반전
외는 소리, 강산이 무너지고 천지가 뒤눕는 듯, 초목금수(草木禽獸)인들 아니 떨랴.
직유, 과장, 설의법을 활용해 암행어사의 위엄을 나타냄
남문에서 / "출도야!" / 북문에서 / "출도야!" <중 략>

"어 추워라, 문 들어온다, 바람 닫아라. 물 마른다, 목 들여라." <중 략>
본관이 제정신이 아님을 도치를 활용하여 해학적으로 표현함
다 각각 문죄(問罪) 후에 무죄자 방송(放送)할새, / "저 계집은 무엇인다?" / 형리 여짜오되,
죄를 묻고   죄가 없는 자를 풀어 줌   춘향을 모르는 체하는 몽룡
"기생 월매 딸이온데, 관정(官庭)에 포악(暴惡)한 죄로 옥중에 있삽내다."

"무슨 죈다?" / 형리 아뢰되,
"본관 사또 수청(守廳)으로 불렀더니 수절(守節)이 정절(貞節)이라 수청 아니 들려 하
동음 반복을 활용한 언어 유희
고, 관전(官前)에 포악한 춘향이로소이다."

어사또 분부하되, / "너만 년이 수절한다고 관정 포악하였으니 살기를 바랄쏘냐. 죽어
마땅하되 내 수청도 거역할까?"
춘향의 정절을 시험하는 몽룡
춘향이 기가 막혀, / "내려오는 관장(官長)마다 개개이 명관이로구나. 수의사또 들으
반어법을 사용하여 수청을 요구하는 어사또(몽룡)를 비꼼
시오. 층암절벽(層巖絶壁) 높은 바위 바람 분들 무너지며, 청송녹죽(靑松綠竹) 푸른
정절을 대표하는 자연물(바위, 소나무)을 열거하여 시련(바람, 눈)이 와도 자신의 정절이 변치 않을 것임을 말함
나무 눈이 온들 변하리까? 그런 분부 마옵시고 어서 바삐 죽여 주오." / 하며,

"향단아, 서방님 어디 계신가 보아라. 어젯밤에 옥문간에 와 계실 제 천만 당부하였더
니 어디를 가셨는지, 나 죽는 줄 모르는가?"

어사또 분부하되,
"얼굴을 들어 나를 보라." / 하시니, 춘향이 고개를 들어 대상(臺上)을 살펴보니 걸객
관청 위   걸인 (몰락한 양반)
(乞客)으로 왔던 낭군, 어사또로 뚜렷이 앉았구나. 반 웃음 반 울음에

"얼씨구나 좋을씨고. 어사 낭군 좋을씨고. 남원 읍내 추절(秋節) 들어 떨어지게 되었더니,
가을 (학정)
객사에 봄이 들어 이화 춘풍(李花春風) 날 살린다. 꿈이냐 생시냐, 꿈을 깰까 염려로다."
봄바람, 이몽룡(중의법)
한참 이리 즐길 적에 춘향 모 들어와서 가없이 즐겨 하는 말을 어찌 다 설화(說話)하랴.
춘향의 높은 절개 광채 있게 되었으니 어찌 아니 좋을쏜가?

개념정리

1. 인물의 유형

(1) 주동 인물
사건을 이끄는 중심인물

(2) 반동 인물
중심인물과 갈등하는 인물

(3) 전형적 인물
어떤 집단이나 계층의 보편적인 성격을 대표하는 인물

(4) 개성적 인물
어떤 집단이나 계층에서 찾아보기 힘든 개성적인 모습을 지닌 인물

(5) 평면적 인물
성격의 변화를 보이지 않는 인물

(6) 입체적 인물
성격의 변화를 보이는 인물

2. 언어유희

(1) 동음이의어를 이용한 언어유희
예 양반
개잘량 양   개다리소반 반

(2) 유사 음운 반복을 이용한 언어유희
예 양반: 나는 사대부의 자손일세.
선비: 아니 뭐라고 사대부? 나는 팔대
부의 자손일세.
양반: 아니 팔대부? 그래, 팔대부는
뭐로?
선비: 팔대부는 사대부의 갑절이지.

(3) 언어 도치를 이용한 언어유희
예 어, 추워라, 문 들어온다. 바람 닫아라.
물 마른다 목 들여라.

(4) 발음의 유사성을 이용한 언어유희
예 매암이 맵다 울고 쓰르라미 쓰다 우니

3. 반어적 태도

인물이 의도한 뜻과 반대되는 내용을 제시하여 자신의 의도를 강조하고자 하는 태도

문제 04

04 다음 글의 내용으로 올바른 것은?

> 빌기를 다함에 지성이면 감천이라 황천인들 무심할까. 단상의 오색구름이 사면에 응위하고 산중에 백발 신령이 일체(一切)히 하강하여 정결케 지은 제물 모두 다 흠향한다. 길조(吉兆)가 여차(如此)하니 귀자(貴子)가 없을쏘냐.
>
> 빌기를 다한 후에 만심 고대하던 차에 일일은 한 꿈을 얻으니, 천상으로서 오운(五雲)이 영롱하고, 일원(一員) 선관(仙官)이 청룡(靑龍)을 타고 내려와 말하되,
>
> "나는 청룡을 차지한 선관이더니 익성(翼星)이 무도(無道)한 고로 상제께 아뢰되 익성을 치죄(治罪)하야 다른 방으로 귀양을 보냈더니 익성이 이 길로 함심(含心)하여 백옥루 잔치시에 익성과 대전(對戰)한 후로 상제전에 득죄하여 인간에 내치심에 갈 바를 모르더니 남악산 신령들이 부인 댁으로 지시하기로 왔사오니 부인은 애휼(愛恤)하옵소서."
>
> 하고 타고 온 청룡을 오운 간(五雲間)에 방송(放送)하며 왈,
>
> "일후 풍진(風塵) 중에 너를 다시 찾으리라."
>
> 하고 부인 품에 달려들거늘 놀라 깨달으니 일장춘몽(一場春夢) 황홀하다.

① 방언과 비속어 등을 사용하여 현장감을 높이고 있다.
② 우화적 설정을 사용하여 현실의 비리를 고발하고 있다.
③ 서술자가 사건에 대해 직접적으로 견해를 드러낸다.
④ 고사를 인용하여 인물의 미래를 암시했다.

핵심정리

갈래 영웅 소설, 적강 소설, 국문 소설, 군담 소설
성격 비현실적, 우연적, 전기적
주제 유충렬의 영웅적 일대기와 국난 극복
배경 ① 시간: 중국 명나라 시기
　　 ② 공간: 명나라 조정과 중국 대륙
특징 ① 천상계와 지상계로 나누어진 이원적 세계관이 드러남
　　 ② 유·불·도 사상을 모두 찾을 수 있음
의의 영웅 소설의 전형적인 서사 구조를 보여 줌

정답 번호　04 ③

작품 분석

유충렬전 / 작자 미상

빌기를 다함에 지성이면 감천이라 황천인들 무심할까. 단상의 오색구름이 사면에 옹위
<u>지극한 정성에 하늘이 감동함</u>   <u>사방에 가득하고</u>
하고 산중에 백발 신령이 일체(一切)히 하강하여 정결케 지은 제물 모두 다 흠향한다. 길
<u>길한 징조들이 있었으니 필히 귀공자가 나지 않겠는가?</u>
<u>조(吉兆)가 여차(如此)하니 귀자(貴子)가 없을쏘냐.</u>
<u>서술자의 직접적 개입, 편집자적 논평</u>

빌기를 다한 후에 만심 고대하던 차에 일일은 한 꿈을 얻으니, 천상으로서 오운(五雲)
이 영롱하고, 일원(一員) 선관(仙官)이 청룡(靑龍)을 타고 내려와 말하되,

"나는 청룡을 차지한 선관이더니 익성(翼星)이 무도(無道)한 고로 상제께 아뢰되 익성
  <u>신선 세계의 관원 (유충렬)</u>   <u>정한담</u>   <u>도리에 어긋난 언행을 함</u>
을 치죄(治罪)하야 다른 방으로 귀양을 보냈더니 익성이 이 길로 함심(含心)하여 백옥
  <u>그에 따른 벌을 내려</u>
루 잔치시에 익성과 대전(對戰)한 후로 상제전에 득죄하여 인간에 내치심에 갈 바를 모
                           <u>옥황상제께 죄를 얻어</u>
르더니 남악산 신령들이 부인 댁으로 지시하기로 왔사오니 부인은 애휼(愛恤)하옵소서."
                                                <u>불쌍히 여겨 잘 돌봐 주십시오</u>
하고 타고 온 오운 간(五雲間)에 방송(放送)하며 왈,
              <u>오색구름 사이에 풀어 주며 하는 말이</u>

"일후 풍진(風塵) 중에 너를 다시 찾으리라."
  <u>세상의 어지러운 일 (전쟁)</u>
하고 부인 품에 달려들거늘 놀라 깨달으니 일장춘몽(一場春夢) 황홀하다.

개념정리

1. 편집자적 논평

등장인물이나 사건 등에 대한 정보를 편집자(서술자)가 직접적으로 제공하는 것을 말함

2. 편집자적 논평을 찾는 방법

(1) 인물 간의 대화, 인물의 행동, 사건 전개 과정은 편집자적 논평이 아님

예 심청이가 인당수를 걸어가는데
→ 편집자적 논평 X

(2) 설의법을 사용하는 경우가 많음

예 어찌 아니 슬프겠는가
('어찌 ~ 않겠는가' 구조)

(3) 등장 인물이 아닌 제3자가 상황에 대해 심리적인 평가를 하는 경우가 많음

예 산천초목도 따라서 슬퍼하더라
-임경업전

(4) 편집자적 논평의 주요 구절을 암기하는 것도 아주 좋은 공부 방법임

예 • 여차여차하니 귀자가 없을쏘냐
-유충렬전

• 거동 좀 보소 -춘향전

• 눈물 뿌려 통곡하니 천지 미물인들 어찌 아니 감동하리 -심청전

• 초목금수인들 아니 떨겠는가
-춘향전

• 지성이면 감천이라 황천인들 무심하라 -유충렬전

문제 05

05 다음 글에 대한 설명으로 알맞은 것은?

"달밤에는 그런 이야기가 격에 맞거든."

조 선달 편을 바라는 보았으나 물론 미안해서가 아니라 달빛에 감동하여서였다. 이지러는 졌으나 보름을 갓 지난 달은 부드러운 빛을 흐붓이 흘리고 있다. 대화까지는 칠십 리의 밤길, 고개를 둘이나 넘고 개울을 하나 건너고 벌판과 산길을 걸어야 된다. 길은 지금 긴 산허리에 걸려 있다. 밤중을 지난 무렵인지 죽은 듯이 고요한 속에서 짐승 같은 달의 숨소리가 손에 잡힐 듯이 들리며, 콩 포기와 옥수수 잎새가 한층 달에 푸르게 젖었다. 산허리는 온통 메밀밭이어서 피기 시작한 꽃이 소금을 뿌린 듯이 흐붓한 달빛에 숨이 막힐 지경이다. 붉은 대궁이 향기같이 애잔하고, 나귀들의 걸음도 시원하다. 길이 좁은 까닭에 세 사람은 나귀를 타고 외줄로 늘어섰다. 방울 소리가 시원스럽게 딸랑딸랑 메밀밭게로 흘러간다. 앞장선 허 생원의 이야기 소리는 꽁무니에 선 동이에게는 확적히는 안 들렸으나, 그는 그대로 개운한 제멋에 적적하지는 않았다.

"장 선 꼭 이런 날 밤이었네. 객줏집 토방이란 무더워서 잠이 들어야지. 밤중은 돼서 혼자 일어나 개울가에 목욕하러 나갔지. 봉평은 지금이나 그제나 마찬가지지. 보이는 곳마다 메밀밭이어서 개울가가 어디 없이 하얀 꽃이야. 돌밭에 벗어도 좋을 것을 달이 너무도 밝은 까닭에 옷을 벗으러 물방앗간으로 들어가지 않았나. 이상한 일도 많지. 거기서 난데없는 성 서방네 처녀와 마조쳤단 말이네. 봉평서야 제일 가는 일색이었지."

"팔자에 있었나 부지."

아무렴 하고 응답하면서 말머리를 아끼는 듯이 한참이나 담배를 빨 뿐이었다. 구수한 자줏빛 연기가 밤기운 속에 흘러서는 녹았다.

"날 기다린 것은 아니었으나 그렇다고 달리 기다리는 놈팽이가 있은 것두 아니었네. 처녀는 울고 있단 말야. 짐작은 대고 있었으나 성 서방네는 한창 어려워서 들고날 판인 때였지. 한집안 일이니 딸에겐들 걱정이 없을 리 있겠나? 좋은 데만 있으면 시집도 보내련만 시집은 죽어도 싫다지…… 그러나 처녀란 올 때같이 정을 끄는 때가 있을까. 처음에는 놀라기도 한 눈치였으나 걱정 있을 때는 누그러지기도 쉬운 듯해서 이럭저럭 이야기가 되었네…… 생각하면 무섭고도 기막힌 밤이었어."

"제천인지로 줄행랑을 놓은 건 그다음 날이었나."

① 과거의 일을 요약적으로 서술하여 사건을 느리게 전개한다.
② 일반적인 통념을 제시하고 그 통념을 깨는 방식으로 주제가 부각된다.
③ 감각적 표현을 사용하여 낭만적 분위기를 형성하고 있다.
④ 경어체 표현을 사용하여 독자와의 친밀감을 형성한다.

핵심정리

갈래 순수 소설, 낭만주의 소설
성격 서정적, 낭만적, 묘사적
배경 ① 시간: 1920년대 어느 여름날
② 공간: 봉평장에서 대화장으로 가는 길
시점 3인칭 전지적 작가 시점
주제 장돌뱅이 삶의 애환과 혈육의 정(情)
특징 ① 시적인 문체와 서정적 표현을 통해 배경을 낭만적으로 묘사함
② 암시와 여운을 남기는 결말
출전 <조광> (1936)

정답 번호   05 ③

작품 분석

메밀꽃 필 무렵 / 이효석

"달밤에는 그런 이야기가 격에 맞거든."
과거 회상의 매개체, 낭만적 분위기 형성

조 선달 편을 바라는 보았으나 물론 미안해서가 아니라 달빛에 감동하여서였다. 이지러는 졌으나 보름을 갓 지난 달은 부드러운 빛을 흐뭇이 흘리고 있다. 대화까지는 칠십 리
아름다운 달의 모습을 서정적으로 묘사

의 밤길, 고개를 둘이나 넘고 개울을 하나 건너고 벌판과 산길을 걸어야 된다. 길은 지금
긴 산허리에 걸려 있다. 밤중을 지난 무렵인지 죽은 듯이 고요한속에서 짐승 같은 달의
일행이 산 중턱의 길을 지나고 있음을 간접적으로 표현　　　　　　　　　　　　　　　*시각의 청각화*

숨소리가 손에 잡힐 듯이 들리며, 콩 포기와 옥수수 잎새가 한층달에 푸르게 젖었다. 산
　　　　　　　　　　　　　　　　　　　　　　시각의 촉각화

허리는 온통 메밀밭이어서 피기 시작한 꽃이 소금을 뿌린 듯이 흐뭇한 달빛에 숨이 막힐
　　　　　　　　　　　　　　메밀꽃이 하얗게 핀 모습을 묘사함

지경이다. 붉은 대궁이 향기같이 애잔하고, 나귀들의 걸음도 시원하다. 길이 좁은 까닭에
세 사람은 나귀를 타고 외줄로 늘어섰다. 방울 소리가 시원스럽게 딸랑딸랑 메밀밭으로
동이가 허생원의 이야기를 제대로 듣지 못하게 하려는 작가의 의도

흘러간다. 앞장선 허 생원의 이야기 소리는 꽁무니에 선 동이에게는 확적히는 안 들렸으
　　　　　　　　　　　　　　　　　　　　　　　　　　　명확하게는

나, 그는 그대로 개운한 제멋에 적적하지는 않았다.

"장 선 꼭 이런 날 밤이었네. 객줏집 토방이란 무더워서 잠이 들어야지. 밤중은 돼서 혼
자 일어나 개울가에 목욕하러 나갔지. 봉평은 지금이나 그제나 마찬가지지. 보이는 곳
마다 메밀밭이어서 개울가가 어디 없이 하얀 꽃이야. 돌밭에 벗어도 좋을 것을 달이
너무도 밝은 까닭에 옷을 벗으러 물방앗간으로 들어가지 않았나. 이상한 일도 많지. 거
기서 난데없는 성 서방네 처녀와 마조쳤단 말이네. 봉평서야 제일 가는 일색이었지."
"팔자에 있었나 부지."
아무렴 하고 응답하면서 말머리를 아끼는 듯이 한참이나 담배를 빨 뿐이었다. 구수한
자줏빛 연기가 밤기운 속에 흘러서는 녹았다. → *성 처녀를 만났던 과거를 회상하는 허 생원*
"날 기다린 것은 아니었으나 그렇다고 달리 기다리는 놈팽이가 있는 것두 아니었네. 처
녀는 울고 있단 말야. 짐작은 대고 있었으나 성 서방네는 한창 어려워서 들고날 판인
　　　　　　　　　　　　　　　　　　　　　　　　　　집안의 물건을 모두 팔아치울 판

때였지. 한집안 일이니 딸에겐들 걱정이 없을 리 있겠나? 좋은 데만 있으면 시집도 보
　　성 처녀가 물레방앗간에서 운 이유

내련만 시집은 죽어도 싫다지…… 그러나 처녀란 울 때같이 정을 끄는 때가 있을까.
처음에는 놀라기도 한 눈치였으나 걱정 있을 때는 누그러지기도 쉬운 듯해서 이럭저
럭 이야기가 되었네…… 생각하면 무섭고도 기막힌 밤이었어."
"제천인지로 줄행랑을 놓은 건 그다음 날이었나."
조 선달의 말. 들어서 이야기를 모두 알고 있음

개념정리

1. 과거·현재의 교차 (이중적 구성)

과거 회상과 현재의 사건을 교차하며
이야기를 진행하는 방식

예 '메밀꽃 필 무렵'에서 '메밀꽃이 흐드러
지게 핀 달밤'이라는 배경을 매개로 과
거와 현재의 사건을 구조적으로 배치함

13 설화

설화는 예로부터 구전되어 오는 이야기를 통칭하는 말로, 서사 문학의 토대이다. 설화의 종류로는 신화, 전설, 민담이 있다.

단군 신화(檀君神話)

고기(古記)에 이렇게 전한다.

옛날에 환인(桓因)―제석(帝釋)을 이름―의 서자(庶子) 환웅(桓雄)이 항상 천
<u>하늘, 하느님</u>   <u>맏아들을 제외한 아들</u>

하에 뜻을 두고 인간 세상을 바랐다. 아버지는 아들의 뜻을 알고 삼위 태백(三

危太白)을 내려다 보매 **인간 세계를 널리 이롭게 할 만한지라**, 이에 ㉠ 천부인
                       <u>건국 이념: 홍익인간(弘益人間), 인본주의</u>

(天符印) 세 개를 주어 내려가서 세상을 다스리게 하였다.
<u>환웅의 신성한 권능을 상징</u>

환웅은 그 무리 3천 명을 거느리고 태백산(太白山) 꼭대기의 신단수(神檀樹)
                                          <u>천상과 인간 세상을 잇는 신성한 장소의 표지</u>

밑에 내려와서 이곳을 신시(神市)라 불렀다. 이 분을 환웅 천왕(桓雄天王)이라
                                          <u>제정일치(祭政一致) 사회</u>

한다. 그는 ㉡ 풍백(風伯)·우사(雨師)·운사(雲師)를 거느리고, ㉢ 곡식·수명·
          <u>바람, 비, 구름 (농경 중심 사회)</u>

질병·형벌·선악 등을 주관하고, ㉣ 인간의 삼백 예순 가지나 되는 일을 주관하

여 ㉤ 인간 세계를 다스려 교화(敎化)했다.

이때, 곰 한 마리와 범 한 마리가 같은 굴에서 살았는데, 늘 환웅에게 사람
          <u>토테미즘 (곰 부족과 범 부족을 상징함)</u>

이 되기를 빌었다. 그러자 환웅이 **신령한 쑥 한 심지와 마늘 스무 개를 주면**
                              <u>짐승성을 정화하기 위한 행위</u>

서 말했다.

"너희들이 이것을 먹고 백일 동안 햇빛을 보지 않는다면 곧 사람이 될 것이다."
        <u>사람이 되는 조건 (금기 모티프)</u>

곰과 범은 이것을 받아서 먹었다. 곰은 몸을 삼간 지 삼칠일(21일) 만에 여자

의 몸이 되었으나, 범은 능히 삼가지 못했으므로 사람이 되지 못했다. 웅녀(熊

女)는 그와 혼인할 상대가 없었으므로 항상 신단수 아래에서 아이 배기를 축원
<u>토테미즘 (곰 부족의 승리)</u>

했다. 환웅은 이에 임시로 변하여 그와 결혼해 주었더니, 그는 임신하여 아들을
                          <u>환웅의 부족이 곰 부족과 결합함</u>

낳았다. 이름을 단군 왕검이라 하였다.
<u>종교적 지도자 + 정치 지도자 (제정일치)</u>

『단군은 요(堯) 임금이 왕위에 오른 지 50년인 경인년―요임금의 즉위 원년은
『』: 조선, 경인년, 평양성 등이 제시됨 → 건국 신화의 성격을 보여 줌

무진이니 50년은 정사이지 경인은 아니다. 아마 그것이 사실이 아닌 것 같다―에

평양성(지금의 서경)에 도읍을 정하고 비로소 조선(朝鮮)이라 불렀다.』 또다

갈래	건국 신화
성격	신화적, 민족적, 서사적
주제	고조선 건국과 홍익인간의 이념
특징	① '환인-환웅-단군'으로 이어지는 삼대기(三代記)적 구성을 보여 줌 ② 천상계(환웅)와 지상계(웅녀)의 결합을 통해 단군이 탄생하였음을 보여주는 천부지모형(天父地母型), 천손하강형(天孫下降形) 화소가 나타남
의의	① 고조선의 건국 이념인 '홍익인간'을 제시함 ② 우리 민족이 천손의 후손임을 밝혀 민족적 자부심을 부여함
출전	<삼국유사>

>> 작품의 줄거리

환인의 아들 환웅은 예로부터 인간 세계에 내려가 나라를 다스리고 싶어했다. 환인은 아들의 소망을 알고는 환웅과 천부인을 인간 세계에 내려 보내, 그곳을 다스리게 했다. 이에 환웅은 3천명을 모아 태백산 꼭대기 신단수 아래에 터를 잡았으며, 이곳을 신시(神市)라 불렀다. 환웅은 바람을 다스리는 풍백, 구름을 다스리는 운사, 비를 다스리는 우사에게 생명과 농사, 형벌과 선악, 질병을 담당하게 하고 360여 가지의 일을 다스려 정치와 교화를 이룩했다. 그러던 와중 곰과 범이 환웅에게 찾아와 사람이 되기를 청하니, 환웅은 그들에게 영험한 환 한 자루와 마늘 스무 톨을 선사하며 백 일 동안 햇빛을 보지 않고 이것들을 먹으면 사람이 될 수 있다고 말해주었다. 이에 곰과 범은 환과 마늘을 들고 동굴로 들어갔다. 범은 이를 견디지 못하였으나 곰은 삼칠일(21일)동안 견디는 것에 성공하여 아리따운 여인이 되었다. 여인이 된 곰(웅녀)은 신단수 아래에서 아이를 갖게 해 달라고 빌었으며, 이에 환웅 천황은 잠시 인간으로 변하여 웅녀와 혼인하였다. 웅녀는 아들을 낳았으며, 이를 단군 왕검이라고 하였다.

시 도읍을 백악산(白岳山) 아사달(阿斯達)로 옮겼다. 그곳을 궁(弓)—혹은 방
아침 해가 비치는 곳
(方)—홀산(忽山), 또는 금미달(今彌達)이라 한다. 그는 1천5백 년 동안 여기에
비정상적이고 기이한 내용을 통해 신이함을 강조함
서 나라를 다스렸다. 주(周)의 무왕(武王)이 왕위에 오른 기묘년에 기자(箕子)

를 조선에 봉하매, 단군은 장당경으로 옮겼다가 후에 아사달에 돌아와 숨어 산

신(山神)이 되었는데, 그때 나이가 1천 9백 8세였다.

　　　　　　　　　　　　　　　　　　　　　　　　　　　　　　　　　　　- 작자 미상
군장(君長)의 신격화(神格化)

핵심 포인트 CHECK

다음 작품에 대한 설명이 맞으면○, 틀리면 X 표시하시오.

01 고조선이 제정일치 사회였음을 알 수 있다.

02 '삼국사기'를 통해 전해지고 있다.

03 풍백(風伯)·우사(雨師)·운사(雲師)를 통해 고조선
이 농경 사회였음을 알 수 있다.

04 삼칠일은 100일을 뜻한다.

05 고조선은 호랑이 부족과 곰 부족의 결합을 통해 형성
되었다.

실전 적용 문제 2013. 법원직 9급

㉠~㉤ 중 환웅이 지닌 제사장으로서의 신성한 권능을 의
미하는 것은?

① ㉠, ㉡　　　　　　　　② ㉢, ㉣

③ ㉣, ㉤　　　　　　　　④ ㉠, ㉤

정답 01 ○ 02 X (단군 신화는 '삼국유사'와 '제왕운기'를 통해 전해지고 있다) 03 ○ 04 X (삼칠일은 21일을 뜻한다) 05 X (호랑이는 삼
칠일을 버티지 못하였기에 곰 부족과 이방인의 결합을 통해 형성되었다고 보는 것이 더 올바르다)　│　① 환웅이 가진 제사장으로
서의 권능을 의미하는 것은 ㉠과 ㉡이다. ㉢, ㉣, ㉤은 제사장으로서의 권능보단 군왕의 역할을 수행하였음을 보여 주는 소재이다.

14 가전체 소설

가전체 소설은 의인화한 사물을 주인공으로 하는 소설로, 계세징인(戒世懲人, 세상 사람을 경계하고 징벌함)적 성격을 띠고 있다. 주로 '가계 제시 - 행적 서술 - 인물 평가'의 구성을 보여 주며 설화와 소설의 교량적 역할을 한 갈래이다.

★★
공방전(孔方傳)

공방(孔方)의 자(字)는 관지(貫之)이다. 공방이란 구멍이 모가 나게 뚫린 돈,
<u>다른 이름</u>
관지는 돈의 꿰미를 뜻한다. <u>그의 조상은 일찍이 수양산 속에 숨어 살면서 아</u>
<u>화폐가 사용되지 않았던 시대가 있었음</u>
<u>직 한 번도 세상에 나와서 쓰여진 일이 없었다.</u>

그는 처음 황제(黃帝) 시절에 조금 조정에 쓰였으나 워낙 성질이 굳세어 세상일에는 그다지 세련되지 못했다. 어느 날 황제가 상공(相工)을 불러 그를 보여주었다. 상공은 한참 들여다보고 나서 말한다.

『"이는 산야(山野)의 성질을 가져서 쓸 만한 것이 못 됩니다. 그러하오나 폐
『』 돈(구리, 철)이 보잘것없으나, 잘 주조하면 유용하게 쓰일 수 있음
하께서 만일 만물을 조화하는 풀무나 망치를 써서 그 때를 긁어 빛이 나게
한다면 그 본래의 바탕이 차차 드러나게 될 것입니다. 원래 임금이란 모든
사람으로 하여금 올바른 그릇이 되게 해야 하는 것입니다. 원컨대 폐하께
서는 이 사람을 저 쓸모없는 완고한 구리쇠와 함께 내버리지 마시옵소서."』
이리하여 공방은 차츰 그 이름이 세상에 나타나기 시작했다.   ▶ 공방의 등장 내력
공방의 출현 배경
〈중 략〉공방은 생김새가 밖이 둥글고 구멍이 모나게 뚫렸다. 그는 때에 따라서
돈의 이중성
변통을 잘 한다. 한번은 한나라에 벼슬하여 홍로경(鴻臚卿)이 되었다. 그때 오왕
외국 손님을 접대하는 벼슬
(吳王) 비(妃)가 교만하고 월권을 하여 나라의 권리를 혼자서 도맡아 부렸다.
<u>방은 여기에 붙어서 많은 이익을 보았다.</u> 무제 때에는 온 천하의 경제가 말이
권력에 붙어 이익을 챙기는 돈의 속성
아니었다. 나라 안의 창고가 온통 비어 있었다. 임금은 이를 보고 몹시 걱정했
다. 방을 불러 벼슬을 시키고 부민후(富民侯)로 삼아, 그의 무리인 염철승(鹽鐵
소금과 철을 관장하는 직책(국가의 주요한 사업과 관련됨)
丞) 근(僅)과 함께 조정에 있게 했다. 이 때 근은 방을 보고 항상 형이라 하고 이
돈이 국가에서 주요한 역할을 맡게 되었으며, 소금과 철보다 더욱 중요하게 여겨짐
름을 부르지 않았다.
▶ 공방의 외양과 정계 진출
방은 성질이 욕심이 많고 비루(鄙陋)하고 염치가 없었다. 그런 사람이 이제

갈래 가전체(假傳體) 소설
성격 풍자적, 우의적, 전기적, 비판적
제재 돈(엽전)
주제 돈의 폐해를 알리고 과도하게 금전을 탐하는 사회를 풍자하고 비판함
특징 ① 의인법을 활용한 전기 형식을 지님
     ② 당시 사회상에 대한 작가의 비판적 인식과 견해를 알 수 있음
의의 국내 문헌상 최고(最古)의 가전체
연대 고려 인종 때
출전 <선하선생집>, <동문선>

♀ 구성에 따른 내용 전개

도입	공방의 등장 내력
전개	• 공방의 외양과 정계 진출 • 공방의 탐욕과 악행으로 인한 축출 • 재등용되어 뇌물죄로 처벌됨
비평	공방에 대한 사관의 평가

♀ 의인화 기법의 효과

사물을 의인화함으로써 그 사물이 지니고 있는 여러 가지 다양한 속성과 기능을 좀 더 재미있고 생동감 있게 독자들에게 전달할 수 있음

재물을 맡아서 처리하게 되었다. 그는 돈의 본전과 이자의 경중을 따지기를 좋아하였고, 나라를 편안하게 하는 것은 반드시 질그릇이나 쇠그릇을 만드는 생산 방법에만 있는 것이 아니라고 생각했다. 그는 <u>백성을 상대로 한 푼 한 리의 이익을 다투는 한편</u>, <u>모든 물건 값을 낮추어 곡식을 몹시 천한 존재로 만들고 다른 재물은 중하게 만들어서, 백성들이 자기들의 본업인 농업을 버리고 사농공상(士農工商)의 맨 끝인 장사에 종사하게 하여 농사짓는 것을 방해했다.</u>

<small>돈 사용의 폐해 ①</small>

<small>돈 사용의 폐해 ②</small>

이것을 보고 간관(諫官)들이 상소를 하여 이것이 잘못이라고 간했다. 하지만 임금은 이 말을 듣지 않았다. 방은 또 권세 있고 귀한 사람을 재치 있게 매우 잘 섬겼다. 그들의 집에 자주 드나들면서 자기도 권세를 부리고 한편으로는 <u>그들을 등에 업고 벼슬을 팔아, 승진시키고 갈아치우는 것마저도 모두 방의 손에 매이게 되었다.</u> 이렇게 되니, 한다하는 공경(公卿)들까지도 모두들 절개를 굽혀 섬기게 되었다. 그의 창고에는 곡식이 쌓이고 뇌물을 수없이 받아서 <u>뇌물의 목록을 적은 문서와 증서가 산처럼 쌓여 그 수를 셀 수 없을 정도가 되었다.</u>

<small>돈 사용의 폐해 ③ – 매관매직 성행</small>

<small>돈 사용의 폐해 ④ – 뇌물</small>

그는 모든 사람을 상대하는 데 잘나거나 못난 것을 관계하지 않는다. 아무리 <u>시정잡배라도 재물만 많이 가졌다면 모두 함께 사귀어 상통했다.</u> 때로는 거리에 돌아다니는 나쁜 소년들과도 어울려 <u>바둑도 두고 투전도 했다.</u> 이렇게 남과 사귀는 것을 좋아했다. 이것을 보고 당시 사람들은 말했다.

<small>돈 사용의 폐해 ⑤</small>

<small>돈 사용의 폐해 ⑥ – 도박 성행</small>

"공방의 한 마디 말이 황금 백 근만 못하지 않다."

<small>공방의 권세를 아무도 따르지 못함</small>

원제(元帝)가 왕위에 올랐다. 공우(貢禹)가 글을 올려 말했다.

<small>공방을 탄핵한 사람</small>

"공방이 어려운 직책을 오랫동안 맡아 보는 사이, 그는 농사가 국가의 근본임을 알지 못하고, 오직 장사꾼들의 이익만을 두둔해 주어서, 『나라를 좀 먹고 백성을 해쳐서 국가나 민간 할 것 없이 모두 곤궁에 빠지게 되었습니다. 게다가 뇌물이 성행하고 청탁하는 일이 버젓이 행해지고 있습니다.』 '짐을 지고 수레를 타게 되면 도둑이 온다[負且乘 致寇至]'한 것은 《주역》에 있는

<small>『 』: 탄핵의 이유</small>

<small>재물을 탐하는 관리가 있으면, 그 주변에는 재물을 노리는 도적과 같은 무리들이 몰려온다</small>

♀ '공방'의 부정적 성격과 작가 의식

'공방'의 부정적 성격	• 표리부동하고 처세에 능함 • 욕심이 많고 염치가 없음 • 이익만 바라보고 행동하여 비윤리적 인간 관계를 조장함 • 나라의 근간인 농업을 위태롭게 함 • 매관매직으로 관료 사회를 타락시킴
작가 의식	• 화폐 제도에 대한 부정적 시각 • 농업 중심의 경제관 • 부패한 관료 사회에 대한 비판 → 공방(돈)의 존재가 문제를 일으키므로, 후환을 막기 위해 돈을 없애야 함

>> 작품의 줄거리

본디 공방의 가문은 대대로 수양산에 숨어 지냈으나, 황제 시대에 이르러 공방의 아버지가 주나라 재상에 오르며 세상에 나오기 시작했다. 공방은 처세술이 매우 뛰어나 한나라 홍로경의 직위에 올랐으며, 임기 중 오나라의 왕 비(濞)와 결탁하여 많은 이익을 취한다. 공방의 몰염치하고 탐욕스러운 성격은 백성들이 사사로운 이익 하나로 다투게 만들었으며, 백성들이 농사에 집중하지 않고 돈을 위해 상업에 종사하게 만든다. 이로 인하여 국가의 손실이 막대해지자 공방은 쫓겨나게 되지만, 그는 그의 잘못을 반성하지 않았다. 시간이 지나 공방이 죽고 그의 제자들이 정계에 진출하게 되었다. 하지만 그의 제자들도 정사를 어지럽게 하였으므로 곧 쫓겨나게 된다. 이에 공방은 훗날 사신(史臣)들에게 부정적인 평가를 받게 된다.

분명한 경계입니다. 청컨대 그를 파면시켜서, 모든 욕심 많고 비루한 자들을 징계하시옵소서." 〈중 략〉 ▶ 공방의 탐욕과 악행으로 인한 축출

사신(史臣)은 말한다.

남의 신하가 된 몸으로서 두 마음을 품고 큰 이익만을 좇는 자를 어찌 충성된 사람이라고 하랴. 방이 올바른 법과 좋은 주인을 만나서 정신을 집중시켜 자기를 알렸으므로 나라의 은혜를 적지 않게 입었었다. 그러면 당연히 국가를 위하여 이로운 일을 하고 해가 되는 일을 하지 말아 임금의 은혜로운 대우에 보답했어야 했다. 그런데도 도리어 교만한 비(妃)를 도와 나라의 권세를 독차지하고 사사로이 당을 만들기까지 했으니 이는 충신의 도리에 어긋나는 것이다.
공방에 대한 부정적 평가

『방이 죽자 그 남은 무리는 다시 남송에 쓰였다. 그러자 그들은 국정을 잡은
『 』: 공방에 대한 사신의 평가
권력자들에게 붙어 도리어 정당한 사람들을 모함했다. 비록 길고 짧은 세상 이치야 알 수 없는 일이지만, 만일 원제(元帝)가 일찍이 공우(貢禹)가 한 말을 받아들여 이들을 모두 없애버렸던들 이 같은 후환은 없었을 것이다. 그런데 단지 이들을 억제하기만 해서 마침내 후세에 폐단을 남기고 말았다. 그러니 실행보다 말이 앞서는 자를 언제나 걱정하지 않을 수 없다.』 ▶ 공방에 대한 사관의 평가

- 임춘

♀ '사신'의 말에 드러난 작가의 생각

> 작가는 '사신'의 입을 빌려 '공방(돈)'의 존재가 여러 문제를 일으키므로 후환을 막으려면 그를 없애야 한다고 말한다. 즉, 화폐 제도의 이익보다 폐해가 많기 때문에 이를 폐지해야 한다고 주장하고 있는 것이다.

핵심 포인트 CHECK

다음 작품에 대한 설명이 맞으면 ○, 틀리면 X 표시하시오.

01 돈을 의인화하여 당시 세태를 풍자하고 있다.
02 '사신'은 작가의 의식을 대변하는 인물이다.
03 돈에 대한 긍정적 의식을 드러내며 자본주의의 도입을 주장하고 있다.
04 설화에서 소설로 넘어가는 교량적 역할을 한 갈래의 대표적 작품이다.
05 우리나라 최초의 가전체 소설이다.

실전 적용 문제 2015. 경찰직 2차

윗글에 대한 설명으로 가장 적절하지 않은 것은?

① 우의(寓意)의 표현 방식을 통해 세상사의 문제를 비판하고 풍자하고 있다.
② 세상을 살아가는 임기응변의 지혜와 부정부패 척결을 일깨워 주는 교훈적 성격의 글이다.
③ 사물을 의인화하여 사물의 가계와 생애 및 성품 등을 전기(傳記) 형식으로 기록한 가전체 문학이다.
④ 구체적 사물과 경험을 중시하면서 그것들을 해석한다는 점에서 교술적 성격이 있고 사물과 경험을 어떤 인물의 구체적인 생애로 서술한다는 점에서 서사적 성격도 있다.

정답 01 ○ 02 ○ 03 X 04 ○ 05 ○ | ② 돈을 의인화하여 문제점을 부각하고 있으므로 부정부패의 척결을 주장하고 있다고 볼 수 있지만 임기응변의 지혜는 찾을 수 없다.

15 애정 소설

애정 소설은 남녀 간의 사랑과 애정을 다룬 소설로, 조선 후기에 주로 창작되었다. 대표적 작품으로는 《춘향전》과 《운영전》이 있으며, 신분을 초월한 사랑이 주요한 소재이다.

이생규장전(李生窺墻傳)

한편 이생은 황폐한 들에 숨어서 목숨을 보전하다가 도적의 무리가 떠났다는 소식을 듣고 부모님이 살던 옛집을 찾아갔다. 그러나 집은 이미 병화(兵禍)에 타 버리고 없었다. 다시 아내의 집에 가 보니 행랑채는 쓸쓸하고 집 안에는 <u>쥐들이 우글거리고 새들만 지저귈 뿐이었다.</u>
홍건적의 난이 진압된 후의 모습을 사실적으로 묘사하여 이생의 슬픔을 표현함
그는 슬픔을 이기지 못해, 작은 누각에 올라가서 눈물을 거두고 길게 한숨을 쉬며 날이 저물도록 앉아서 <u>지난날</u>
혼인 이후부터
<u>의 즐겁던 일들을 생각해 보니, 완연히 한바탕 꿈만 같았다.</u> 밤중이 거의 되자
홍건적의 난이 일어나기 전까지 최랑과 보낸 시간
<u>희미한 달빛이 들보를 비춰 주는데,</u> 낭하에서 발자국 소리가 들려 왔다. 그 소
비현실적인 사건 전개를 위한 시간·공간적 배경
리는 먼 데서 차차 가까이 다가온다. 살펴보니 사랑하는 아내가 거기 있었다.

<u>이생은 그녀가 이미 이승에 없는 사람임을 알고 있었으나 너무나 사랑하는 마</u>
최랑의 죽음을 짐작하고 있지만, 사랑하는 마음이 극심해 귀신이 된 아내를 의심 없이 받아들임
<u>음에 반가움이 앞서 의심도 하지 않고 말했다.</u>

"부인은 어디로 피난하여 목숨을 보전하였소?"

여인은 이생의 손을 잡고 한바탕 통곡하더니 곧 사정을 얘기했다. 〈중 략〉

서로 쌓였던 이야기가 끝나고 자리에 드니 지극한 정이 옛날과 같았다. 이튿날 여인은 이생과 함께 옛날 개령동을 찾아 갔다. 거기에는 금·은 몇 덩어리와 재물 약간이 있었다. <u>그들은 두 집 부모님의 유골을 거두고 금·은과 재물을 팔</u>
제사를 지냄으로써 효를 다하는 모습(유교 사상)
<u>아서</u> 각각 오관산(五冠山) 기슭에 합장하고는 나무를 세우고 제사를 드려 모든 예절을 다 마쳤다.

그 후 이생은 벼슬을 구하지 않고 아내와 함께 살게 되니, 피난갔던 노복들도 또한 찾아들었다. <u>이생은 이로부터 인간의 모든 일을 전혀 잊어버리고서 친</u>
두문불출(杜門不出)
<u>척과 귀한 손의 길흉사(吉凶事) 방문에도 문을 닫고 나가지 않았으며,</u> 늘 아내와 함께 시를 지어 주고받으며 즐거이 세월을 보냈다.

갈래	전기 소설, 한문 소설
성격	환상적, 전기적
제재	생과 사를 초월한 사랑
배경	① 시간: 고려 공민왕 시기
	② 공간: 개성(송도)
특징	① 이승과 초월 세계의 이중 구성이 드러남
	② 한문체의 미사여구를 사용함
	③ 신이한 초현실적 내용이 나타남
	④ 유·불·도 사상이 혼재하고 있음
	⑤ 삽입 시로 정서 표현을 극대화함
의의	국문사상 최초의 소설
출전	〈금오신화〉

○ '이생규장전'의 구성

전반부 (현실적)	• 이생과 최랑의 만남과 이별 • 이생과 최랑의 혼인
후반부 (비현실적)	• 홍건적의 난으로 인한 최랑의 죽음 • 이생과 죽은 최랑의 재회

>> 작품의 줄거리

개성에 사는 이생은 평소와 같이 글 공부를 하러 가던 길에 우연히 귀족가의 여식인 최랑을 만나게 된다. 그녀의 아름다움에 반한 이생은 시구를 지어 최랑에게 전하고, 둘은 서로 호감을 갖게 된다. 이를 안 이생의 부모님은 그를 크게 꾸짖으며 이생을 먼 시골로 보냈으나, 딸의 상사병을 안타깝게 여긴 최랑의 부모가 이생의 부모에게 간청하여 둘은 혼인에 성공한다. 하지만 곧 일어난 홍건적의 난에 의해 둘은 흩어지게 되고, 이생과 흩어진 최랑은 홍건적에 의해 죽게 된다. 홍건적의 난이 진압되고 옛집에 찾아간 이생은 귀신이 된 최랑을 만나고, 행복한 나날을 보낸다. 하지만 3년 후 최랑은 이생에게 들판에 버려진 자신의 시신을 수습해 달라는 말을 남기며 저승으로 간다. 이생 또한 아내를 장사 지낸 후 얼마 지나지 않아 병으로 세상을 떠나게 된다.

어느덧 두서너 해가 지난 어떤 날 저녁에 여인은 이생에게 말했다.

"세 번째나 가약을 맺었습니다마는, 세상 일이 뜻대로 되지 않았으므로 즐거
<u>삶과 죽음</u>　　　　　　　　　　　　　　　　　　　　　<u>부부의 연</u>
움도 다하기 전에 슬픈 이별이 갑자기 닥쳐왔습니다."

하고는, 마침내 목메어 울었다. 이생은 깜짝 놀라면서 물었다.

"무슨 까닭으로 그런 말씀을 하시오?"

여인이 대답했다.

『"저승길은 피할 수가 없습니다. 저와 낭군의 연분이 끊어지지 않았고 또 전
　　　　　<u>운명에 순응하는 태도</u>　　　　　　　　　　　<u>환신의 조건</u>
생에 아무런 죄악도 없었으므로, 하느님께서 이 몸을 환신시켜 잠시 낭군을
　　　　　　　　　　　　　　　　　　　　<u>전기적 요소 (방외인 문학의 성격)</u>
뵈어 시름을 풀게 했던 것입니다. 오랫동안 인간 세상에 머물러 있으면서
　　　　　　　　　　　　<u>산 자와 죽은 자의 경계가 분명함</u>
산 사람을 유혹할 수는 없습니다."』♪ 『: 한(恨)이 있는 자는 이승에 머물 수 없다는
　　　　　　　　　　　　　　　　작가의 내세관·영혼관이 드러남

하더니, 시비에게 명하여 술을 올리게 하고는 옥루춘곡(玉樓春曲)에 맞추어

노래를 지어 부르면서 이생에게 술을 권했다.

도적떼 밀려와서 처참한 싸움터에

몰죽음 당하니 원앙도 짝 잃었네.

여기저기 흩어진 해골 그 누가 묻어 주리,

피투성이 그 유혼(遊魂)은 하소연도 할 곳 없네.

시를 활용하여
이생과 헤어지는 슬픔과
시신을 수습하지도 못한
자신의 원한을 표현함

슬프다 이 내 몸은 무산 선녀(巫山仙女)♀될 수 없고

깨진 거울 갈라지니 마음만 쓰라리네.

이로부터 작별하면 둘이 모두 아득하네,
　<u>이승과 저승의 거리감을 슬퍼함</u>
저승과 이승 사이 소식조차 막히리라.

노래 한 가락씩 부를 때마다 눈물에 목이 막혀 거의 곡조를 이루지 못했다.

이생도 또한 슬픔을 걷잡지 못했다. 〈중 략〉

♀ '무산 선녀(巫山仙女)' 전설

초나라의 양왕(襄王)이 고당(高唐)에서
놀다가 낮잠을 자고 있는데 꿈에 한 부
인이 와서 함께 잠잘 것을 청하기에 왕
은 하룻밤의 운우지정(雲雨之情)을 나
누었다. 그 다음날 아침에 부인이 떠나면
서 "저는 무산의 양지 쪽 높은 언덕에 사
는데, 매일 아침이면 구름이 되고 저녁에
는 비가 됩니다."라고 하였다.

여인은 대답했다.

"낭군의 수명(壽命)은 아직 남아 있으나, 저는 이미 저승의 명부(冥府)에 이름이 실려 있으니 오래 머물러 있을 수가 없습니다. 만약 굳이 인간 세상을 그리워해서 미련을 가진다면, 명부(冥府)의 법에 위반됩니다. 그렇게 되면 죄가 저에게만 미칠 것이 아니라 낭군님께까지 그 허물이 미칠 것입니다. 다만 저의 유골이 아직 그곳에 흩어져 있으니, 만약 은혜를 베풀어 주시겠다면 유골을 거두어 비바람 맞지 않게 해 주십시오."

두 사람은 서로 바라보며 눈물을 흘렸다. 미구(未久) 여인은 말했다.

"낭군님, 부디 안녕히 계십시오."

말을 마치자 점점 사라져서 마침내 종적을 감추었다. 이생은 아내가 말한 대로 그녀의 유골을 거두어 부모의 무덤 곁에 장사를 지내 주었다.

그 후 이생은 아내를 지극히 생각한 나머지 병이 나서 두서너 달 만에 그도
§최랑을 사랑하는 마음이 지극하였음을 보여 줌, 고전 소설의 일반적인 결말(행복한 결말)이 아님
또한 세상을 떠났다.

이 사실을 들은 사람들은 모두 슬퍼하고 탄식하면서, 그들의 절개를 사모하
§저고지순한 이생과 최랑의 사랑
지 않는 이가 없었다.

- 김시습

핵심 포인트 CHECK

다음 작품에 대한 설명이 맞으면 ○, 틀리면 X 표시하시오.

01 작품에 서술자가 직접 개입하여 사건을 전개한다.

02 작품 중간에 시를 삽입하여 종전 사건이 주는 교훈을 알려 준다.

03 장면 묘사를 통해 인물의 감정을 간접적으로 드러낸다.

04 실제 역사적 사건이 작품의 배경으로 기능한다.

05 최랑(여인)의 죽음을 전후하여 이야기가 구성되는 이중 구조의 작품이다.

실전 적용 문제 2014. 국회직 9급

다음 글의 내용을 이해한 것으로 적절하지 않은 것은?

① 두 사람의 비극적 사랑과 비애가 드러나 있다.

② 유교 사상에서 강조하는 덕목이 제시되어 있다.

③ 인물의 행적과 품성을 압축적으로 서술하고 있다.

④ 사건의 전개에 비현실적인 요소가 작용하고 있다.

⑤ 일련의 사건을 통해 주인공의 고독이 해소되고 있다.

정답 01 X (서술자가 작품에 직접 개입하는 부분은 나타나지 않는다) 02 X (작품 중간에 삽입된 시는 종전 사건의 교훈을 알려 주는 것이 아닌 인물의 감정과 향후 사건의 진행 전망에 대해 알려 주거나, 과거 사건을 집약적으로 보여 준다) 03 ○ (전란 후 최랑의 집의 풍경 묘사를 통해 파악할 수 있다) 04 ○ 05 ○ | ⑤ 이생이 최랑의 죽음을 받아들이지 못하고 최랑이 떠난 뒤 몇 달 안에 죽은 것으로 보아 이생의 고독이 해소되지 못하였음을 알 수 있다.

16 풍자 소설

풍자 소설은 우의적 기법을 사용하여 당대의 현실을 비판한 소설로, 주로 조선 후기에 창작되었다. 지배 계층의 위선과 무능함에 대한 비판이 주를 이루며, 언어유희 등의 희화적 요소가 사용된 것이 특징이다.

★ 호질(虎叱)

정(鄭)나라 어느 고을에 벼슬을 탐탁하게 여기지 않는 학자가 살았으니 '북
　　　　　　　　　　　　　벼슬길에 오르는 것을 꺼림
곽 선생(北郭先生)'이었다. 그는 나이 마흔에 손수 교정(校正)해 낸 책이 만 권

이었고, 또 육경(六經)의 뜻을 부연해서 다시 저술한 책이 일만 오천 권이었

다. 천자(天子)가 그의 행의(行義)를 가상히 여기고 제후(諸侯)가 그 명망을 존
　　　　　　　　　　　의로운 행동을 함
경하고 있었다.

　그 고장 동쪽에는 동리자(東里子)라는 미모의 과부가 있었다. 천자가 그 절

개를 가상히 여기고 제후가 그 현숙함을 사모하여, 그 마을의 둘레를 봉(封)해
　　　　　　　　　　　　　　　　　　　　　　　　　　　　　통틀어서
서 '동리과부지려(東里寡婦之閭)'라고 정표(旌表)해 주기도 했다. 이처럼 동
　　　　과부 동리자의 마을
리자가 수절을 잘 하는 부인이라 했는데, 실은 슬하의 다섯 아들이 저마다 성
　　　　　　　　　　　　　　　마을의 소문난 열녀가 사실은 음란함 (풍자)
(姓)을 달리하고 있었다.

　어느 날 밤, 다섯 놈의 아들들이 서로 지껄이기를,

　"강 건너 마을에서 닭이 울고 강 저편 하늘에 샛별이 반짝이는데, 방 안에서

　　흘러나오는 말소리는 어찌도 그리 북곽 선생의 목청을 닮았을까."

하고 다섯 놈이 차례로 문틈으로 들여다보았다. 동리자가 북곽 선생에게,

　"오랫동안 선생님의 덕을 사모했사온데, 오늘 밤은 선생님 글 읽는 소리를

　　듣고자 하옵니다."

라고 간청하매, 북곽 선생은 옷깃을 바로 잡고 점잖게 앉아서 시(詩)를 읊는

것이 아닌가.

　"원앙새는 병풍에 그려 있고,

　　반딧불이 흐르는데 잠 못 이루어

　　저기 저 가마솥 세 발 솥은
　　　　동리자의 성이 다른 아들들을 비유

갈래 풍자 소설, 우화 소설, 한문 소설
성격 풍자적, 우의적, 비판적
주제 ① 인간 사회의 부도덕을 지적·비판함
　　　② 위선적인 양반의 삶을 비판함
특징 ① 우의적 방식을 사용함
　　　② 등장인물의 행위를 희화화하여 표현함
연대 조선 정조 때
출전 <열하일기> 중 '관내정사'

>> 작품의 줄거리

북곽 선생은 고을에서 이름난 학자로 모두의 존경을 받는 사람이었다. 북곽 선생이 사는 고을에는 열녀로 이름난 과부 동리자가 살았는데 그녀의 아들들은 모두 성이 달랐다. 동리자의 방에서 밀회를 즐기던 북곽 선생은 그를 천 년 묵은 여우로 생각한 동리자의 아들들에게 공격을 당하는데, 이를 피해 도망치다가 똥구덩이에 빠지고, 범에게 잡힌다. 범은 그의 위선적인 면모와 인간들의 부정적인 모습들을 꾸짖고 다시 떠난다. 범이 떠난 줄도 모르고 머리를 조아리던 북곽 선생은 지나가던 농부에게 그 모습을 들키게 되고 다시 위선적인 모습으로 자기변명을 늘어놓는다.

무엇을 본떠서 만들었나.

흥야(興也)랴."

다섯 놈이 서로 소곤대기를,

『"《예기》에 이르기를 '과부의 문에는 함부로 들지 않는다.' 하였는데, 북곽

선생과 같은 점잖은 어른이 과부의 방에 들어올 리가 있겠나. 우리 고을의

성문이 무너져서 무너진 데에 여우가 사는 굴이 있다더라. 여우란 놈은 천

년을 묵으면 사람 모양으로 둔갑할 수 있다더라. 저건 틀림없이 그 여우란

놈이 북곽 선생으로 둔갑한 것이다."』♪ 북곽 선생이 둔갑한 여우라고 생각하는 어리석음
　　　　　　　　　　　　　　　　　　　　　　(당대인의 허위의식 비판)

하고 함께 의논했다.

『"들으니 여우의 머리를 얻으면 큰 부자가 될 수 있고, 여우의 발을 얻으면

대낮에 그림자를 감출 수 있고, 여우의 꼬리를 얻으면 애교를 잘 부려서 남

에게 예쁘게 보일 수 있다더라. 우리 저 놈의 여우를 때려 잡아서 나눠 갖

도록 하자."』『♪ 아들들의 탐욕스러움

다섯 놈이 방을 둘러싸고 우르르 쳐들어 갔다. 북곽 선생은 크게 당황하여 도

망쳤다. 사람들이 자기를 알아볼까 겁이 나서 모가지를 두 다리 사이로 들이박
　　　　　　자신의 명성에 누가 될까봐 정체를 숨기려는 북곽 선생의 모습을 희화화하여 표현

고 귀신처럼 춤추고 낄낄거리며 문을 나가서 내닫다가 그만 들판의 구덩이 속

에 빠져 버렸다. 그 구덩이에는 똥이 가득 차 있었다. 간신히 기어올라 머리를
　　　　　　　적나라한 표현을 통해 당대 선비들을 해학적으로 형상화

들고 바라보니 뜻밖에 범이 길목에 앉아 있는 것이 아닌가. 범은 북곽 선생을

보고 오만상을 찌푸리고 구역질을 하며 코를 싸쥐고 외면을 했다.

"어허, 유자(儒者)여! 더럽다."

북곽 선생은 머리를 조아리고 범 앞으로 기어 가서 세 번 절하고 꿇어앉아
　　　　　　　　　　　　　　　　　　북곽 선생의 비굴한 모습

우러러 아뢴다.

『"호랑님의 덕은 지극하시지요. 대인(大人)은 그 변화를 본받고, 제왕(帝王)은
『♪ 동리자의 아들들에게 쫓기다 범에게 잡힌 북곽 선생이 살기 위해 범에게 아첨함

그 걸음을 배우며, 자식된 자는 그 효성을 본받고, 장수는 그 위엄을 취하며,

거룩하신 이름은 신령스런 용(龍)의 짝이 되는지라, 풍운이 조화를 부리시매

하토(下土)의 천신(賤臣)은 감히 아랫바람에 서옵나이다."』

<u>하계에 사는 천한 신하는 감히 그 아랫자리에서 모시고자 하옵니다</u>

범은 북곽 선생을 여지없이 꾸짖었다.

"내 앞에 가까이 오지 마라. 내 듣건대 <u>유(儒)는 유(諛)라 하더니 과연 그렇</u>

<u>동음이의어를 활용하여 유학자의 이중성 비판</u>

구나. 네가 평소에 천하의 악명을 죄다 나에게 덮어씌우더니, 이제 사정이

급해지자 면전에서 아첨을 떠니 누가 곧이듣겠느냐. 천하의 원리는 하나뿐

이다. <u>범의 본성(本性)이 악한 것이라면 인간의 본성도 악할 것이요, 인간의</u>

<u>인간이 만물보다 우위에 있다고 전제하는 유교 사상 비판 (만물 평등론)</u>

<u>본성이 선한 것이라면 범의 본성도 선할 것이다.</u>『너희가 떠드는 천 소리 만

소리는 오륜(五倫)에서 벗어난 것이 아니고, 경계하고 권면하는 말은 내내

사강(四綱)에 머물러 있다. 그런데 도회지에 코 베이고, 발꿈치 짤리고, 얼

<u>현실의 문제를 해결하지 못하는 유교 사상을 지적함</u>

굴에다 자자(刺字)질하고 다니는 것들은 다 오륜을 지키지 못한 자들이 아

니냐? 포승줄과 먹실, 도끼, 톱 같은 형구(刑具)를 매일 쓰기에 바빠 겨를이

나지 않는데도 죄악을 중지시키지 못하는구나. 범의 세계에서는 원래 그런

형벌이 없으니 이로 보면 범의 본성이 인간의 본성보다 어질지 않느냐?"』

『』: 인간들이 인륜을 내세우는 것과 달리 인간의 악행이 자자함을 비판함

- 박지원

핵심 포인트 CHECK

다음 작품에 대한 설명이 맞으면 ○, 틀리면 X표시하시오.

01 작가는 범의 말을 통해 자신의 사상을 드러내고 있다.

02 작품 내에서 범은 인간의 모순과 본질을 파악하고 있는 초현실적 존재이다.

03 비판의 대상이 되는 인물의 행동을 희화화하여 표현하고 있다.

04 동리자와 달리 북곽 선생은 위선적이고 이중적인 인물이다.

05 한문으로 쓰여진 소설이다.

실전 적용 문제 2020. 법원직 9급

윗글의 서술상 특징으로 가장 옳지 않은 것은?

① 시대적 배경을 구체적으로 묘사하고 있다.

② 동음이의어를 활용하여 대상을 풍자하고 있다.

③ 인물의 말과 행동을 통해 사건을 전개하고 있다.

④ 의인화를 통해 현실을 우회적으로 비판하고 있다.

정답 01 ○ 02 ○ 03 ○ 04 X (북곽 선생뿐만 아니라 동리자 또한 위선적이고 이중적인 인물이다) 05 ○ | ① 구체적인 시대적 배경이 제시되어 있지는 않다. [오답 설명] ② '유(儒)는 유(諛)라 하더니'를 통해 파악할 수 있다. ④ '범'을 의인화하여 현실을 비판하고 있다.

17 현대 소설

★ 역마

가 그해 아직 봄이 오기 전, 보는 사람마다 성기의 회춘을 거의 다 단념하곤 하
였을 때, 옥화는 이왕 죽고 말 것이라면, 어미의 심정이나 알고 가라고, 그래 그
체 장수 영감은 서른여섯 해 전 남사당을 꾸며 와 이 화개 장터에 하룻밤을 놀
<u>옥화의 어머니와 관계를 맺어 옥화를 낳음</u>
고 갔다는 자기의 아버지임에 틀림이 없었다는 것과, 계연은 그 왼쪽 귓바퀴 위
<u>옥화의 아버지가 체 장수 영감임</u>
의 사마귀로 보아 자기 동생임이 분명하더라는 것을 통정(通情)하노라면서, 자
기의 <u>왼쪽 귓바퀴 위의 같은 검정 사마귀</u>까지를 그에게 보여주었다.
<u>증거를 제시하여 계연이 성기의 이복 이모임을 알려줌</u>
 "나도 처음부터 영감이 '서른여섯 해 전'이라고 했을 때 가슴이 섬찍하긴 했
<u>체 장수 영감 (옥화의 아버지)</u>
다. 그렇지만 설마 했지. 그렇게 남의 간을 뒤집어 놀 줄이야 알았나. 하도 아슬
해서 이튿날 악양으로 가 명도(明圖)까지 불러 봤더니, 요것도 남의 속을 빤히
<u>점쟁이</u>
들여다보는 듯이 재잘대는구나, 차라리 망신을 했지." 〈중 략〉

나 그리고 나서 한 달포나 넘어 지난 뒤였다.

성기가 좋아하는 여러 가지 산나물이 화갯골에서 연달아 자꾸 내려오는 이
른 여름의 어느 장날 아침이었다. 두릅회에 막걸리 한 사발을 쭉 들이켜고 난
성기는 옥화에게,

 "**어머니 나 엿판 하나만 맞춰 주.**" / 하였다. / "……."
<u>자신의 운명(역마살)을 받아들이기로 결심함</u>
옥화는 갑자기 무엇으로 머리를 얻어맞은 듯이 성기의 얼굴을 멍하니 바라
<u>성기의 결심에 충격을 받은 옥화</u>
보고 있었다. 〈중 략〉

다 그의 발 앞에는, 물과 함께 갈리어 길도 세 갈래로 나 있었으나, 화갯골 쪽엔
처음부터 등을 지고 있었고, 동남으로 난 길은 하동, 서남으로 난 길이 구례, 작
년 이맘때도 지나 그녀가 울음 섞인 하직을 남기고 체 장수 영감과 함께 넘어
<u>계연</u>
간 산모퉁이 고갯길은 퍼붓는 햇빛 속에 지금도 환히 장터 위를 굽이돌아 구례

갈래 순수 소설, 단편 소설
성격 토속적, 운명적
제재 숙명(역마살)과 이루어질 수 없는 사랑
주제 ① 운명(역마살)에 순응하는 삶
　　② 인간 구원
배경 화개 장터(전라도와 경상도의 접경지)
시점 전지적 작가 시점
출전 〈백민(白民)〉(1948)

♀ 세 갈래 길의 의미

화갯골	'성기'가 살아온 공간 (운명을 거부하는 삶)
구례	'계연'이 떠나간 길 (운명을 거부하는 삶)
하동	'성기'가 떠나간 길 (운명에 순응하는 삶)

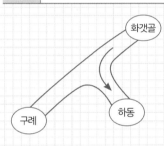

>> 작품의 줄거리

주인공인 성기는 옥화와 떠돌이 중 사이
에서 태어난 인물로, 아버지의 영향을 받
아 역마살을 지니고 태어났다. 옥화의 아
버지 또한 역마살을 지닌 인물이었기 때
문에 옥화는 성기가 떠돌이 생활을 할까
봐 불안해한다. 그러던 어느 날 옥화의 주
막에 체 장수 영감과 그의 딸 계연이 찾아
온다. 성기가 계연을 마음에 두고 있다는
것을 눈치 챈 옥화는 성기와 계연을 이
어주려 하였으나, 계연의 왼쪽 귓바퀴 위
의 검정 사마귀와 체 장수 영감의 이야기
를 듣고 체 장수 영감이 자신의 아버지이
며, 계연이 자신의 이복동생임을 확인한
다. 이후 계연은 체 장수 영감을 따라 떠
나게 되며, 이에 충격을 받은 성기는 심한
상사병을 앓게 되고 옥화에게 실상을 듣
게 된다. 얼마 후 성기는 옥화에게 엿판을
짜달라고 부탁하고 자신의 운명인 역마
살을 받아들여 떠돌이 생활을 시작한다.

쪽을 향했으나, 성기는 한참 뒤 몸을 돌렸다. 그리하여 <u>그의 발은 구례 쪽을 등</u>

<u>지고 하동 쪽을 향해 천천히 옮겨졌다.</u>
계연이 갔던 방향과 반대 방향으로 떠남 (계연을 완전히 잊겠다는 의지)

한 걸음 한 걸음 발을 옮겨 놓을수록 그의 마음은 한결 가벼워져서, 멀리 버

드나무 사이에서 그의 뒷모양을 바라보고 서 있을 그의 어머니의 주막이 그의

시야에서 완전히 사라져 갈 무렵 해서는, 육자배기 가락으로 제법 콧노래까지

흥얼거리며 가고 있는 것이었다.
자신의 운명을 받아들이고 홀가분해짐 (일종의 인간 구원)

– 김동리

핵심 포인트 CHECK

다음 작품에 대한 설명이 맞으면 ○, 틀리면 X 표시하시오.

01 계연은 성기의 이복 이모이다.

02 '엿판'은 성기가 운명에 순응할 것임을 보여주는 소재이다.

03 성기가 콧노래를 부른 이유는 자신의 운명을 받아들인 후의 홀가분함 때문이다.

실전 적용 문제 2018. 경찰직 2차

위의 작품에 대한 설명으로 가장 적절한 것은?

① 운명에 순응하며 살아온 우리 민족의 전통적 정서가 담긴 작품이다.

② 한국전쟁 직후를 살아가는 지식인의 불안과 고뇌를 다양한 기법으로 표현한 작품이다.

③ 길에서 우연히 만난 두 인물이 함께 귀향하는 과정을 다룬 작품이다.

④ 부조리한 자본주의 사회에서 패배하는 현대인의 모습이 비극적으로 그려진 작품이다.

정답 01 ○ 02 ○ 03 ○ | ① '역마'는 운명(역마살)에 순응하는 삶을 주제로 한다.

★★ 날개

가 '박제(剝製)가 되어 버린 천재'를 아시오? 나는 유쾌하오. 이런 때 연애까지

작품 시작 이전에 작가의 심리를 직접적으로 보여줌, 아내에게 유희를 박탈당한 '나'의 성격을 제시

가 유쾌하오.

　　육신이 흐느적흐느적하도록 피로했을 때만 정신이 은화(銀貨)처럼 맑소. 니

역설적 표현

코틴이 내 횟배 앓는 배속으로 스미면 머릿속에 으레 백지가 준비되는 법이

회충으로 인한 배앓이

오. 그 위에다 나는 위트와 패러독스를 바둑 포석처럼 늘어놓소. 가증할 상식

의 병이오. 〈중 략〉

나 『아랫방은 그래도 해가 든다. 아침결에 책보만 한 해가 들었다가 오후에 손

수건만 해지면서 나가 버린다. 해가 영영 들지 않는 윗방이 즉 내 방인 것은 말

할 것도 없다. 이렇게 볕 드는 방이 아내 방이요, 볕 안 드는 방이 내 방이오 하

외적·내적 욕구 충족의 장소

고 아내와 나 둘 중에 누가 정했는지 나는 기억하지 못한다.』 그러나 나에게

『』:'나'와 아내의 방의 모습

는 불평이 없다.

　　『아내가 외출만 하면 나는 얼른 아랫방으로 와서 그 동쪽으로 난 들창을 열어

놓고, 열어 놓으면 들이비치는 볕살이 아내의 화장대를 비춰 가지각색 병들이

아롱이 지면서 찬란하게 빛나고, 이렇게 빛나는 것을 보는 것은 다시없는 내 오

락이다. 나는 조그만 돋보기를 꺼내 가지고 아내만이 사용하는 지리가미를 그을

휴지

려 가면서 불장난을 하고 논다. 평행 광선을 굴절시켜서 한 초점에 모아 가지고

그 초점이 따근따근해지다가, 마지막에는 종이를 그을리기 시작하고 가느다란

연기를 내면서 드디어 구멍을 뚫어 놓는 데까지 이르는 고 얼마 안되는 동안의

초조한 맛이 죽고 싶을 만치 내게는 재미있었다.』 〈중 략〉

『』:♪ 아내가 자리를 비웠을 때 '나'의 놀이

다 아내에게 직업이 있었던가? 나는 아내의 직업이 무엇인지 알 수 없다. 만일

아내가 매춘으로 돈을 버는 것을 모름

아내에게 직업이 없었다면, 같이 직업이 없는 나처럼 외출할 필요가 생기지 않

을 것인데 — 아내는 외출한다. 외출할 뿐만 아니라 내객이 많다. 아내에게 내

갈래 심리 소설, 단편 소설

성격 상징적, 심리적, 고백적

제재 일제 강점기 무기력한 지식인의 삶

주제 일제 강점기 지식인의 무기력한 삶과
자의식 극복 의지

배경 ① 시간: 1930년대
② 공간: 경성

시점 1인칭 주인공 시점

출전 <조광>(1936)

>> 작품의 줄거리

'나'는 일제강점기 지식인으로, 아내가 외출을 할 때마다 아내의 방에서 놀고는 한다. 매춘으로 생계를 책임지는 '나'의 아내는 손님들이 올 때마다 '나'에게 은화를 준다. 어느 날 비를 맞아 감기에 걸린 '나'에게 아내는 아스피린을 주는데, '나'는 그 약을 먹고 잠만 자게 된다. 이후 '나'는 아내가 준 것이 수면제임을 알고 충격을 받고 거리를 방황하다 미쓰코시 백화점 옥상에서 자신의 삶에 대해 생각한다. 정오의 사이렌이 울리자 '나'는 날개가 다시 돋기를 희망한다.

객이 많은 날은 나는 온종일 내 방에서 이불을 쓰고 누워 있어야만 된다. 불장
<u>손님이 집으로 찾아오면 아내의 방으로 가지 못함</u>
난도 못한다. 화장품 냄새도 못 맡는다. 그런 날은 나는 의식적으로 우울해하

였다. 그러면 아내는 나에게 돈을 준다. 오십 전짜리 은화다. 나는 그것이 좋았

다. 그러나 그것을 무엇에 써야 옳을지 몰라서 늘 머리맡에 던져 두고 두고 한
　　　　　　　　　　<u>자신이 무엇을 원하는지 모름</u>
것이 어느 결에 모여서 꽤 많아졌다. 〈중 략〉

라 내객이 아내에게 돈을 놓고 가는 것이나 아내가 내게 돈을 놓고 가는 것이나

일종의 쾌감 — 그 외의 다른 아무런 이유도 없는 것이 아닐까 하는 것을 나는

또 이불 속에서 연구하기 시작하였다. 쾌감이라면 어떤 종류의 쾌감일까를 계

속하여 연구하였다. 그러나, 그것은 이불 속의 연구로는 알 길이 없었다. 쾌감,

쾌감, 하고 나는 뜻밖에도 이 문제에 대해서만 흥미를 느꼈다.

　아내는 물론 나를 늘 감금하여두다시피 하여 왔다. <u>내게 불평이 있을 리 없</u>
　　　　　　　　　　　　　　　　　　　　　　　<u>무기력한 지식인의 모습</u>
<u>다.</u> 그런 중에도 나는 그 쾌감이라는 것의 유무를 체험하고 싶었다.
　　　　　　　　　<u>지적 탐구에 대한 의지</u>
　나는 아내의 밤 외출 틈을 타서 밖으로 나왔다. 나는 거기에서 잊어버리지 않
　　　　　　　　<u>'나'의 변화 가능성을 열어주는 계기</u>
고 가지고 나온 은화를 지폐로 바꾼다. 오 원이나 된다. 그것을 주머니에 넣고,

나는 목적을 잃어버리기 위하여 얼마든지 거리를 쏘다녔다.

　오래간만에 보는 거리는 거의 경이에 가까울 만큼 내 신경을 흥분시키지 않

고는 마지않았다. 나는 금시에 피곤하여 버렸다. 그러나 나는 참았다. 『그리고

밤이 이슥하도록 까닭을 잊어버린 채 이 거리 저 거리로 지향 없이 헤매었다.

돈은 물론 한 푼도 쓰지 않았다. 돈을 쓸 아무 엄두도 나서지 않았다. 나는 벌써

돈을 쓰는 기능을 완전히 상실한 것 같았다.』〈중 략〉
　『 』: 무기력하고 자아가 없는 '나' (일제강점기 지식인의 모습)
마 우리 부부는 숙명적으로 발이 맞지 않는 <u>절름발이</u>인 것이다. 내나 아내나
　　　　　　　　　　　　　　　　비정상적인 부부의 관계
제 거동에 로직을 붙일 필요는 없다. 변해할 필요도 없다. 사실은 사실대로 오
<u>아내와 '나'의 갈등이나 오해를 풀고자 하는 마음이 없음</u>
해는 오해대로 그저 끝없이 발을 절뚝거리면서 세상을 걸어가면 되는 것이다.

그렇지 않을까?

　　그러나 나는 이 발길이 아내에게로 돌아가야 옳은가 이것만은 분간하기가 좀 어려웠다. 가야 하나? 그럼 어디로 가나?

　　이때 뚜 — 하고 **정오 사이렌**이 울었다. 『사람들은 모두 네 활개를 펴고 닭처
의식의 각성이 일어나는 계기
럼 푸드덕거리는 것 같고 온갖 유리와 강철과 대리석과 지폐와 잉크가 부글부

글 끓고 수선을 떨고 하는 것 같은 찰나,』 그야말로 현란을 극한 정오다.
『 』: '나'의 생활에 대한 의욕을 보여줌

　　나는 불현듯이 겨드랑이가 가렵다. 아하, 그것은 내 인공의 날개가 돋았던 자
의식의 전환을 암시
국이다. 오늘은 없는 이 날개, 머릿속에서는 희망과 야심이 말소된 페이지가 딕
'나'가 잊고 있었던 지식인으로서의 모습이 되살아남
셔너리 넘어가듯 번뜩였다.

　　나는 걷던 걸음을 멈추고 그리고 어디 한번 이렇게 외쳐 보고 싶었다.

　　날개야 다시 돋아라.
자아와 삶의 의지를 찾고 자유롭고 이상적으로 살아가는 것에 대한 소망
　　날자. 날자. 날자. 한 번만 더 날자꾸나. ┐
　　　　　　　　　　　　　　　　　　　　　│ 자아 회복 의지
　　한 번만 더 날아 보자꾸나.

　　　　　　　　　　　　　　　　　　　　　　　　　　　　　　　- 이상

◉ '정오'의 의미

'정오'는 오전과 오후의 경계가 되는 시간으로, '나'가 무기력한 삶에서 벗어나고자 하는 의식의 전환을 표현한 것이다.

핵심 포인트 CHECK

다음 작품에 대한 설명이 맞으면○, 틀리면✕표시하시오.

01　일제강점기 속 깨어 있는 지식인의 삶을 그린 작품이다.

02　'나'에게 아내의 방은 내적 욕구 해소의 장소이다.

실전 적용 문제　2018. 경찰직 3차 변형

이 작품에 활용된 시점(視點)에 대한 설명으로 가장 적절한 것은?

① 서술자는 인물의 대화와 행동, 장면 등을 객관적으로 관찰하고 전달하여 극적 효과를 야기한다.

② 중심인물의 내면이 드러나지 않아 긴장감과 경이감을 조성하며, 어떠한 인물을 관찰자로 설정했는가에 따라 소설의 효과가 달라진다.

③ '정오 사이렌'은 화자의 갈등을 촉발하는 매개체이다.

④ 서술자의 내면적 갈등이나 감정 등의 심리 변화를 생생하게 전해 줄 수 있으나 객관성이 결여될 수 있다.

정답　01 ✕ (일제강점기의 무기력한 지식인의 삶을 그린 작품이다) 02 ○　│　④ 1인칭 주인공 시점을 활용한 작품으로 이에 대한 설명을 제시하고 있는 것은 ④번이다.

군무원 시험 전문 해커스군무원
army.Hackers.com

III 비문학

18 문제를 통해 보는
화법

기초 개념 잡기

1. 협력의 원리

구분	개념	격률을 위반한 예
양의 격률	• 대화의 목적에 필요한 만큼만 정보를 제공한다. • 필요 이상의 정보는 제공하지 않는다.	A: 너 몇 살이니? B: 동생은 20살이고, 저는 23살입니다.
질의 격률	• 진실한 정보만을 제공한다. • 거짓이라고 생각되거나 증거가 불충분한 것은 말하지 않는다.	A: 체중이 어떻게 되니? B: 깃털보다 가볍습니다.
관련성의 격률	대화의 맥락과 관련된 정보를 제공한다.	A: (약속 시간에 늦은 친구에게) 왜 이렇게 늦었어? B: 춥다. 빨리 들어가자.
태도의 격률	모호하거나 중의적인 표현을 피하고 간결하고 조리있게 말한다.	A: 뭐 먹을까? B: 아무거나.

2. 공손성의 원리

구분	개념	격률을 실천한 예
요령의 격률	간접적·우회적 화법을 사용하여 상대에게 부담을 주는 표현은 최소화하고, 혜택을 주는 표현은 최대화한다.	문을 좀 닫아 주시겠습니까?
관용의 격률	화자 자신에게 혜택을 주는 표현은 최소화하고, 부담을 주는 표현은 최대화한다.	저, 제가 잘 이해하지 못해서 그러는데 다시 한번 설명해 주시겠습니까?
칭찬(찬동)의 격률	다른 사람에 대한 비방은 최소화하고, 칭찬은 극대화한다.	너는 어쩌면 그렇게 그림을 잘 그리니? 정말 대단해.
겸양의 격률	화자 자신에 대한 칭찬은 최소화하고, 비방은 최대화한다.	A: 이렇게 늦은 시간까지 공부를 하다니 대단해. B: 낮에 집중해서 공부하지 않아 그렇지 뭐. 대단한 것은 아니야.
동의의 격률	자기 의견과 타인 의견 사이의 차이점은 최소화하고, 일치점은 극대화한다.	그래. 그 점에서는 네 말이 맞아. 그런데 듣는 사람 입장에서는 조금 기분 나쁠 수도 있지 않았을까?

3. 토론과 토의

1) 토론과 토의의 정의

구분	내용
토론	대립하는 문제에 대해 찬성 측 토론자와 반대 측 토론자가 각각 논거를 들어 자신의 입장을 주장하는 방법
토의	여러 사람이 모여서 공동의 문제에 관한 해결 방안을 협의하는 집단적 · 협동적 화법의 한 형태

2) 토의의 종류

구분	내용
심포지엄	• 권위자(전문가)의 강연식 발표 후 청중과 질의응답을 진행한다. • 학술적이거나 전문적인 영역의 주제에 적합하다. 예 해양 자원의 개발과 전망패널
패널토의 (= 배심 토의)	• 각각의 입장을 대표하는 3~6명의 전문가가 청중 앞에서 문제에 대한 의견을 서로 주고받은 후 청중과 질의응답을 진행한다. • 정치 문제나 시사 문제(공동의 문제)에 적합하다. 예 교통 체증 해결 방안
포럼 (= 공개 토의)	전문가가 간략하게 주제 혹은 주제와 관련된 내용을 발표하고, 청중과의 질의응답을 통해 의견을 종합한다. 예 구반포 1단지 재개발
원탁 토의	10명 내외의 사람들이 둥근 탁자에 앉아 자유롭게 의견을 발표하는 방식이다.
세미나	연구자가 학술 논문을 발표한 후 청중과의 질의응답을 통해 의견을 나눈다.
회의	• 공동의 문제를 해결하기 위해 두 사람 이상이 모여서 협의하여 의제를 채택하고 그에 관한 의사를 결정하는 토의 방식이다. • 결론은 다수결의 방식에 따라 채택한다.

3) 토론 및 토의에서 사회자의 역할

구분	내용
토론	• 토론의 배경과 논제를 소개한다. • 토론 시 보충 질문과 요약을 통해 토론의 진행을 돕는다. • 토론자의 발언이 논제에서 벗어나지 않도록 조정하고, 논제에서 벗어나는 경우 논점을 정리하여 다시 알려준다. • 한쪽의 의견에 치우치지 않고 공평성과 공정성을 유지해야 한다.
토의	• 참여자들에게 토의할 문제를 주지시키고, 토의할 사항을 차례대로 제시한다. • 참여자들에게 공평한 발언 기회를 준다. • 토의의 방향이 빗나가지 않도록 조정한다. • 토의 내용을 요약하고 종합하면서 문제에 대한 결론을 얻을 수 있도록 유도해 나간다.

기초 개념 익히기

✓

[01~04] 다음 내용이 위반한 협력의 원리를 찾아 쓰시오.

㉠ 양의 격률	㉡ 질의 격률
㉢ 관련성의 격률	㉣ 태도의 격률

01 우사인 볼트는 100미터 달리기에서 9초 58의 세계 신기록을 보유하고 있어. 빛보다 빨리
　 달리는 것이지.　　　　　　　　　　　　　　　　　　　　　　　　(　　　)

02 A: 어제 우리나라 축구 경기 봤어?
　 B: 영화 봤어.　　　　　　　　　　　　　　　　　　　　　　　　　(　　　)

03 A: 이번 주말에 어디 갈까?
　 B: 아무 데나 가지 뭐.　　　　　　　　　　　　　　　　　　　　　(　　　)

04 A: 동생이 있니?
　 B: 네. 누나는 없지만, 5살 터울의 여동생은 있어요.　　　　　　　　(　　　)

정답
01 ㉡
02 ㉢
03 ㉣
04 ㉠

[05~09] 다음 내용에 해당하는 공손성의 원리를 찾아 쓰시오.

㉠ 요령의 격률	㉡ 관용의 격률	㉢ 칭찬의 격률
㉣ 겸양의 격률	㉤ 동의의 격률	

05 혹시 시간이 있으십니까? 잠깐이면 됩니다.　　　　　　　　　　　(　　　)

06 음식이 참 맛있네요. 요리솜씨가 이렇게 좋으시니 정말 부럽습니다.　(　　　)

07 A: 이번 휴가 해외로 가는 게 어때?
　 B: 해외? 좋지. 공기도 맑고, 그런데 여름 휴가가 많이 길지 않아서 올해는 국내 여행을 하는
　　 게 어떨까?　　　　　　　　　　　　　　　　　　　　　　　　　(　　　)

08 A: 오늘 세미나 발표가 매우 좋았네.
　 B: 아닙니다. 교수님의 조언 덕분에 오늘 무사히 마칠 수 있었습니다.　(　　, 　　)

09 제가 잘 안 들려서 그러는데, 다시 말씀해 주시겠어요?　　　　　　(　　　)

정답
05 ㉠
06 ㉢
07 ㉤
08 ㉢, ㉣
09 ㉡

다음 대화에서 ⓛ의 대답이 갖는 특징으로 적절하지 않은 것은? 2016. 국가직 9급 변형

대화(1) ㉠: 체중이 얼마나 되니?
　　　　ⓛ: 55kg인데 키에 비해 가벼운 편입니다. —→ 질문하지 않은 내용에 대한 답변
　　　　　　　　　　　　　　　　　　　　　　　　→ 양의 격률을 위반함

대화(2) ㉠: 얼마 전 시민 운동회가 있었다며?
　　　　ⓛ: 응. 백 미터 달리기에서 비행기보다 빠른 사람을 봤어. —→ 과장된 답변
　　　　　　　　　　　　　　　　　　　　　　　　　　　　　　　→ 질의 격률을 위반함

대화(3) ㉠: 너 몇 살이니?
　　　　ⓛ: 형이 열일곱 살이고, 저는 열다섯 살이지요. —→ 질문하지 않은 내용에 대한 답변
　　　　　　　　　　　　　　　　　　　　　　　　　　　→ 양의 격률을 위반함

대화(4) ㉠: 점심은 뭐 먹을래?
　　　　ⓛ: 생각해 보고 마음 내키는 대로요. —→ 모호한 표현 → 태도의 격률을 위반함

화법 '협력의 원리'를 정확하게 이해하고 예문과 연결할 수 있어야 함

① 대화(1): 관련성의 격률을 위배하였다.
② 대화(2): 질의 격률을 위배하였다.
③ 대화(3): 양의 격률을 위배하였다.
④ 대화(4): 태도의 격률을 위배하였다.

정답 설명　① 대화(1)에서 ⓛ은 대화의 맥락과 관련된 말을 했으므로 관련성의 격률은 위배하지 않았으나, 체중을 물어보는 질문에
　　　　　　'키에 비해 가벼운 편'이라는 필요 이상의 정보를 제공하였으므로 양의 격률을 위배하였다.

엄선 문제로 실력 향상

01 다음에서 설명한 '겸양의 격률'을 사용한 대화문은?   2017. 국가직 7급(8월)

> '공손성의 원리'는 대화 참여자들 사이에서 공손하고 예의 바르게 말을 주고받는 태도를 중시하는 이론이다. 이 원리는 '요령', '관용', '찬동', '겸양', '동의'의 격률로 구성되어 있는데, 이 중 우리 선조들은, 상대방의 칭찬을 그대로 받아들이기보다는 자신을 낮추어 말하는 것을 미덕으로 여긴 '겸양의 격률'을 중요하게 생각했다.

① 가: 집이 참 좋네요. 구석구석 어쩌면 이렇게 정돈이 잘 되어 있는지…. 사모님 살림 솜씨가 대단하신데요.
　　나: 그렇게 말씀해 주시니 고맙습니다.
② 가: 정윤아, 날씨도 좋은데 우리 놀이공원이나 갈래?
　　나: 놀이공원? 좋지. 그런데 나는 오늘 뮤지컬 표를 예매해 둬서 어려울 것 같아.
③ 가: 제가 귀가 안 좋아서 그러는데 죄송하지만 조금만 더 크게 말씀해 주시겠어요?
　　나: 제 목소리가 너무 작았군요. 죄송합니다.
④ 가: 유진아, 너는 노래도 잘하고 운동도 잘하고 못하는 게 없구나.
　　나: 아니에요. 특별히 잘하는 것도 없는데요. 아직 많이 부족합니다.

01
정답 설명
④ '가'의 칭찬에 대해 '나'는 아직 자신이 많이 부족하다고 말하며 자신을 낮추고 있으므로 겸양의 격률을 사용한 대화문이다.

02 다음에서 설명한 화법의 원리 중 '요령의 격률'을 사용한 대화문은?

> 화법의 원리 중에는 '공손성의 원리'가 있다. 공손성의 원리란, 상대방에게 정중하지 않은 표현은 최소화하고 정중한 표현은 최대화하는 원리이다. 이 원리에 해당하는 '요령, 관용, 칭찬, 겸양, 동의'의 격률 중 '요령의 격률'은 간접적이고 우회적인 표현을 사용하여 상대방에게 부담을 주는 표현을 최소화하는 원리이다.

① 가: 오늘 날씨가 정말 덥지 않나요?
　　나: 많이 더우세요? 에어컨 좀 틀어 드릴게요.

② 가: 우리 이번에 중국으로 여행 가는 거 어때?
　　나: 중국? 가깝고 좋지. 그런데 요즘 유럽으로 가는 비행기 표가 저렴하다던데 유럽으로 여행 가는 건 어떨까?

③ 가: 음식 솜씨가 정말 좋으세요. 식당 차려서도 되겠는데요?
　　나: 음식이 입에 잘 맞다고 하시니 다행이에요.

④ 가: 내가 이해력이 부족한가 봐. 아까 그 문제 다시 설명해 주면 안 될까?
　　나: 응. 어떻게 푸는 건지 다시 설명해 줄게.

02

정답 설명

① '가'는 날씨가 더우니 에어컨을 틀어 달라는 뜻을 간접적·우회적으로 말하고 있다. 따라서 '요령의 격률'을 사용한 대화문은 ①이다.

오답 분석

② '나'는 먼저 중국으로 여행 가는 것에 대해 동의를 표현한 후에 유럽으로 여행을 가자는 의견을 제시하고 있으므로 동의의 격률을 사용하였다.

③ '가'는 '나'의 음식 솜씨를 칭찬하고 있으므로 칭찬(찬동)의 격률을 사용하였다.

④ '가'는 문제를 풀지 못하는 것을 자신의 탓으로 돌리며 '나'의 부담을 최소화하고 있으므로 관용의 격률을 사용하였다.

03 다음 중 위배된 격률의 연결이 옳지 않은 것은?

① A: 내가 어릴 적 사진이야. 어때, 예쁘지?
　　B: 어머, 정말 예쁘다. 언제 적 사진이야?
　　A: <u>일곱 살. 우리 동네 호수도 사진 명소로 유명하지.</u>
　　→ 양의 격률을 위배하였다.

② A: 이게 이번에 네가 새로 만든 프로그램이야?
　　B: 응, 맞아. T와 Y 중 어떤 것이 나은 것 같아?
　　A: <u>다 좋아. 난 둘 다 괜찮은 것 같은데?</u>
　　→ 태도의 격률을 위배하였다.

③ A: 내일까지 할 일이 너무 많아.
　　B: 일단 계획부터 세우는 게 어때?
　　A: <u>내일도 숙제가 많을 거 같아.</u>
　　→ 관련성의 격률을 위배하였다.

④ A: 오늘 C가 보내준 영화 확인해 봤니?
　　B: 응, 이번 아카데미에서 큰 상을 탈 수 있을 듯하더라.
　　A: <u>그런데 C가 보내준 영화는 왜 가격이 저렴하지?</u>
　　→ 질의 격률을 위배하였다.

03

정답 설명

④ C의 자료가 큰 상을 탈 수 있을 듯하다는 B
의 말에 A는 C가 보내준 영화가 왜 가격이
저렴한지 모르겠다면서 대화 맥락과 관련
없는 대답을 하고 있다. 이는 협력의 원리
중 '관련성의 격률'을 위배한 것으로 '관련
성의 격률'은 대화의 맥락과 관련된 정보
를 제공해야 한다는 것이다. 참고로, '질의
격률'은 진실한 정보만을 제공하며, 거짓이
라고 생각하거나 증거가 불충분한 것은 말
하지 않아야 한다는 것이다.

오답 분석

① A는 B의 언제 사진이냐는 질문에 사진을
찍은 나이에 더해서, 묻지 않았던 필요 이
상의 사진 명소에 대한 정보까지 제공하고
있다. 이는 협력의 원리 중 대화의 목적에
필요한 만큼의 정보를 제공하고, 필요 이
상의 정보는 제공하지 말아야 한다는 '양
의 격률'을 위배하였다.

② A는 B의 T와 Y 중 어떤 것이 나은 것 같으
냐는 질문에 모두 좋다면서, 둘 다 괜찮다
는 모호한 답변을 하고 있다. 이는 모호한
표현으로, 협력의 원리 중 모호하거나 중
의적인 표현을 피하고 간결하고 조리 있게
말해야 하는 '태도의 격률'을 위배했다.

③ A는 B의 계획을 세워보는 게 어떠냐는 제안
에 대해 내일도 숙제가 많을 것 같다는 관련
없는 답변을 하고 있다. 이는 협력의 원리
중 대화의 맥락과 관련된 정보를 제공해야
한다는 '관련성의 격률'을 위배했다.

04 '샛강을 어떻게 살릴 수 있을까?'라는 주제에 대해 토의하고자 한다. 이에 대한 설명으로 적절하지 않은 것은?

2016. 지방직 9급

> 토의는 어떤 공통된 문제에 대해 최선의 해결안을 얻기 위하여 여러 사람이 의논하는 말하기 양식이다. 패널 토의, 심포지엄 등이 그 대표적 예이다. ⊙ 패널 토의는 3~6인의 전문가들이 사회자의 진행에 따라, 일반 청중 앞에서 토의 문제에 대한 정보나 지식, 의견이나 견해 등을 자유롭게 주고받는 유형이다. 토의가 끝난 뒤에는 청중의 질문을 받고 그에 대해 토의자들이 답변하는 시간을 갖는다. 이 질의·응답 시간을 통해 청중들은 관련 문제를 보다 잘 이해하게 되고 점진적으로 해결 방안을 모색하게 된다. ⓛ 심포지엄은 전문가가 참여한다는 점, 청중과 질의·응답 시간을 갖는다는 점에서는 패널 토의와 그 형식이 비슷하다. 다만 전문가가 토의 문제의 하위 주제에 대해 서로 다른 관점에서 연설이나 강연의 형식으로 10분 정도 발표한다는 점에서는 차이가 있다.

① ⊙과 ⓛ은 모두 '샛강 살리기'와 관련하여 전문가의 의견을 들은 이후, 질의·응답 시간을 갖는다.

② ⊙과 ⓛ은 모두 '샛강을 어떻게 살릴 수 있을까?'라는 문제에 대해 최선의 해결책을 얻기 위함이 목적이다.

③ ⓛ은 토의자가 샛강의 생태적 특성, 샛강 살리기의 경제적 효과 등의 하위 주제를 발표한다.

④ ⊙은 '샛강 살리기'에 대해 찬반 입장을 나누어 이야기한 후 절차에 따라 청중이 참여한다.

04

정답 설명

④ 찬반 입장을 나누어 이야기하는 것은 토론의 특징이므로 ④는 적절하지 않은 설명이다.

오답 분석

① 패널토의, 심포지엄 모두 질의응답 시간을 가진다.

② 글의 첫 문단에서 '토의는 어떤 공통된 문제에 대해 최선의 해결안을 얻기 위하여 여러 사람이 의논하는 말하기 양식이다.'라는 설명을 통해 ⊙과 ⓛ은 모두 '샛강을 어떻게 살릴 수 있을까?'라는 문제에 대해 최선의 해결책을 얻기 위함이 목적임을 알 수 있다.

③ 글의 마지막에서 '다만 전문가가 토의 문제의 하위 주제에 대해 서로 다른 관점에서 연설이나 강연의 형식으로 10분 정도 발표한다는 점에서는 차이가 있다'는 부분을 통해 ⓛ은 토의자가 샛강의 생태적 특성, 샛강 살리기의 경제적 효과 등의 하위 주제를 발표할 수 있음을 알 수 있다.

05 토론자들의 말하기 방식에 대한 설명으로 적절한 것은?

2019. 국가직 9급

> 사회자: 학교 폭력 문제가 나날이 심각해지고 있습니다. 이와 관련해 오늘은 '학교 폭력을 방관한 학생에게도 책임을 물어야 한다'를 주제로 토론을 해 보도록 하겠습니다. 먼저 찬성 측 말씀해 주시죠.
>
> 찬성 측: 친구가 학교 폭력에 의해 희생되고 있는데도 자신에게 피해가 올까 두려워 아무런 조치를 취하지 않는 학생들이 많다고 합니다. 이러한 행동으로 인해 학교 폭력은 점점 확산되고 있습니다. 학교 폭력을 행하는 것을 목격했음에도 어떤 조치도 취하지 않은 것은 폭력에 대해 묵시적으로 동의한 것과 같습니다. 폭력을 직접 행사하는 행위뿐 아니라, 불의에 저항하지 않는 정의롭지 못한 행위에 대해서도 합당한 책임을 물어야 할 것입니다.
>
> 사회자: 다음으로 반대 측 의견 말씀해 주시죠.
>
> 반대 측: 특정 학생에게 폭력을 직접 행사해서 피해를 준 사실이 명백할 때에만 책임을 물을 수 있을 것입니다. 또한 사건에 대한 개입과 방관은 개인의 자율적 의지에 달린 문제이므로 외부에서 규제할 성질의 문제가 아닙니다.
>
> 사회자: 그럼 이번에는 반대 측부터 찬성 측에 대해 반론해 주시지요.
>
> 반대 측: 과연 누구까지를 학교 폭력의 방관자라고 규정지을 수 있을까요? 집에 가는 길에 우연히 폭력을 목격했을 경우, 자신의 친구로부터 폭력에 관련된 소문을 접했을 경우 등 방관자라고 규정하기에는 애매한 경우가 많습니다. 어떠한 행위를 처벌하려면 확고한 기준이 필요한데, 방관자의 범위부터 규정하기가 불명확하다고 볼 수 있습니다.
>
> 찬성 측: 불의를 방관한 행위에 대해 사회가 책임을 묻지 않는다면 이후로도 사람들은 아무런 죄책감 없이 불의를 모른 체하고 방관할 것입니다. 결국 이는 사회 전체의 건전성과 도덕성을 떨어뜨릴 것이고, 정의에 근거한 시민의 고발정신까지 약화시킬 것입니다.

① 찬성 측은 친숙한 상황을 빗대어 자신의 견해를 펼치고 있다.
② 찬성 측은 자신의 경험을 제시하여 논지를 보충하고 있다.
③ 반대 측은 윤리적 방법으로 해결책을 제시하고 있다.
④ 반대 측은 논제에 의문을 제기하여 주장을 강화하고 있다.

05

정답 설명

④ 반대 측은 "과연 누구까지를 학교 폭력의 방관자라고 규정지을 수 있을까요?"라고 논제에 의문을 제기하며 학교 폭력을 방관한 학생에게 책임을 물을 수 없다는 주장을 강화하고 있다.

06 **다음 글에서 토의 참여자의 말하기 방식에 대한 이해로 가장 적절한 것은?**

2018. 지방직 7급

> 사회자: 우리나라의 교통 체증 문제는 매우 심각합니다. 이에 대한 해결 방안을 마련하고자 여러 분야의 권위자를 모셨습니다. 각자의 의견을 말씀해 주시겠습니까?
>
> 김 국장: 교통 체증 문제는 승용차 10부제 실시로 해결할 수 있지 않을까요?
>
> 윤 사장: 그것은 사업자 입장에서 아주 불만스러운 제도입니다. 재정이 좋은 사업자는 번호판이 다른 차를 하나 더 구입하면 되겠지만, 영세한 사업자들은 그렇게 하기 힘듭니다.
>
> 박 위원: 버스 전용 차로제가 어떨까요? 이 제도가 잘 활용되면 승용차 이용자도 출퇴근 시간에 대중교통 수단을 이용할 것입니다.
>
> 김 국장: 승용차 10부제가 실시되면 대중교통을 이용하는 사람이 늘 것으로 기대됩니다. 승용차 이용을 제한하지 않고서는 교통 체증 문제를 해결하기 어렵습니다.
>
> 윤 사장: 자본주의 국가에서 재산권의 침해가 과연 옳은지 생각해 봐야 합니다.
>
> 사회자: 서로 주장을 조금씩 양보하면 어떨까요? 예를 들어, 승용차 10부제에서 상업용은 제외하는 방안이 그것입니다.
>
> 윤 사장: 상업용 승용차가 따로 있는 것은 아니지요. 사업하는 사람이 타고 다니는 승용차는 어떤 의미에서 다 상업용이지요.
>
> 김 국장: 어려움을 같이 감수해야 합니다. 모두 손해를 보지 않겠다고 한다면 어떤 해결 방안도 찾기 어렵습니다.
>
> 박 위원: 두 분 말씀 모두 일리가 있다고 생각합니다. 대중교통 이용이 승용차 이용보다 훨씬 편리하다고 생각하면 군이 승용차를 이용하지 않을 것입니다. 명절 귀성길에 시행했던 고속버스 전용 차로제의 효과가 그것을 증명합니다.
>
> 사회자: 버스 전용 차로제에 대해서는 이의가 없군요. 이번 토의는 좋은 방안을 생각해 보자는 데 그 의의를 두었습니다. 승용차 10부제와 같이 미진한 안건에 대해서는 다음번에 논의하도록 하겠습니다. 감사합니다.

① 사회자: 참여자의 의견을 수용하여 주제를 전환하고 있다.

② 김 국장: 상대방의 주장을 수긍하면서도 자신의 생각을 적극적으로 관철하고자 한다.

③ 윤 사장: 당면한 문제점을 부각하면서 타협의 가능성을 열어놓고 있다.

④ 박 위원: 참여자의 의견을 경청하며 구체적인 대안을 제시하고 있다.

06

정답 설명

④ '박 위원'은 토의 참여자의 의견을 경청하면서 '버스 전용 차로제'라는 구체적인 대안을 제시하고 있다.

19 문제를 통해 보는
표현하기

기초 개념 잡기

1. 속담

□	고래 싸움에 새우 등 터진다	윗사람들의 싸움에 아랫사람들이 억울하게 피해를 봄을 이르는 말
□	고양이 목에 방울 달기	꼭 해야 하는 일이지만 정작 실현할 방도가 없는 일 = 연목구어
□	굴러온 돌이 박힌 돌 빼낸다	외부에서 들어온 자가 기존에 있던 자를 내쫓는 것을 이르는 말
□	굽은 나무가 선산을 지킨다	자손이 빈한해지면 선산의 나무까지 팔아 버리나 줄기가 굽어 쓸모없는 것은 그대로 남게 된다는 뜻으로, 쓸모없어 보이는 것이 도리어 제구실을 하게 됨을 비유적으로 이르는 말
□	급하면 바늘허리에 실 매어 쓸까	일에는 일정한 순서가 있고 때가 있는 것이므로, 아무리 급해도 순서를 밟아서 일해야 함을 비유적으로 이르는 말
□	까마귀 날자 배 떨어진다	아무 관계없이 한 일이 공교롭게도 때가 같아 어떤 관계가 있는 것처럼 의심을 받게 됨을 비유적으로 이르는 말
□	낙숫물이 댓돌을 뚫는다	작은 힘이라도 꾸준히 계속하면 큰일을 이룰 수 있음을 이르는 말
□	느릿느릿(드문드문) 걸어도 황소걸음	속도는 느리나 오히려 믿음직스럽고 알차다는 말
□	돌다리도 두들겨 보고 건너라	아무리 확실한 일이라도 조심하고 신중해야 함을 이르는 말
□	드는 돌에 낯 붉는다	힘들여 무거운 돌을 들고 나야 낯이 붉어진다는 뜻으로, 무슨 일이나 결과가 있으면 반드시 그 원인이 있음을 비유적으로 이르는 말
□	뚝배기보다 장맛이 좋다	겉모양은 보잘것없으나 내용은 훨씬 훌륭함을 이르는 말
□	마당 벌어진 데 웬 솔뿌리 걱정	마당이 벌어졌는데 그릇이 터졌을 때 필요한 솔뿌리를 걱정한다는 뜻으로, 당치도 아니한 것으로 사건을 수습하려 하는 어리석음을 비웃는 말
□	말 타면 경마 잡히고 싶다	사람의 욕심이란 한이 없다는 말

☐ 망건 쓰고 세수한다	세수를 하고 머리를 빗고 그다음에 망건을 쓰는 법인데 망건을 먼저 쓰고 세수를 한다는 뜻으로, 일의 순서를 바꾸어 함을 놀림조로 이르는 말
☐ 모기 보고 칼 빼기	시시한 일로 소란을 피움을 비유적으로 이르는 말
☐ 믿는 도끼에 발등 찍힌다	믿었던 존재에게 뒤통수를 맞음을 이르는 말
☐ 모로 가도 서울만 가면 된다	과정이야 어떻든 간에 목표한 바를 이루면 된다는 말
☐ 백지장도 맞들면 낫다	아무리 쉬운 일도 함께 하면 더욱 좋음을 이르는 말
☐ 빈 수레가 요란하다	빈 수레가 덜컹덜컹 소리가 요란하듯, 사람도 속에 든 것이 없이 잘 알지 못하는 사람이 아는 체하고 더 떠들어 댄다는 말
☐ 빛 좋은 개살구	겉모습은 그럴듯하게 좋으나 실속은 없다는 말
☐ 소 귀에 경 읽기	소한테 책을 읽어준들 소는 알아듣지 못하는 것처럼 아무리 가르쳐주어도 알아듣지 못함을 이르는 말
☐ 쇠뿔도 단김에 빼라	든든히 박힌 소의 뿔을 뽑으려면 불로 달구어 놓은 김에 해치워야 한다는 뜻으로, 어떤 일이든지 하려고 생각했으면 한창 열이 올랐을 때 망설이지 말고 곧 행동으로 옮겨야 함을 비유적으로 이르는 말
☐ 언 발에 오줌 누기	잠깐의 위기는 모면할 수 있으나 이후 더 큰 부작용을 야기하는 방책을 이르는 말
☐ 열 길 물속은 알아도 한 길 사람 속은 모른다	사람의 속마음을 알기란 매우 어렵다는 말 ≒ 사람 속은 천길 물속
☐ 열 번 찍어 안 넘어가는 나무 없다	아무리 뜻이 굳은 사람이라도 여러 번 권하거나 꾀고 달래면 결국은 마음이 변한다는 말
☐ 입추의 여지가 없다	송곳 끝도 세울 수 없을 정도라는 뜻으로, 발 들여놓을 데가 없을 정도로 많은 사람들이 꽉 들어찬 경우를 비유적으로 이르는 말
☐ 책력을 보아 가며 밥 먹는다	매일 밥을 먹을 수가 없어 책력을 보아 가며 좋은 날만을 택하여 밥을 먹는다는 뜻으로, 가난하여 끼니를 자주 거른다는 말

2. 관용어

☐	개 발에 편자	가진 물건이나 입은 옷 등이 제격에 맞지 않다.
☐	곁다리 들다	당사자가 아닌 사람이 참견하여 말하다.
☐	말소리를 입에 넣다	다른 사람에게는 안 들리게 웅얼웅얼 낮은 목소리로 말하다.
☐	바가지를 쓰다	요금이나 물건값을 실제 가격보다 비싸게 지불하여 억울한 손해를 보다.
☐	바늘뼈에 두부살	매우 연약한 사람
☐	변죽을 울리다(치다)	바로 집어 말하지 않고 둘러서 말을 하다.
☐	사개가 맞다	말이나 사리의 앞뒤 관계가 빈틈없이 딱 들어맞다.
☐	손이 재다	일 처리가 빠르다.
☐	오금이 쑤시다	무슨 일을 하고 싶어 가만히 있지 못하다.
☐	오지랖(이) 넓다	1. 쓸데없이 지나치게 아무 일에나 참견하는 면이 있다. 2. 염치없이 행동하는 면이 있다.
☐	우물 안 개구리	넓은 세상을 알지 못하고 저만 잘난 줄 아는 사람을 비꼬는 말
☐	입이 쓰다	못마땅하여 기분이 언짢다.
☐	잔뼈가 굵다	오랜 기간 일정한 곳이나 직장에서 일을 하여 그 일에 익숙하다.
☐	홍역(을) 치르다	몹시 애를 먹거나 어려움을 겪다.
☐	흰 눈으로 보다	업신여기거나 못마땅하게 여기다.

민숙쌤의 독해 비법

조건에 맞는 글쓰기 문제 풀이 전략

① 제시한 조건에 맞지 않는 선택지부터 소거하며 풀이한다.

② 표현 기법(대조법, 역설법 등)을 먼저 살펴본 후 내용적인 측면이 부합하는지 파악한다.

대표 문제로 유형 체크

'독도 홍보 문자 메시지 공모전'에 응모하기 위해 문구를 만들어 보았다. <보기>의 조건을 가장 잘 반영한 것은?

보기

○ 대상을 의인화하여 표현할 것

○ 대조와 대구의 표현을 사용할 것

○ 독도에 대한 관심과 애정을 드러낼 것

① <보기> 조건 중에서 가장 잘 알고 있는 선지를 선택하여 확인

② 두 번째 다른 조건을 선택해서 해당 사항 없는 것 삭제

③ 대체적으로 수사법을 확인하고 내용을 확인하는 경우가 좋음

---

① 무심하면 쌀쌀한 섬 가까이 하면 다정한 섬 ── 대조법, 대구법

　언제나 우리를 기다리는 소중한 섬 독도 ── 관심과 애정, 의인법

② 멀리하면 남의 땅 가까이하면 우리 땅 ── 대구법, 대조법

　대대손손 가져가야 할 우리의 땅 독도 ── 관심과 애정

③ 관심 주고 지켜보면 기쁨 있고 사랑 있는

　찬 동해 바다에 꿋꿋이 서 있는 우리 섬 독도

④ 우리가 외면하고 있는 국토의 막냇동생

　가슴에서 사라지면 멀어지는 우리의 섬

정답 설명　① '무심하면 쌀쌀한 섬 가까이 하면 다정한 섬'을 통해 대구법이 사용되었고, '쌀쌀한, 다정한'을 통해 대조적인 표현도 나타났다. '우리를 기다리는 소중한 섬'을 통해 의인화도 사용되었으며, 독도에 대한 애정을 가지자는 내용도 포함되었다.

오답 분석　② 대상을 의인화하여 표현하지 않았다.

　　　　　③ 대상을 의인화하여 표현하지 않았으며 대조가 사용되지 않았다.

　　　　　④ 대조와 대구가 사용되지 않았다.

엄선 문제로 실력 향상

01 '해양 오염'을 주제로 연설을 한다고 할 때, 다음에 제시된 조건을 모두 충족한 것은?

2023. 국가직 9급

> ○ 해양 오염을 줄일 수 있는 생활 속 실천 방법을 포함할 것
> ○ 설의적 표현과 비유적 표현을 활용할 것

① 바다는 쓰레기 없는 푸른 날을 꿈꾸고 있습니다. 미세 플라스틱은 바다를 서서히 죽이는 보이지 않는 독입니다. 우리의 관심만이 다시 바다를 살릴 수 있을 것입니다.

② 우리가 버린 쓰레기는 바다로 흘러갔다가 해양 생물의 몸에 축적이 되어 해산물을 섭취하면 결국 다시 우리에게 돌아오게 됩니다. 분리수거를 철저히 하고 일회용품을 줄이는 것이 바다도 살리고 우리 자신도 살리는 길입니다.

③ 여름만 되면 피서객들이 마구 버린 쓰레기로 바다가 몸살을 앓는다고 합니다. 자기 집이라면 이렇게 함부로 쓰레기를 버렸을까요? 피서객들의 양심이 모래밭 위를 뒹굴고 있습니다. 자기 쓰레기는 자기가 집으로 되가져가도록 합시다.

④ 산업 폐기물이 바다로 흘러가 고래가 죽어 가는 장면을 다큐멘터리에서 본 적이 있습니다. 이대로 가다간 인간도 고통받게 되지 않을까요? 정부에서 산업 폐기물 관리 지침을 만들고 감독을 강화하지 않는다면 바다는 쓰레기 무덤이 되고 말 것입니다.

01

정답 설명

③ • 생활 속 실천 방법: 자기 쓰레기는 자기가 집으로 되가져가도록 합시다.
   • 설의적 표현: 자기 집이라면 이렇게 함부로 쓰레기를 버렸을까요?
   • 비유적 표현: 바다가 몸살을 앓는다고 합니다. ('바다'를 의인화함)

오답 분석

① 미세 플라스틱을 '바다를 서서히 죽이는 보이지 않는 독'이라고 비유적으로 표현한 부분은 있으나, 해양 오염을 줄이는 생활 속 실천 방법이나 설의적 표현은 확인할 수 없으므로 제시된 조건을 충족하지 않는다.

② 해양오염을 줄이기 위한 생활 속 실천 방법으로 분리수거를 철저히 하고 일회용품을 줄이는 것을 제시하였으므로 첫 번째 조건을 충족한다. 그러나 설의적 표현과 비유적 표현을 활용한 내용은 없으므로 두 번째 조건을 충족하지 않는다.

④ '이대로 가다간 인간도 고통받게 되지 않을까요?'에 설의적 표현이 드러나며 바다를 '쓰레기 무덤'이라고 비유적으로 표현하고 있으므로 두 번째 조건을 충족하고 있다. 다만 해양 오염을 줄이기 위한 정부의 역할을 언급할 뿐 생활 속 실천 방법이 제시된 것은 아니므로 첫 번째 조건은 충족하지 않는다.

02 <보기>의 조건에 따라 공익 광고 문안을 만든다고 할 때, 가장 적절한 것은?

> **보기**
> ○ 무엇을 말할 것인가?
>   - 인터넷 중독이 건강에 미치는 폐해
> ○ 어떻게 쓸 것인가?
>   - 표제: 감각적 시어를 활용한 대구적 표현
>   - 본문: 구체적 상황으로 경각심 고취

① 차디찬 상상 속 친구, 따스한 현실의 친구
　만질 수 없는 친구가 당신의 친구가 될 수 있습니까?

② 인터넷 세상 속에 갇힌 당신, 세상 밖으로!
　당신이 게임 세상에 있는 동안
　당신의 활력도 방안에 갇혔습니다.

③ 아직까지도 게임 중? 시간은 흘러간다!
　핏빛 화면에 떠밀려가는 당신의 검보랏빛 미래는 보이지 않는 겁니까?

④ 하얗게 지새운 날, 노랗게 보이는 하늘
　당신이 수많은 적들을 해치우는 동안
　당신의 생기도 적에게 당했습니다.

02

정답 설명

④ '하얗게 지새운 날, 노랗게 보이는 하늘'을 통해 대구법이 사용되었고, 인터넷 중독이 건강에 미치는 폐해를 '적에게 당했다'는 구체적인 상황으로 드러내고 있다.

오답 분석

①③ 인터넷 중독이 건강에 미치는 폐해에 대해 설명하지 않았다.

② 감각적 시어를 활용하지 않았다.

Ⅲ 비문학

해커스공무원 신민숙 쉬운국어 문학·비문학 필기노트

03 '오늘의 속담' 게시판에 자신이 아는 속담을 소개하는 글을 쓰려고 한다. <보기>의 조건이 모두 충족된 것은?

> **보기**
> ○ 속담을 통해 얻은 삶의 가치를 드러낼 것
> ○ 속담의 올바른 의미를 살려 표현할 것

① 나루 건너 배 타기
　→ 흔히들 성공하려면 꾸준해야 한다고 하지만, 그만할 때를 아는 것도 성공의 조건이지.

② 낙숫물이 댓돌을 뚫는다
　→ 아무리 하찮아 보이는 노력이더라도 꾸준히 하다 보면 큰일을 이룰 수 있다는 거야.
　　결국 사소한 것이 가장 중요하다는 뜻이지.

③ 급하면 바늘허리에 실 매어 쓸까
　→ 오히려 가지고 있는 것이 독이 될 때가 있어. 이럴 때는 버리는 것이 얻을 수 있는 방법이 되지.

④ 말 타면 경마 잡히고 싶다
　→ 쉽게 쌓은 탑은 작은 물결과 바람에도 무너지지만, 정성을 다해 올린 탑은 오랜 세월이 지나도 무너지지 않는다. 이와 같이 정성을 다한 일은 쉽게 실패하지 않는 법이지.

04 삶의 지침으로 삼을 만한 문구를 쓰려고 한다. <보기>의 조건을 가장 잘 반영한 것은?

> **보기**
> ○ 올바른 생활 습관에 관한 내용을 담을 것
> ○ 아래의 두 가지 표현 방법을 함께 사용할 것
> 　- 연쇄법: 예 사과는 맛있다, 맛있는 건 바나나, 바나나는 길다.
> 　- 점층법: 예 환경보호! 나를, 이웃을, 인류를 위한 것이다.

① 걷는 사람 위에 뛰는 사람 있고, 뛰는 사람 위에 나는 사람 있다.
② 좋은 습관의 씨앗은 열 송이의 꽃을 피우고 백 개의 열매를 맺는다.
③ 어제의 행동이 오늘의 나를 결정하고, 오늘의 행동이 내일의 나를 형성한다.
④ 하루의 행동이 일상의 습관을 낳고, 일상의 습관이 평생의 운명을 좌우한다.

03
정답 설명
② '낙숫물이 댓돌을 뚫는다'는 부드러운 물방울이 오랜 시간 떨어지면 크고 단단한 바위도 뚫는다는 뜻으로 아무리 하찮아 보이는 노력이더라도 꾸준히 하다 보면 큰일을 이룰 수 있다'는 의미로 올바른 속담 풀이이다.

오답 분석
① '나루 건너 배 타기'는 무슨 일에나 순서가 있어 건너뛰어서는 할 수 없음을 비유적으로 이르는 말이다.

③ '급하면 바늘허리에 실 매어 쓸까'는 일에는 일정한 순서가 있고 때가 있는 것이므로, 아무리 급해도 순서를 밟아서 일해야 함을 비유적으로 이르는 말이다.

④ '말 타면 경마 잡히고 싶다'는 사람의 욕심이란 한이 없음을 이르는 말이다.

04
정답 설명
④ '올바른 생활 습관'을 삶의 지침으로 삼아야 한다는 내용 조건과 연쇄법, 점층법이라는 표현 조건을 다 만족시켜야 하므로 '하루의 행동이 일상의 습관을 낳고, 일상의 습관이 평생의 운명을 좌우한다.'가 <보기>의 조건에 가장 부합하다.

오답 분석
① '걷는 사람 위에 뛰는 사람 있고, 뛰는 사람 위에 나는 사람 있다'에서 연쇄법과 점층법이 사용되었으나, 올바른 습관과 관련된 내용은 없다.

② '씨앗이 꽃을 피우고, 열매를 맺는다'는 내용을 통해 점층법은 있으나 연쇄법은 없다. '좋은 습관' 표현을 통해 올바른 생활 습관을 삶의 지침으로 삼아야 한다는 내용 조건에는 부합한다.

③ 올바른 생활 습관을 지녀야 한다는 내용 조건은 있으나 점층법도 연쇄법도 사용되지 않았다.

05 <보기>의 조건을 모두 살린 표어로 가장 적절한 것은?

> 보기
> ○ 대조적 표현을 사용할 것
> ○ 무생물을 생물처럼 표현할 것
> ○ 독서를 권유하는 내용을 담을 것

① 인터넷! 잘 쓰면 약이 되고
   잘못 쓰면 독이 됩니다.

② 가까운 도서관을 찾아가면
   책이 나를 반갑게 맞아 줍니다.

③ 유해한 게임은 영혼을 갉아먹지만
   좋은 책은 영혼을 살찌웁니다.

④ 정보의 바다로 안내하는 인터넷!
   유혹의 늪에 빠지게 하는 인터넷!

06 학급 모둠일기에 댓글을 쓰고자 할 때, <보기>의 조건이 모두 충족된 것은?

> 친한 친구와 오해가 생겼어.
> 쉬는 시간에 복도에서 가끔 만나도 왠지 어색해.
> 생각해 보니 내 잘못이었던 것 같아.
> 어떻게 풀어야 할지…….
>
> 　　　　　　　　　　　　　　1학년 ○반 학급 모둠일기 중에서

> 보기
> ○ 관용적 표현을 활용할 것
> ○ 대조적 표현을 사용할 것
> ○ 고민을 해결해 줄 조언을 포함할 것

① 왜 망설이고만 있니? 시작이 반이라고 하잖아.
   우정을 회복하기 위해 뭐라도 해 보렴.

② 오해가 상처를 주었다면, 고백은 상처를 낫게 해 줄 거야.
   입이 쓰더라도 네가 먼저 그 사람에게 다가가 봐.

③ 열 길 물속은 알아도 한 길 사람 속은 모른다더니,
   너에게 그런 고민이 있었을 줄은 미처 몰랐어.

④ 나도 너처럼 그런 경험이 있었어. 참 힘들더라.
   세월이 약이라고, 지나고 나면 웃을 수 있을 거야.

05

정답 설명

③ 유해한 게임과 좋은 책을 대조하고 있고, '영혼을 갉아먹는다'고 하여 무생물을 생물처럼 표현한 활유법이 쓰였으며, '좋은 책은 영혼을 살찌운다'고 하여 독서를 권유하고 있다.

오답 분석

① 대조적 표현만 사용되었다.

② 독서를 권유하는 내용과 활유법이 사용되었지만, 대조적 표현은 사용되지 않았다.

④ 대조적 표현과 활유법은 사용되었지만, 독서를 권유하는 내용은 없다.

06

정답 설명

② '입이 쓰다'는 관용적 표현이고, '상처를 주다'와 '상처를 낫게 하다'가 대조적 표현이다. '네가 먼저 그 사람에게 다가가 봐'가 고민을 해결해 줄 조언에 해당한다.

오답 분석

① '시작이 반'이라고 하는 관용적 표현이 사용되었으나 대조적 표현이 사용되지 않았다.

③ '열 길 물속은 알아도 한 길 사람 속은 모른다'는 관용적 표현이 사용되었고, '알다, 모른다'를 통해 대조적 표현도 사용하고 있으나, 고민을 해결해 줄 조언이 포함되지 않았다.

④ 대조적 표현이 사용되지 않았다.

07 입시를 앞둔 수험생에게 격려의 쪽지를 남기려고 할 때, <보기>의 조건이 모두 반영된 것은?

> 보기
> ○ 속담이나 격언을 인용할 것
> ○ 비유적으로 표현할 것
> ○ 미래에 대한 자신감을 갖도록 유도할 것

① 물방울이 결국 바위를 뚫듯이, 열심히 노력하면 네 소망도 언젠가는 꼭 이루어질 거야. 두드리는 자에게 문이 열린다는 말이 있잖아.

② 열 번 찍어 안 넘어가는 나무 없다고 했단다. 목표만 확실하게 정하고 정진하면 그 목표를 이루는 날에 지금 한 고생의 보람을 느끼게 될 거야.

③ 쇠뿔도 단김에 빼라고 했는데 지금 당장 시작하는 것이 어떨까. 버스 떠난 뒤에 손들어도 소용없듯이 지금 시작하지 않으면 먼 훗날 후회하게 될 거야.

④ 흔들리는 갈대처럼 마음이 흔들릴 때는 네 뒷바라지하시는 부모님을 생각하렴. 그리고 장래에 어엿한 사회인이 되어서 부모님과 환하게 웃는 너의 모습을 상상해 보렴.

07

정답 설명
① 첫 문장에서 비유와 미래에 대한 자신감을 갖도록 유도하고 있고, 둘째 문장에 격언이 있으므로 적절하다.

오답 분석
② 비유적 표현이 사용되지 않았다.
③ 미래에 대한 자신감을 유도하지 않고 있다.
④ 속담이나 격언이 표현되지 않았다.

08 공익 광고 문안을 작성하려고 한다. <조건>을 모두 충족하는 것은?

> 조건
> ○ 의문문 형식을 사용할 것
> ○ 비유의 방법을 활용할 것
> ○ 자연과 인간의 관계에 대해 언급할 것

① 도시 생활하수, 이제는 자원이다.
　- 폐수 내의 오염물질을 분해해서 얻은 메탄가스는 소중한 자원입니다.

② 올여름 휴가, 어디로 가고 싶습니까?
　- 함부로 버린 쓰레기는 비가 올 때 강으로 흘러들어 강기슭을 오염시킵니다.

③ 미래에도 화가들은 아름다운 강을 그릴 수 있을 것인가?
　- 현재의 오염 속도가 지속된다면, 미래의 화가들이 악취 나는 검은 강물을 화폭에 담고 싶어 할까요?

④ 인간은 언제쯤 물의 소중함을 알게 될까?
　- 자연이라는 자애로운 어머니 앞에서 과거의 인간은 순종하는 자식이었으나, 현재의 인간은 배은망덕한 자식입니다.

08

정답 설명
④ 자연을 어머니에, 인간을 자식에 비유하여 자연과 인간의 관계를 드러내었고 의문의 형식 또한 사용하였다.

오답 분석
① 의문의 형식, 자연과 인간의 관계가 나타나지 않았다.
② '올여름 휴가, 어디로 가고 싶습니까?'라는 의문의 형식을 사용했으나 비유법이 사용되지 않았고 인간과 자연의 관계도 표현하지 않았다.
③ '미래에도 화가들은 아름다운 강을 그릴 수 있을 것인가?'라는 의문의 형식을 사용했으나, 비유법이 사용되지 않았고 자연과 인간의 관계도 없다.

09 지역 신문에 실을 도서관 관련 기사의 표제·부제를 정할 때, <보기>의 조건을 모두 충족한 것은?

> **보기**
>
> ○ 비유를 활용한다.
> ○ 대구법을 사용한다.
> ○ 도서관 이용의 불편함에 대한 내용을 담는다.

① 주말마다 도서관은 몸살 중!
  - 이용자 수 많고, 좌석 수 부족하고
② 책을 조금 더 오래 보고 싶어요.
  - 개방 시간과 대출 기간의 연장 필요
③ 외관은 알록달록, 내부는 얼룩덜룩
  - 도서관 내부 시설의 개선 시급해
④ 얇은 동화책부터, 두꺼운 사전까지
  - 모두들 당신을 기다리고 있습니다.

10 <보기>의 조건에 따라 홍보 문구를 써 보았다. 가장 적절한 것은?

> **보기**
>
> ○ '소외된 이웃에 대한 사랑'을 주제로 한다.
> ○ 비유와 대구의 표현 기법을 활용한다.

① 사랑은 연탄불처럼 따뜻합니다. 연탄불 같은 사랑만 있으면 추운 겨울도 두렵지 않습니다. 당신의 사랑으로 이 겨울을 이겨 내세요.
② 사랑의 손길이 필요한 소외된 사람들이 당신 가까이 있습니다. 그들을 위해서 사랑을 베풀어 주세요. 당신의 가슴까지 따뜻해질 것입니다.
③ 사랑과 관심을 주면 외롭지 않지만, 무관심하면 외로운 이웃이 있습니다. 소외된 이웃을 위해 앞장서는 당신, 생각하면 할수록 참 좋은 당신입니다.
④ 따뜻한 보살핌 속에서 겨울을 이겨내는 나무들도 있고, 냉정한 무관심 속에서 죽어가는 나무들도 있습니다. 소외된 이웃들에게 사랑의 방한복을 입혀 주세요.

09
정답 설명
① 조건에 맞게 글을 쓰는 문제에서는 일단 조건이 무엇인지 정확히 파악해야 한다. 이 문제에서는 '비유', '대구법', '불편함에 대한 내용'이라는 세 가지 조건을 만족시켜야 한다. '이용자 수 많고, 좌석 수 부족하고'에서는 대구법이 활용되었고 도서관 이용에 대한 불편 사항이 들어 있다. 또 '도서관은 몸살 중'이라는 표현으로 도서관을 사람에 비유하여 드러내고 있다.

오답 분석
② 개방 시간과 대출 시간을 연장해 달라는 의미를 포함하고 있으므로 '불편 사항'이 언급 되어 있지만 대구법과 비유가 드러나지 않았다.
③ 불편 사항이 드러나 있고 대구법도 드러나지만 비유는 드러나지 않았다.
④ 기다리고 있다는 표현을 통해 '동화책, 사전' 등을 사람에 비유하고 있다. 그러나 대구법과 '불편 사항'은 드러나지 않았다.

10
정답 설명
④ <보기>에는 '소외된 이웃에 대한 사랑'이라는 주제와 '비유와 대구의 표현 기법을 활용하라'는 두 가지 조건을 제시하고 있다. ④에서는 소외된 이웃을 '나무'에, 사랑을 '방한복'에 각각 비유했다. 또 '따뜻한 보살핌 속에서 겨울을 이겨내는 나무들'과 '냉정한 무관심 속에서 죽어가는 나무들'이 서로 대구를 이루고 있으며, 전체적인 문구의 내용도 소외된 이웃에 대한 사랑을 주제로 삼고 있다.

오답 분석
① 사랑을 '연탄불'에 비유했을 뿐 나머지 조건은 드러나 있지 않다.
② '소외된 이웃에 대한 사랑'이라는 주제만 드러나 있다.
③ 대구의 표현과 주제는 드러나 있지만 비유의 표현은 쓰이지 않았다.

11 '2003 물의 해'와 관련된 공익 광고 문구를 작성할 때, <보기>의 조건에 맞게 완성한 것은?

> 보기
> ○ 경고의 메시지를 담을 것
> ○ 비유적인 표현을 사용할 것
> ○ '물 절약'을 홍보하는 내용을 담을 것

① 하늘을 가득 담은 맑고 깨끗한 물을
   사랑스런 우리의 아들딸과 더불어
   영원토록 마시고 싶습니다.

② 물은 생명의 젖줄입니다.
   그러나 물은 무한하지 않습니다.
   메말라 가는 당신의 생명을 내버려두시렵니까?

③ 지구가 신음하고 있습니다.
   한 방울의 물이 썩어가고 있습니다.
   언제까지 우리들의 자녀를 병들게 하시렵니까?

④ 우리가 원하는 세상은 맑고 깨끗한 세상입니다.
   어린아이의 해맑은 모습처럼 깨끗한 세상
   그러한 세상이 당신과 내가 바라는 세상입니다.

11

정답 설명
② '물'을 '생명의 젖줄'에 비유하고 있고, 물이 무한하지 않음을 경고하고 있다. 또한 마지막 줄에 물 절약을 홍보하는 내용도 담고 있다.

오답 분석
① 경고의 메시지가 없다.
③ 오염과 관련된 내용으로 물 절약과는 관련이 없다.
④ 물 절약을 홍보하는 내용이 없으며, 경고의 메시지도 없다.

12 '인생에서 열정(熱情)이 중요하다.'는 것을 주제로 글을 쓰고자 한다. <보기>의 조건에 따라 가장 자연스럽게 표현한 것은?

> 보기
> ○ 대조의 방법을 활용한다.
> ○ 열정을 비유적으로 드러낸다.

① 인생은 소금과 같이 쓰지만, 때로는 사탕처럼 달기도 하다. 관점에 따라 인생은 소금도 되고 사탕도 될 수 있으니 삶을 살아가는 데 낙관적인 태도는 얼마나 중요한 것인가?

② 인생은 어둠과 밝음, 즉 고통과 즐거움이 지속적으로 교차되는 연장선상에 놓여 있다. 다가올 우리의 삶을 보다 아름답고 즐겁게 만들기 위해서는 항상 열정을 가슴에 품어야 한다.

③ 인생은 얼음과 같은 이성뿐만 아니라 용광로와 같은 열정도 필요하다. 열정은 역사의 수레바퀴를 굴려온 힘의 원천이며 미래를 이끌어 나갈 함선의 기관이다.

④ 인생은 잔잔한 바다와도 같지만, 때로는 험한 준령과도 같다. 거친 바다를 항해할 때나 험한 고봉준령을 넘기 위해서 강한 의지와 뜨거운 열정이 무엇보다도 중요하지 않겠는가?

12

정답 설명

③ '얼음과 용광로'라는 대립적 표현도 사용하였고, 인생의 열정을 '함선의 기관'에 비유하였다.

오답 분석

① '소금과 같이', '사탕처럼'이라는 비유적 표현이 사용되었고, '쓰다, 달다'의 표현으로 대조의 표현도 사용하였지만, 열정과 관련된 내용은 없다.

② '어둠과 밝음, 고통과 즐거움'이라는 대조적인 표현이 사용되었고 열정에 대한 관점도 드러나지만, 비유적 표현이 사용되지 않았다.

④ '인생은 잔잔한 바다와도 같지만, 때로는 험한 준령과도 같다'는 비유적 표현이 사용되었고, '잔잔한'과 '험한'의 대조적인 표현도 사용되었지만, 열정을 비유적으로 표현하고 있지는 않다.

13 <보기>를 읽은 후의 감상 중, 조건에 맞게 표현한 것은?

> **보기**
>
> 토끼와 거북이가 또 다시 경주를 하였다. 토끼는 거북이가 보이지도 않을 정도로 앞서자, 상수리나무 아래에서 늘어지게 낮잠을 잤다. 한참 후, 거북이는 토끼가 자고 있는 나무 옆을 지나게 되었다. 세상모르고 자고 있는 토끼를 본 거북이는 이번에는 토끼를 이길 수 있다는 생각에 자못 마음이 들떴다. '내가 드디어 토끼를 이기다니!' 자신이 기적의 주인공이 된다는 사실에 신바람이 나 더욱 열심히 기어갔다. 하지만, 곧 뒤통수가 근질거렸다. 거북이는 '치사하게 이기느니, 당당하게 지자.'며 오던 길을 되돌아가 토끼를 깨웠다. 눈을 뜬 토끼는 깜짝 놀라 서둘러 몇 걸음 뛰었다. 그러다가 거북이가 자신을 깨웠다는 걸 알고, 거북이에게 말했다. "거북아, 고마워. 난 내 재주만 믿고 늘 자만했었는데 넌 항상 정정당당하게 최선을 다했으니, 네가 진정한 승리자야. 그러니 네가 먼저 들어가." 그러자, 거북이는 "아니야. 네가 먼저 들어가. 능력이 뛰어난 자가 이기는 건 당연한 거야." 하며 양보했다. 결국 둘은 함께 들어가기로 하고, 어깨동무를 한 채 나란히 결승점을 밟았다.

> **조건**
>
> ○ <보기>의 주제를 반영할 것
> ○ 의문문의 형식을 포함시킬 것
> ○ 비유적인 표현을 쓸 것

① 새롬: 토끼와 거북이의 행복한 경주. 진정한 승리란 우리 모두가 이기는 것이 아닐까?

② 우람: 이야기를 읽고서야 깨달았다. 용서야말로 세상을 행복하게 만들어주는 부드럽지만 강한 힘이라는 것을.

③ 시내: 봄바람처럼 따뜻하게 다가온 이야기. 우리도 그들처럼 더불어 살아가는 아름다운 모습일 수는 없을까?

④ 한솔: 거북이의 말을 들은 토끼의 마음은 어땠을까? 거북이의 마음을 받아들인 토끼, 그때부터 그는 더 이상 오만한 패배자가 아니었다.

13

정답 설명

③ <보기>는 '더불어 살아가는 아름다움'을 보여주고 있으며, 서로가 서로를 배려하여 승자와 패자를 떠나, 함께 행복해지는 것이 중요하다는 주제를 담고 있다. ③은 주제(더불어 사는 삶의 중요함)와 의문의 형식, 비유적인 표현(봄바람처럼 따뜻하게)을 모두 담고 있으므로 조건에 맞는 감상이라 할 수 있다.

오답 분석

① 주제와 의문의 형식을 담고 있으나 비유적인 표현이 사용되지 않았다.

② '용서는 부드럽지만 강한 힘'이라는 비유적인 표현을 사용했지만 의문형이나, 주제를 반영한 글이 아니다.

④ 의문의 형식을 담고 있으나, 주제를 반영하거나 비유적인 표현은 없다.

14 다음 글에서 나타나지 않는 수사법은?

> 불안인지 환희인지 모를 것으로 터질 듯한 마음을 부채질하듯이 벌판의 모든 곡식과 푸성귀와 풀들도 축 늘어졌던 잠에서 깨어나 일제히 웅성대며 소요를 일으킨다. 그러나 소나기의 장막은 언제나 우리가 마을 추녀 끝에 몸을 가리기 전에 우리를 덮치고 만다. 채찍보다 세차고 폭포수보다 시원한 빗줄기가 복더위와 달음박질로 불화로처럼 단 몸뚱이를 사정없이 후려치면 우리는 드디어 폭발하고 만다.
>
> — 박완서, 〈그 많던 싱아는 누가 다 먹었을까〉

① 역설법
② 과장법
③ 직유법
④ 활유법

14

정답 설명

① 역설법이란 모순되거나 논리에 맞지 않는 표현이지만 그 속에 의미를 지니고 있는 수사법이며 지문에서는 찾아볼 수 없다.

오답 분석

② 과장법: 사물이나 사실을 실제보다 지나치게 크거나 작게 표현하여 문장의 효과를 높이는 수사법. 소나기를 폭포수로 표현하고 있다.

③ 직유법: 비슷한 성질이나 모양을 가진 두 사물을 '~같이', '~처럼', '~듯이'와 같은 연결어로 결합하여 직접 비유하는 수사법.

④ 활유법: 무생물을 생물인 것처럼, 감정이 없는 것을 감정이 있는 것처럼 표현하는 수사법.

20 문제를 통해 보는
개요 작성 및 수정

민숙쌤의 독해 비법

개요 수정 문제 풀이 전략

① 수정된 개요는 수정 전보다 구체적인 내용을 담고 있어야 한다.

② 하위 항목은 상위 항목을 뒷받침해야 한다.

③ 통일성을 고려하여 삭제할 내용을 판단한다.

④ 결론은 해결 방안의 내용이 포함되어야 한다.

대표 문제로 유형 체크

01 <보기>의 개요의 흐름을 고려할 때, ㉠에 들어갈 내용으로 가장 적절한 것은?

> **보기**
>
> Ⅰ. 서론: 재활용이 어려운 포장재 쓰레기가 늘고 있다.
>
> Ⅱ. 본론
>
>   1. 포장재 쓰레기가 늘고 있는 원인
>
>   (1) 기업들이 과도한 포장 경쟁을 벌이고 있다. ⟶ 원인 ①
>
>   (2) 소비자들이 호화로운 포장을 선호하는 경향이 있다.
>
>   2. 포장재 쓰레기의 양을 줄이기 위한 방안
>
>   (1) 기업은 과도한 포장 경쟁을 자제해야 한다.
>
>   (2)   ㉠   ⟶ 해결책 ①
>
> Ⅲ. 결론: 상품의 생산과 소비 과정에서 환경을 먼저 생각하는 자세를 지녀야 한다.

원인과 해결방안은 변화에 맞춰 대응해야 함. 즉, 원인이 제시되면 그에 대한 해결책이 반드시 있어야 함

호화로운 포장 선호가 문제점으로 제시되었기 때문에 이에 대한 해결책이 나와야 함

① 정부의 지속적인 감시와 계몽 활동이 필요하다.

② 실속을 중시하는 합리적인 소비 생활을 해야 한다.

③ 상품 판매를 위한 지나친 경쟁이 자제되어야 한다.

④ 재정 상태를 고려하여 분수에 맞는 소비를 해야 한다.

정답 설명 ② 제시된 개요의 '본론 1'에서는 '포장재 쓰레기가 늘고 있는 원인'을, '본론 2'에서는 '포장재 쓰레기의 양을 줄이기 위한 방안'을 각각 기업과 소비자의 차원으로 나누어 다루고 있다. 그러므로 ㉠에는 '본론 1-(2)'에서 제시한 원인과 연계 지어, 소비자의 차원에서 포장재 쓰레기의 양을 줄이기 위한 방안을 제시하는 내용이 들어가야 한다. 따라서 호화로운 포장보다는 실속을 중시하는 합리적인 소비 생활을 해야 한다는 ②의 내용이 들어가는 것이 가장 적절하다.

02 <보기>와 같이 '안전사고를 예방하자'라는 주제의 글을 쓰기 위해 개요를 작성하였다. 개요의 수정 · 보완 및 자료 제시 방안으로 적절하지 않은 것은?

> 보기
>
> Ⅰ. 서론 ──→ ① 통계 자료나 설문 조사 등을 통해 현실 상황을 구체적으로 제시할 수 있음
> ② 상위 항목은 하위 항목의 내용을 모두 포괄하는 문장이어야 함
> - 최근의 안전사고 발생 현황 ·· ㉠
> Ⅱ. 본론 ──→ 문제점이나 문제가 일어난 원인/이유를 제시하고 이에 대한 해결책을 모색함
> 1. 안전 의식이 부족한 원인 ·· ㉡
> 가. 안전 교육의 부재 ──→ 원인①
> 나. 정부 차원의 안전 관리 체계 미비
> 다. 정책 담당자들의 안전 의식 부재
> 2. 안전사고를 예방할 수 있는 방안
> 가. 안전 교육 실시 ──→ 해결책①·················· ㉢
> 나. 정부 차원의 안전 관리 체계 정비
> 다. 정책 담당자들의 안전 의식 강화
> 라. 자연재해 방지를 위한 시설 정비 ····················· ㉣
> ──→ ㉣의 원인이 없음
> Ⅲ. 결론: 안전 의식을 고취하고, 안전사고 대책을 마련하자.

① ㉠: 안전사고 발생 통계 자료를 제시한다.
② ㉡: 하위 항목을 포괄하지 못하므로 '안전사고가 자주 발생하는 원인'으로 수정한다.
③ ㉢: 방안이 구체적이지 않으므로 '안전 관련 법안 정비'를 하위 항목에 추가한다.
④ ㉣: 논지와는 관련이 없는 내용이므로 삭제한다. ──→ 'Ⅱ-1-가'에서 제시한 안전 교육의 부재에 대한 해결책이 아님

정답 설명 ③ 어떤 내용을 글 속에 추가할 때는 그 내용이 글의 통일성을 해쳐서는 안 된다. 그런데 ㉢을 수정하기 위해 제시한 '안전 관련 법안 정비'라는 내용은 '안전 교육 실시'와는 관련이 없다. '안전 교육 실시'와 관련 있는 내용이라면 '강사 양성을 통한 교육 내실화, 교육 시간 확보' 등이라 할 수 있다.

오답 분석 ① '현황'을 알리는 데 좋은 방법은 '통계'와 같은 객관적 자료를 제시하는 것이다.
② '안전 의식'과 '안전사고'는 다른 것이며, '가~라'의 내용과 관련 있는 것은 '안전사고'이다.
④ '자연재해'는 재앙으로 말미암아 받는 피해, 즉 지진, 태풍, 홍수 등을 말하고, '안전사고'는 공장이나 공사장 등에서 안전 교육의 미비, 또는 부주의 따위로 일어나는 사고를 말한다.

엄선 문제로 실력 향상

01 <보기>와 같이 '김치의 세계화 방안'에 대한 개요를 작성하였다. 개요의 수정 및 자료 제시 방안으로 적절하지 않은 것은?

보기

Ⅰ. 서론

　1. 세계 각국에서 김치에 대한 관심의 증가 ·································· ㉠

　2. 김치를 세계적인 음식으로 만들기 위한 전략의 필요성

Ⅱ. 본론

　1. 김치 세계화의 의의

　　가. 세계 속에서 한국 문화의 위상 제고

　　나. 경제적인 파급 효과

　　다. 생산 자동화 시스템 개발의 필요성 ································· ㉡

　2. 김치 세계화의 걸림돌

　　가. 유통 기한이 짧음

　　나. 자극적인 맛으로 인한 외국인들의 기피

　　다. 정부 차원에서의 지원 부족

　3. 김치 세계화를 위한 방안

　　가. 김치 박물관의 건립 ·· ㉢

　　나. 김치의 맛을 각 나라 사람의 입맛에 맞게 현지화

　　다. ＿＿＿＿＿＿＿㉣＿＿＿＿＿＿＿

Ⅲ. 결론

　김치의 세계화에 대한 전망과 당부

---

① ㉠: 세계 각국에서 김치 소비자가 매년 증가하고 있음을 보여주는 통계를 근거로 제시한다.

② ㉡: 'Ⅱ-1'의 하위 항목으로 적합하지 않으므로 삭제한다.

③ ㉢: 'Ⅱ-2-가'를 고려하여 '국내 소비자들의 김치 선호도 조사'로 수정한다.

④ ㉣: 'Ⅱ-2-다'를 고려하여 '정부 차원에서 지원 방안 수립'이라는 내용을 추가한다.

01

정답 설명

③ '본론 3'의 '김치 세계화를 위한 방안'은 '본론 2'의 '김치 세계화의 걸림돌'을 해결하기 위한 것이다. 그러므로 이 둘은 인과 관계로 연결되어야 한다. 따라서 ㉢은 상위 항목인 '김치 세계화를 위한 방안'에 해당하는 내용이 나와야 하되, 'Ⅱ(본론)-2-가'의 '유통 기한이 짧음'에 대한 해결 방안이 나와야 한다. 그런데 '김치 박물관의 건립'은 이러한 내용을 충족하는 방안이 아니다. 한편, 이것을 수정한 방안인 '국내 소비자들의 김치 선호도 조사'도 '유통 기한이 짧음'에 대한 해결책이 되지 못하므로 적절한 수정으로 보기 어렵다. ㉢은 '유통 기한을 늘릴 수 있는 포장 기술의 개발'로 바꾸는 것이 적절하다.

02 <보기>와 같이 개요를 작성하였다. 수정 방안으로 적절하지 않은 것은?

보기
주제: 교통사고 줄이기 운동의 필요성과 실천 방안
Ⅰ. 서론: 교통사고 줄이기 운동의 필요성
Ⅱ. 본론: 교통사고 줄이기 운동의 실천 방안
　1. 교통사고 예방을 위한 활동 ·· ㉠
　　가. 교통안전 학습 교재 발간
　　나. 교통안전 교육 전개
　2. 교통안전 대책의 수립
　　가. 교통안전시설 체계 구축
　　나. 교통안전 법규 정비 ·· ㉡
　3. 자율적인 시민 참여 운동 전개
　　가. 교통안전을 위한 시민센터 운영
　　나. 차량 번호판 정비 운동 전개 ····································· ㉢
　　다. 교통안전 봉사단체 간의 협력 체계 구축
Ⅲ. 결론: 교통사고 결과의 구체적 사례 제시 ·························· ㉣

① ㉠은 '교통사고 예방을 위한 교육 활동'으로 구체화한다.
② ㉡은 상위 항목에 어울리지 않으므로 'Ⅱ-3'의 하위 항목으로 옮긴다.
③ ㉢은 글의 주제에서 벗어나므로 하위 항목에서 삭제한다.
④ ㉣은 글 전체의 흐름에 맞게 '교통사고 줄이기 운동의 실천 촉구'로 바꾼다.

정답 설명
② ㉡은 Ⅱ-2의 상위 항목과 어울리는 내용으로 옮길 필요가 없다. 따라서 정답은 ②이다.

03 다음은 '우리나라에서 해양 오염의 문제점과 해결 방안'이라는 주제로 글을 쓰기 위한 개요이다. 수정·보완하기 위한 방안으로 적절하지 않은 것은?

> 보기
> Ⅰ. 서론: 우리나라 해양 오염의 실태와 현황 ·· ㉠
> Ⅱ. 본론
>   1. 해양 오염의 문제점
>   가. 생태계가 무너짐
>   나. 해양 오염 보상액 차이로 갈등의 요인 발생
>   다. 해양 생물들의 주거지 파괴와 멸종 ··· ㉡
>   2. 해양 오염 해결을 위한 방안
>   가. 해역별 수질관리 및 해양환경측정망 사용
>   나. (   ) ·················· ㉢
>   다. 해양 오염으로 인한 사고의 방제 기능 강화
> Ⅲ. 결론: (   ) ·························· ㉣

① ㉠은 현재 우리나라 해양 오염 관련 기사 자료와 통계치 등을 통해 구체화할 수 있다.

② ㉡은 'Ⅱ-1-가'의 하위 항목으로 변경할 수 있다.

③ ㉢은 'Ⅱ-1-나'의 해결 방안으로 '해양 오염 발생 시 처벌 강화'를 추가할 수 있다.

④ ㉣에 '해양 환경 보전의 필요성 인식 제고 및 방지대책의 추진'과 같은 내용을 넣을 수 있다.

03
정답 설명
③ 'Ⅱ-1-나'는 해양 오염이 발생했을 경우 피해를 입은 당사자들에게 보상액을 줄 때, 차이가 발생하여 갈등이 유발되고 있음을 지적하고 있는데, ㉢은 해양 오염을 발생시키는 가해자에 대한 처벌 강화에 대해 말하고 있기 때문에 해결 방안으로 적절하지 않다.

오답 분석
① 현재 우리나라 해양 오염의 실태와 현황을 보여 주기에 우리나라 해양오염 관련 기사 자료와 통계치의 이용은 적절하다.

② ㉡은 생태계의 일환인 해양 생물들의 주거지 파괴와 멸종이라는 파괴 현상을 보여 주며, 이는 생태계가 무너진다는 문제점의 하위 항목으로 적절하다.

④ 해양 오염 문제의 결론으로 해양 환경 보전의 필요성 인식 제고 및 방지 대책의 추진은 적절하다.

04 <보기>의 개요를 수정·보완하는 방안으로 적절하지 않은 것은?

> **보기**
>
> 주제문: 문화의 시대
>
> I. 서론: 아시아에서 주목받는 우리의 문화 예술
>
> II. 본론
>
>   1. 전통 예술과 대중 예술의 활발한 해외 활동
>   가. 한국인의 역동적이고 창의적인 기질
>   나. 전통 예술과 대중 예술의 해외 공연
>   2. 문화가 국가 경제에 미치는 영향
>   가. 국가 위상의 제고
>   나. 고부가가치 상품 개발로 무역수지 증대
>   다. 문화 산업의 활성화로 고용 창출
>   3. _____㉠_____
>   가. 세계인이 공감할 수 있는 문화 창조
>   나. 우리의 전통문화 속에서 독창적 요소 발굴
>   다. 외국과의 문화 교류로 우리 문화의 경쟁력 고양
>
> III. 결론: 우리 문화의 경쟁력을 높이도록 노력 촉구

① 주제문을 구체적으로 제시해, '문화 시대에 대비하여 우리의 문화 경쟁력을 기르자.'로 고친다.

② 'II-1-가'는 논리적 흐름에 비추어 적절하지 않으므로 삭제한다.

③ ㉠에는 하위 항목을 포괄할 수 있는 '우리 문화의 경쟁력을 높이기 위한 방안'을 넣는다.

④ 'II-3-가'는 'II-2'로 옮겨 내용의 일관성을 유지한다.

04

정답 설명

④ II-3-가는 개요표의 흐름상 우리 문화 경쟁력을 높이는 방안에 해당하므로 II-2로 옮기는 것은 잘못이다.

오답 분석

① 주제가 구체적이지 못하므로 주제문을 구체화하는 것이 옳다.

② II-1-가의 내용은 논리적 흐름에 비추어 볼 때 적절하지 않으므로 삭제한다.

③ 하위 항목을 포괄하는 제목으로 적절하다.

05 <보기>는 '관광 산업의 경쟁력 강화'라는 주제로 글을 쓰기 위한 개요이다. 이를 수정·보완할 방안으로 적절하지 않은 것은?

> 보기
>
> Ⅰ. 서론
>   1. 우리나라 관광 산업의 현황 ·· ㉠
>   2. 관광 산업 경쟁력 강화의 필요성
> Ⅱ. 본론
>   1. 우리나라 관광 산업의 위기 ··· ㉡
>   가. 천편일률적인 관광 상품과 관광지
>   나. 정부의 역할 미흡 및 관광 정책의 문제
>   다. 관광 홍보의 부족
>   2. 관광 산업의 경쟁력 강화 방안
>   가. _____㉢_____
>   나. 정부의 역할 강화 및 관광 정책의 개발
>   다. 관광 산업의 경제적 효과 ··· ㉣
> Ⅲ. 결론
>   - 관광 산업의 활성화를 통한 국가 경쟁의 발전

① ㉠: 관광 산업이 다른 나라에 비해 뒤떨어진 현황을 통계 자료로 제시한다.

② ㉡: 하위 항목을 포괄하지 못하므로 '우리나라 관광 산업의 문제점'으로 수정한다.

③ ㉢: 'Ⅱ-1-가'를 고려하여 '특색 있는 상품 개발과 관광지 조성'이란 항목을 만든다.

④ ㉣: 'Ⅱ-1-다'를 고려하여 '정부의 관광 산업의 재정 확보'로 수정한다.

05

정답 설명

④ 내용을 수정할 때 글의 통일성을 해쳐서는 안 된다. 그런데 ㉣을 수정하기 위해 제시한 '관광 산업의 재정 확보'는 '관광 홍보의 부족'이라는 항목의 대책이라고 할 수 없다.

06 다음의 공모전에 응모하기 위해 <보기>와 같이 개요를 작성하였다. 개요의 수정 방안으로 적절하지 않은 것은?

> ### C클린 운동의 필요성과 실천 방안을 알리는 원고 공모
>
> C클린 운동이란 콘텐츠를 사용할 때 매너를 지키자는 캠페인으로 여기서의 콘텐츠는 음반, 영화, UCC 등 인터넷상에서 제공되는 모든 콘텐츠를 말한다.

보기

제목: C클린 운동의 확산을 위하여
Ⅰ. C클린 운동의 개념 ·· ㉠
Ⅱ. C클린 운동의 실천 방안
   1. 기술 개발 차원
      가. 획기적인 기술 개발 ······························ ㉡
      나. 알고리즘을 이용한 표절 검사 기술 개발
   2. 콘텐츠 생성·이용 차원
      가. 영상 제작 시 타인의 초상권 침해 유의하기
      나. 타인의 콘텐츠 사용 시 출처 표기하기
      다. 콘텐츠 매너 사용에 대한 포상 제도 마련 ············· ㉢
   3. 정책적 차원
      가. 저작권 사용에 대한 법령 마련
      나. 콘텐츠 사용 시 출처 표기에 대한 기술 개발 촉구 ·········· ㉣
Ⅲ. C클린운동 확산을 위한 사회 공동의 노력 촉구

---

① ㉠은 공모의 취지를 고려해, 'C클린 운동의 개념과 필요성'으로 고친다.
② ㉡은 구체적이지 않으므로, '사생활 침해 영상을 자동으로 신고하는 기술 개발'로 바꾼다.
③ ㉢은 상위 항목에 어울리지 않으므로, 'Ⅱ-3'의 하위 항목으로 옮긴다.
④ ㉣은 글의 주제에서 벗어나므로, '콘텐츠 생성자의 높은 윤리의식 촉구'로 바꾼다.

06

정답 설명
④ ㉣이 글의 주제에서 벗어난다는 것은 올바른 설명이다. 그러나 ㉣은 'Ⅱ-1 기술 개발 차원'에 해당하고, 이를 고친 '콘텐츠 생성자의 높은 윤리의식 촉구' 또한 'Ⅱ-3. 정책적 차원'이 아니라 'Ⅱ-2. 콘텐츠 생성·이용 차원에 해당되는 내용이기 때문에 적절하지 않다.

21 문제를 통해 보는
고쳐쓰기

민숙쌤의 독해 비법

조건에 맞는 글쓰기 문제 풀이 전략

① 고쳐 쓴 내용이 어색하지 않은지 확인하며 풀이한다.
② 문장 성분 간의 호응, 이중 피동 사용 등 어법과 관련된 내용이 빈출되므로 어법 영역의 지식을 숙지하도록 한다.

대표 문제로 유형 체크

다음은 소비자 보호 기관 홈페이지에 올리기 위한 글의 초고이다. 고쳐 쓰려는 내용으로 적절하지 않은 것은?

- 물품명: 텔레비전
- 모델명: PHJ-002

- 하자 및 불만 사항 ←── 원인 ·····←── 역접 관계를 지닌 접속어 → 원인과 결과를 나타내는 표현이 필요함
  구입한 지 3개월도 안 돼서 텔레비전 램프가 나가 수리를 받았으나, 이번에도 램프가 나갔습니다. 서비스 센터에 제대로 수리가 되지 않았다고 ㉠ 항의했지만, 그제야 본사에 연락을 넣어 램프를 받아오겠다고 하더군요. ·····→ 결과
하지만 아무리 기사님을 기다려도 오지 않으셔서 다시 연락해 보니, 부품이 아직 도착하지 않았다는 말만 되풀이해요. ㉡ 텔레비전 고장 자체도 문제이지만, 이런 성의 없는 서비스 태도야말로 더 큰 문제라고 생각합니다.
소비자로서 이와 같은 처사에 ㉢ 어케 열받지 않겠습니까?
····→ 지시어는 첫 문장으로 제시될 수 없음

- 요구 사항
  ㉣ 어제는 제 친구도 같은 문제로 불편을 겪고 있다는 얘기를 들었습니다. 앞으로는 해당 업체가 제품을 구매한 후의 서비스에 조금 더 신경을 써 줬으면 하는 바람입니다. ·····→ 요구사항과 관련된 내용이 아님

① ㉠은 앞뒤 문맥에 맞춰서 '항의했더니'로 고쳐야겠어.
② ㉡은 전체를 개괄하는 진술인데 왜 중간에 있지? 글 맨 앞으로 옮기자.
③ ㉢은 표준어가 아닌 비속어이니, '어찌 화가 나지'로 바꿔 써야 해.
④ ㉣은 '요구 사항'이 아니잖아? 삭제해야겠어.

정답 설명 ② ㉡을 맨 앞으로 옮기면 문맥상 '이런 성의 없는 서비스 태도'를 파악하기 어려우므로 현재의 위치가 더 적절하다.

엄선 문제로 실력 향상

01 다음 글을 고쳐쓰기 위한 구상으로 적절하지 않은 것은?

프로그램명	공공건물 벽화 그리기
개인 단체	△△고등학교 미술반, 지역 문화 탐방반

제안 이유
우리 ○○면에는 칠이 벗겨진 벽을 그대로 ㉠ 배치한 건물이 많습니다. 특히 면사무소나 보건소는 지저분한 벽 때문에 건물뿐 아니라 주변 공간까지 황폐해 보입니다. 저희는 이런 공공건물에 생동감을 불어넣고자 벽화 그리기를 제안합니다. ㉡ 그래서 주민들이 자주 찾고 싶어 하는 공간이라는 생각이 들지 않습니다.

제안 내용
벽화에는 마을에 대한 주민들의 자부심을 담아야 합니다. ㉢ 그런데 저희는 주민들을 대상으로 설문 조사를 하여 주제와 소재를 결정하려고 합니다. 축제 기간에는 각자 역할을 나누어 ㉣ 밑그림을 그리고 채색을 할 것입니다. 벽화를 완성한 후에는 이를 축하하는 행사도 마련하려 합니다

① 문맥으로 보아 ㉠을 '방치한'으로 바꿔야겠군.
② 문장 간의 의미 관계를 고려하여 ㉡과 바로 앞 문장을 맞바꾸어야겠군.
③ ㉢을 '이를 위해'로 바꾸면 앞 문장과의 연결이 자연스러워지겠군.
④ 중복된 내용을 생략하려면 ㉣을 '밑그림과 채색을 할 것'으로 바꿔야겠군.

01
정답 설명
④ ㉣을 '밑그림과 채색을 할 것'으로 고쳐 쓰면 목적어 '밑그림'과 서술어 '할 것'이 호응하지 않는다. ㉣ '밑그림을 그리고 채색을 할 것'은 올바른 표현이다.

02 학생의 편지글을 고쳐 쓴 내용으로 적절한 것은?

> 선생님, 그동안 ㉠ 안녕하셨어요?
>
> 연둣빛 잎사귀들이 초록으로 더욱 짙어가는 6월입니다. 작년 이맘때 선생님과 함께 생활했던 기억이 떠오릅니다. 도시락도 먹고, 체육 대회 준비도 하던 소중한 추억들……. 언제나 미운 오리 새끼 취급을 받던 제가 선생님의 따스한 사랑을 ㉡ 받았지만 성실한 학생이 될 수 있었습니다. 정말 감사합니다.
>
> 요즘 저는 도서관에서 열심히 공부하고, 동아리 활동도 하며 활기차게 지내고 있습니다. 가끔 대학 생활이 힘들 때면, 아무리 어려운 상황이 오더라도 ㉢ 결코 희망을 가져야한다고 하신 선생님의 말씀이 생각납니다. 그래서 더 열심히 살아야겠다고 다짐을 합니다. 선생님! 정말 고맙습니다.
>
> 그럼 ㉣ 건강하세요.

① ㉠: 높임법에 맞지 않으므로 '안녕하셨지요?'로 고친다.

② ㉡: 앞뒤 문맥이 자연스럽게 연결되도록 '받았는데'로 바꾼다.

③ ㉢: 부사어와 서술어의 호응을 고려하여 '절대로 희망을 가져야 한다'로 바꿔 쓴다.

④ ㉣: 기본형인 '건강하다'는 명령형으로 활용할 수 없으므로 '건강하게 지내세요'로 바꾼다.

02
정답 설명
④ 형용사는 명령형이나 청유형과 어울리지 않기 때문에 ㉣을 수정한 내용으로 적절하다.

오답 분석
① ㉠은 높임법이 맞는 내용이기 때문에 고칠 필요가 없다.

② ㉡은 문맥을 고려하여 '받아서'로 고쳐야 한다.

③ ㉢은 '반드시 희망을 가져야 한다'로 고쳐야 한다.

03 <보기>를 고쳐쓰기 위한 방안으로 옳지 않은 것은?

> **보기**
>
> 우리나라 가구당 서적·인쇄물 구입에 지출한 돈이 월평균 ⊙ 1만405원에 불과하다고 한다. 월평균 3권 이상 읽는 인구 비율은 우리가 14.5%인 데 비해 일본은 17.7%에 달한다.
>
> 이처럼 낮은 독서율로는 21세기 문화 전쟁의 시대를 이겨낼 수 없다. 문화 전쟁의 무기는 정보와 지식이고, 책이야말로 검증된 지식과 정보의 원천이기 때문이다. ⓒ 그러기에 책을 읽지 않는 국민에게는 미래가 없다.
>
> 정부는 독서 진흥 방안을 적극 마련해야 한다. 공공 도서관을 ⓒ 늘이고 양서(良書) 출판도 지원해야 한다. 학교의 ⓔ 독서 환경과 독서 교육을 더욱 강화해야 한다. 신문이든 책이든 읽는 사람[Reader]이 지도자[Leader]가 된다.

① ⊙: 수(數)는 '만(萬)' 단위로 띄어 써야 하므로 '1만 405원'으로 고친다.

② ⓒ: 앞 문장과의 연결 관계를 고려하여 '그러나'로 고친다.

③ ⓒ: 수나 양을 늘게 한다는 뜻인 '늘리고'로 고친다.

④ ⓔ: 서술어와 호응이 되지 않으므로 '독서 환경을 개선하고'로 고친다.

정답 설명

② ⓒ '그러기에'의 바로 앞 문장인 '문화 전쟁의 무기는 ~ 때문이다.'는 '독서율이 낮으면 문화 전쟁 시대를 이겨낼 수 없는'의 이유가 되며, 뒤에 이어지는 문장 '책을 읽지 않는 국민에게는 미래가 없다.'는 결과가 된다. 이유와 결과를 연결하여 주는 접속어로 '그러나'를 사용하는 것은 적절치 않고, '그러기에'를 그냥 두거나 '그러므로', '따라서' 등으로 고치는 것이 옳다.

04 ㉠~㉢의 고쳐쓰기 방안으로 적절하지 않은 것은?

2020. 국가직 9급

보기

㉠ 공사하는 기간 동안 안전사고가 일어나지 않도록 유의해주십시오.
㉡ 오늘 오후에 팀 전체가 모여 회의를 갖겠습니다.
㉢ 비상문이 열려져 있어 신속하게 대피할 수 있었다.
㉣ 지난밤 검찰은 그를 뇌물 수수 혐의로 구속했다.

① ㉠: '기간'과 '동안'은 의미가 중복되므로 '공사하는 기간 동안'은 '공사하는 동안'으로 고쳐 쓴다.

② ㉡: '회의를 갖겠습니다'는 번역 투이므로 '회의하겠습니다'로 고쳐 쓴다.

③ ㉢: '열려져'는 '-리-'와 '-어지다'가 결합한 이중 피동 표현이므로 '열려'로 고쳐 쓴다.

④ ㉣: 동작의 대상에게 행위의 효력이 미친다는 의미를 제시해야 하므로 '구속했다'는 '구속시켰다'로 고쳐 쓴다.

04

정답 설명

④ '구속하다'는 '행동이나 의사의 자유를 제한하거나 속박하다'라는 뜻으로, 단어 자체에 동작의 대상에게 행위의 효력이 미친다는 의미가 있으므로 '구속시키다'로 바꿀 필요가 없다.

05 ㉠~㉣을 고쳐쓰기 위한 의견으로 알맞지 않은 것은?

자기소개서

저는 중학교 때까지 제 생각이 옳다고 확신하면서도 그것을 분명하게 표현하지 못해 피해를 입는 경우를 적잖게 겪었습니다. 그러다가 고등학교에 입학하여 학급회장으로 선출되면서 그런 성격을 고치기로 마음먹었습니다. 마침 담임 선생님께서는 학급회장에게 무엇보다도 필요한 덕목은 자신감이라고 ㉠ 질책해주셨습니다. 다른 학생을 이끌어야 할 ㉡ 임원으로써 가져야 할 자신감은 ㉢ 아무리 강조해도 지나치지 않다는 말씀이셨습니다.

그렇지만 저 자신을 변화시키는 것이 결코 쉬운 일은 아니었습니다. 처음에는 제 행동이 친구들을 무시하는 행동으로 받아들여진 적도 많았습니다. 하지만 이대로 그만두어서는 안 된다고 생각하며 더욱 노력했습니다. 지금은 친구들과의 관계도 이전보다 좋아지고 공부에도 재미를 ㉣ 부쳐 가고 있습니다.

---

① ㉠은 상황에 맞지 않으므로 '지시해'로 고쳐야겠어.

② ㉡은 '자격'을 나타내야 하므로 '임원으로서'로 고쳐야겠어.

③ ㉢은 우리말답지 않은 표현이므로 '매우 중요하다 '로 고쳐야겠어.

④ ㉣은 적절한 어휘가 아니므로 '붙여'로 바꿔야겠어.

05

정답 설명

① ㉠의 '질책(叱責)'은 '꾸짖어 나무람'이며, 고쳐쓰기의 방안으로 제시된 '지시(指示)' 역시 '가리켜 보임'의 뜻이므로 적절하지 않다. '조언'이나 '격려'로 고쳐 쓰는 것이 적절하다.

오답 분석

② ㉡의 '~으로써'는 도구나 수단을 나타내는 조사인데, 문맥을 고려할 때 자격이나 신분을 나타내는 '~으로서'가 들어가는 것이 옳다.

③ ㉢은 영어식의 표현으로 흔히 볼 수 있는 문장 형태인데 우리말의 표현으로는 부적절하다.

④ ㉣은 문맥을 고려할 때 '붙이다'에 해당하므로 '붙여'로 고치는 것이 옳다.

06 <보기>는 어느 학생이 쓴 자기소개서의 일부이다. 고쳐쓰기 방안으로 적절하지 않은 것은?

> **보기**
>
> 저는 중학교 2학년 때부터 해외 펜팔을 했습니다. 그 이유는 학창 시절에 무엇인가 의미 있는 추억을 ⊙ 만들고 싶었습니다. 지금도 뉴질랜드와 스위스에 있는 두 명의 친구들과 편지를 주고 받고 있습니다.
>
> 뉴질랜드에 사는 제인은 편지를 보낼 때마다, 뉴질랜드의 아름다운 풍경이 담긴 사진을 보내 주거나 뉴질랜드 문화에 대해 자세히 ⓒ 소개시켜 주었습니다. 또한 작년에는 뉴질랜드의 동전과 지폐를 종류별로 보내 주어 뛸 듯이 기뻐했던 기억이 있습니다.
>
> 그리고 스위스의 모니카와는 지난여름에 만난 적이 있습니다. 처음 만나 악수를 했을 때, 나의 손을 잡았던 모니카의 손아귀 힘이 얼마나 ⓒ 세던지 나는 지금도 그때가 생각납니다.
>
> 해외 친구들과의 교류를 통해서 저는 다른 나라의 문화를 접해 볼 기회를 가질 수 있었고, 이로 인해 세상을 보는 눈이 ⓔ 넓어지게 되었습니다.

① ⊙은 문장 성분 간의 호응이 바르지 않으므로 '만들고 싶었기 때문입니다'로 고친다.

② ⓒ은 문맥상 잘못된 사동 표현이므로 '소개해 주었습니다'로 고친다.

③ ⓒ은 문맥상 선택의 의미이므로 '세든지'로 고친다.

④ ⓔ은 이중 피동 표현이므로 '넓어졌습니다'로 고친다.

06

정답 설명

③ 문맥상 과거 회상의 내용이므로 선택의 의미를 지닌 '-든지'가 아니라 '-던지'를 사용한 '세던지'의 표현이 올바르다.

오답 분석

① ⊙이 '그 이유는'이라는 주어와 호응하기 위해서는 '때문이다'를 사용해야 한다.

② ⓒ의 '소개시켜 주다'는 '소개해 주다'가 바른 표현이다.

④ ⓔ의 '-지게 되다'는 이중 피동이므로 올바른 표현이 아니다.

07 <보기>를 고쳐 쓰기 위해 여러 사람이 의논하고 있다. 적절하지 않은 의견은?

> **보기**
>
> 　산업 폐기물 처리장이 들어서게 될 지역 주민들도 그 시설의 필요성은 인정하고 있다. 그러나 그런 시설이 자기 고장에 들어서는 것을 받아들이려는 사람은 거의 없다. ㉠ 필요성은 인정하지만, 내 고장에는 안 된다는 것이다. 이러한 태도는 공공의 이익을 외면하는 ㉡ 지역 이기주의에 다름 아니다. 잊지 말아야 할 사실은, 폐기물 처리장 건설을 뒤로 미룬다면 그로 인한 피해는 결국 ㉢ 우리 모두에게 돌아온다. 나와 내 이웃이 ㉣ 함께 공존할 수 있는 사회를 만들기 위해서는 지역 이기주의를 타파해야 한다.

① ㉠은 이 글의 주제와 상관없는 내용이야. 문단의 통일성을 위해 삭제하는 것이 나을 것 같아.

② ㉡은 우리말답지 않은 표현이야. '지역 이기주의이다'로 고치는 것이 바람직하지 않을까?

③ ㉢은 전체 문장의 주어와 호응하지 않으므로 '우리 모두에게 돌아온다는 것이다'로 바꾸어야 해.

④ ㉣은 '공존(共存)'이라는 말 속에 '함께'라는 의미가 포함되어 있으므로, '함께 살'로 고치는 것이 좋아.

07

정답 설명

① <보기>는 '산업 폐기물 처리장'이 들어서게 될 지역 주민들의 태도를 통해, 지역 이기주의를 비판하고 있는 글이다. 그런데, ㉠의 '필요성은 인정하지만, 내 고장에는 안 된다는 것이다.'라는 내용은 주민들의 태도, 즉 지역 이기주의를 설명한 것이므로 문단 전체의 주제와 밀접한 관련이 있다. 따라서 ㉠이 문단의 통일성을 해치고 있는 것은 아니다.

08 ⊙~@을 고쳐 쓰기 위한 방안으로 적절하지 않은 것은?

글쓴이	이은지
제목	우리 지역의 역사 문화 자원에 관심을 가져 주세요

시장님, 안녕하세요? 저는 신문에서 역사 문화 자원의 관리와 활용에 관한 기사를 읽고 지난 토요일에 역사 동아리반 친구들과 ○○시를 방문했던 학생입니다. ○○시에 가 보니 지역 고유의 역사 문화 자원이 잘 보존되어 있었고, 관광객들도 많아서 인상적이었습니다. ⊙ <u>우리 지역에 있는 역사 문화 자원도 잘 관리하고 활용하면 정말 좋겠다는 생각이 들어서 시장님께 쓰게 되었습니다.</u>

시장님! 우리 지역에도 다양한 역사 문화 자원이 있습니다. 그러나 이를 잘 관리하고 다양한 목적으로 활용하려는 노력은 부족하다는 ⓒ <u>생각을 가지게 되었습니다.</u> 신라 때 창건된 전통 사찰도 얼마 전에 불타 버렸고, 임진왜란 때 왜적들을 물리쳤던 △△ 장군의 생가 복원 사업도 제대로 이루어지지 않고 있습니다. 게다가 보존 가치가 높은 고택이나 근대 문화유산들도 제대로 관리되지 않고 있는 실정입니다.

하지만 ○○시에서는 역사 문화 자원을 보존하기 위해 시민들도 적극적으로 참여하고 있고, 전문 인력과 예산도 많이 확보해 두었다고 합니다. 특히 작년부터는 지역 축제와 연계한 다양한 프로그램을 ⓒ <u>계발하여</u> 홍보함으로써 국내뿐만 아니라 외국 관광객들도 급증하고 있다고 합니다. 이러한 노력 덕분에 지역 경제 활성화에도 큰 도움이 되었다고 합니다. 또 역사 문화 홍보관을 만들어서 지역의 청소년들에게도 역사 문화 자원의 가치를 가르치고 있다고 합니다.

이처럼 역사 문화 자원을 잘 보존하고 활용하는 일은 지역 발전의 원동력이 될 뿐만 아니라 교육적 차원에서도 꼭 필요합니다. 우리 지역의 역사 문화 자원을 더 이상 ⓔ <u>내버려두거나 방치해서는</u> 안 되며, 많은 사람들이 우리 지역의 역사 문화 자원을 감상할 수 있도록 근본적인 대책을 하루빨리 세워 주셨으면 좋겠습니다.

① ⊙은 필요한 문장 성분이 빠져 어색하므로 '시장님께' 다음에 '급히'라는 부사어를 추가한다.
② ⓒ은 우리말답지 않은 표현이므로 '생각을 했습니다'로 고친다.
③ ⓒ은 문맥에 맞지 않는 단어이므로 '개발'로 바꾼다.
④ ⓔ은 의미가 중복되므로 '내버려두거나'를 삭제한다.

08

정답 설명

① ⊙은 필요한 문장 성분이 생략되어 어색한 문장이다. 이 문장을 어법에 맞게 고치려면 서술어와 호응하는 목적어가 필요하므로 '시장님께' 다음에는 '건의문을' 혹은 '글을'과 같은 목적어를 추가해야 한다. '급히'라는 부사어는 ⊙에 꼭 필요한 성분이 아니다.

오답 분석

② '생각을 가지게 되었습니다'와 같은 표현은 우리말답지 않은 영어식 표현이므로 '생각을 했습니다'로 고친 것은 적절하다.
③ '계발'은 '슬기나 재능, 사상 따위를 깨워 줌'을 뜻하는 말이다. 문맥상 '새로운 물건을 만들거나 새로운 생각을 내어놓음'을 뜻하는 '개발'이 적절하다.
④ '방치'는 '내버려둠'을 뜻하는 말이므로 '내버려두거나'와 의미상 중복되므로 '내버려두거나'를 삭제하는 것이 적절하다.

09 학교 논술반에 지원하기 위해서 쓴 '자기소개서' 초고를 다듬으려고 한다. 고쳐 쓰기 계획으로 적절하지 않은 것은?

> 저는 어렸을 때부터 글을 읽고 쓰는 것을 좋아했습니다. 글을 읽고 쓰는 순간은 너무도 즐겁고 행복했습니다. 지금도 가끔씩, 친구들과 함께 학급 신문을 만들던 일이 생각납니다. ⊙ 학급 신문을 만들 때는 여러 친구들의 의견을 반영하는 것이 중요합니다.
> '글을 쓴다는 것'은 항상 ⓛ 설레는 추억이었습니다. 저는 여러 백일장에 참가하였고 상(賞)도 탔습니다. 이러한 경험들을 통해서 한 단계 더 성장할 수 있었습니다.
> ⓒ 그리고 저는 요즈음 '논술'이 어렵게만 느껴집니다. 이전의 글쓰기와는 달리 논술은 논거를 바탕으로 자신의 주장을 제시해야 하기 때문입니다. 제가 논술반에 지원한 이유는 체계적으로 글쓰기를 ⓔ 배우려 합니다. 논술반에 들어가게 된다면 최선을 다해 노력할 것입니다.

① ⊙: 글의 통일성을 해치므로 삭제한다.
② ⓛ: 맞춤법에 어긋나므로 '설레이는'으로 고친다.
③ ⓒ: 접속어가 적절하지 않으므로 '그런데'로 바꾼다.
④ ⓔ: 문장 성분 간의 호응이 바르지 않으므로 '배우고 싶기 때문입니다'로 고친다.

Ⅲ 비문학

해커스군무원 신민숙 쉬운국어 문학·비문학 필기노트

22 문제를 통해 보는
논지 전개 방식

기초 개념 잡기

1. 정태적 범주

구분	개념
정의(定義)	어떤 말이나 사물의 뜻을 밝혀 규정하는 방식 예 메이저(IOM)는 석유 시장을 분할 독점하고 있는 국제 석유 독점체를 말한다.
예시(例示)	어떤 개념이나 이론 등을 이해하기 쉽도록 구체적인 사례를 드는 방식 예 어떤 물건의 값은 희소성에 따라 결정된다. 예를 들어 '다이아몬드'는 생명체의 생존과는 아무런 관계가 없지만 매우 희귀하므로 비싼 값이 매겨진다.
비교(比較)	대상 간의 비슷한 점을 밝혀내어 설명하는 방식 예 사스는 초기에는 감기, 몸살과 비슷한 증상이 있다.
대조(對照)	대상 간의 차이점을 밝혀내어 설명하는 방식 예 고등학생이나 중학생이나 입시에 얽매여 사는 것이 안타깝다. 그러나 고등학생은 발등에 불 떨어져 다른 곳에 눈 돌릴 사이가 없다면 중학생은 다소 여유가 있는 편이다.
분류(分類)	기준에 따라 종류별, 기능별 등으로 나누는 것 예 • 자동차는 배기량에 따라 소형차, 중형차, 대형차로 나뉜다. • 척추동물은 포유류, 조류, 양서류, 어류로 나눌 수 있다. • 서민 먹거리 음식에는 튀김류, 꼬치류, 면류, 밥류 등이 있다. • 소형차, 중형차, 대형차는 자동차를 배기량에 따라 나눈 것이다.
분석(分析)	어떤 대상을 그 구성 요소나 성질로 나누는 것 예 자동차는 핸들, 타이어, 차체, 엔진 등으로 나눌 수 있다.
유추(類推)	이미 알려진 사실, 경험 등으로 아직 경험하지 않은 것이나 알려지지 않은 것을 추론하는 방식 (비유적 표현의 일종) 예 • 황소개구리가 무분별하게 들어와 우리나라 토종 개구리를 모두 잡아먹어 버린 것과 같이 무비판적인 외래어 수용은 우리말을 사라지게 할 수 있다. • 마라톤은 처음부터 전력 질주를 해서는 안 된다. 자신의 능력에 맞게 천천히 지속적으로 뛰어야 결승선에 도착할 수 있다. 인생과 마찬가지이다. 자신의 능력에 맞게 계획하고 자신만의 삶을 살아간다면 인생의 마지막에서 기쁨을 느낄 수 있을 것이다. • 독서는 등산과 같다고 할 수 있다. 책을 읽는 과정은 산을 오를 때와 같이 인내가 필요하고 때로는 많은 힘이 들기도 하지만 책을 다 읽고 나면 마치 산 정상에 오른 것과 같은 즐거움과 감동을 얻을 수 있기 때문이다.
묘사(描寫)	대상의 형태, 색채, 감촉, 향기, 소리 등을 그림 그리듯이 구체적으로 진술하는 방식 예 수레 위에는 물건이 가득했다. 설탕을 탄 시원한 보리차가 든 커다란 스테인리스 통이 있고, 그 옆에는 빵을 넣은 유리 상자가 있었다. 빵 상자 옆에는 삶은 계란을 담은 큰 그릇이 있고 ….
열거	비슷한 성질을 가진 대상을 늘어놓아 서술하는 방식 예 내가 좋아하는 과일에는 복숭아, 포도, 딸기 등이 있다.

2. 동태적 범주

구분	개념
서사(敍事)	일련의 행동이나 시간의 흐름에 따라 전개되는 사건에 초점을 두는 진술 방식 예 마침내 B가 나타났다. 마을 사람들 모두는 그를 향해 시선이 집중되었고, 나 역시 내 온몸의 세포가 그를 향해 달려가는 듯했다. 그는 초췌한 얼굴로 사람들은 쳐다보지도 않고 뚜벅뚜벅 걷기 시작했다. "다 끝났소. 더 이상은 무리일 듯싶소." 그의 한마디는 모두의 마음을 서늘케 하였다. 사람들은 온몸으로 고통을 표현했다. 나도 온몸의 세포가 땅바닥에 떨어지는 듯하였다. ┌ 시간의 흐름이 생략 40년이 지났다. 모두를 힘들게 했던 지난 사건은 그대로 묻혀서 기억하는 이들조차 없다. 각자 사람들의 마음속에 상처 입은 꽃들이 하나씩 있을 뿐이었다. 그렇게 사회에서는 그 모든 일들이 없는 일이 되고 있었다. 적어도 이 일이 벌어지기 전까지는 그랬다.
과정(過程)	어떤 목표나 결과를 가져오게 한 일련의 행동, 변화, 기능, 단계, 작용에 초점을 두고 진술하는 방식 예 한국에서는 개울가 어디를 가나 평평한 돌 위에 쪼그리고 앉아 빨래하는 여자들을 볼 수 있다. 이들은 더러운 옷을 물에 담갔다가 건져 내 쥐어짠 다음, 평평한 돌 위에 올려놓고 납작한 방망이로 두드린다. 이에 앞서 나뭇재로 만든 잿물에 빨래를 흠뻑 적시기도 한다. 빨래가 끝나면 홍두깨에 빨래를 감아 놓고 곤봉 모양의 방망이로 얼마 동안 짧고 빠르게 다듬이질을 하고, 이어서 햇볕이 쨍쨍 비칠 때 널어서 말린 다음 쌀로 만든 풀을 살짝 먹인다.
인과(因果)	어떤 결과를 가져온 원인과, 원인에 의해 초래된 결과적 현상에 초점을 두는 진술 방식 예 유럽에서는 과도한 재정 적자가 장기간 누적되어 왔다. 이는 이자 부담의 증대, 이자율 상승, 인플레이션, 정부의 위기 대응 능력에 대한 불신 등의 결과를 낳았고, 결국 유럽의 경제 위기로 이어졌다. └ 원인 └ 결과

3. 논증의 종류

구분	개념
연역 추론	• 일반적인 내용을 전제로 하여 개별적이고 구체적인 사실을 이끌어내는 추론 방식 예 그는 건강에 해로운 것들을 잘 먹지 않으려 한다. ┐일반적사실 인스턴트식품은 몸에 좋지 않다. 그러므로 그는 라면을 잘 먹지 않을 것이다. ─ 결론 • 대전제-소전제-결론의 '삼단논법' 형식을 취한 추론 방식 예 <u>모든 사람은 죽는다.</u> <u>철수는 사람이다.</u> 그러므로 <u>철수는 죽는다.</u> 대전제 소전제 결론
귀납 추론	개별적이고 특수한 사실이나 현상들을 점검하고, 사례들의 공통점을 바탕으로 일반적인 결론을 이끌어 내는 추론 방식 예 지구는 둥글다, 목성은 둥글다, 토성은 둥글다… 따라서 모든 행성은 둥글다.

유비 추론 (유추)	두 현상이 특정 성질이나 관계 면에서 비슷한 점을 들어 다른 요소들에 있어서도 유사하거나 동형일 것이라 추리하는 방법
	예 지구는 대기와 물과 공기로 이루어져 있다.
	  → 생명체가 존재한다.
	화성은 대기와 물과 공기로 이루어져 있다.
	  → 생명체가 존재했을 것이다.

변증 추론	• 기존 요소와 새로운 요소가 대립할 때, 그 갈등을 해결하는 과정에서 더 나은 상태를 이끌어내는 방법 • 기존의 고정된 요소를 정(正), 대립되는 요소를 반(反), 새로이 발전된 상태를 합(合)이라 한다. 예 7차 교육 과정은 교육 과정이 폭넓다는 장점이 있으나 인성 교육을 소홀히 하는 경향이 있었다. 따라서 교육 과정과 관계 되는 필수 과목은 남기고, 인성 교육을 보완할 수 있는 과목을 추가하여 선택할 수 있게 함으로써 교과 지식의 함양과 더불 어 인성도 키울 수 있도록 새로운 교육 과정으로 개편하였다.

다음에서 제시한 글의 전개 방식의 예로 가장 적절한 것은?　　　　　　　　2020. 국가직 9급

> <u>인과</u>는 원인과 결과를 서술하는 전개 방식이다. 어떤 현상이나 결과가 나타나게 된 원인이나 힘을 제시하고
> 그로 말미암아 초래된 결과를 나타내는 서술 방식이다.

① 온실 효과로 지구의 기온이 상승할 때 가장 심각한 영향은 해수면의 상승이다. 이러한 현상은 바다와 육지의 비율
　　　　　　　　　　　　　　　　　원인

　을 변화시켜 엄청난 기후 변화를 유발하며, 게다가 섬나라나 저지대는 온통 물에 잠기게 된다.
　　　　　　　결과 ①　　　　　　　　　　　　　　　　　결과 ②

② 이 사회의 경제는 모두가 제로섬 요소로 구성되어 있다. 제로섬(zero-sum)이란 어떤 수를 합해서 제로가 된다는
　　　　　　　　　　　　　　　　　　　　　　　　　　　　　　　　　정의

　뜻이다. 어떤 운동 경기를 한다고 할 때 이기는 사람이 있으면 반드시 지는 사람이 있게 마련이다.
　　　　　　　　　　　예시

③ 다음날도 찬호는 학교 담을 따라 돌았다. 그리고 고무신을 벗어 한 손에 한 짝씩 쥐고는 고양이 걸음으로 보초의
　　　　　　　　　　　　　　　　　　　　　　　서사

　뒤를 빠져 교문 안으로 뛰어들었다.

④ 벼랑 아래는 빽빽한 소나무 숲에 가려 보이지 않았다. 새털구름이 흩어진 하늘 아래 저 멀리 논과 밭, 강을 선물 세
　　　　　　　　　　　　　　　　　　　　　　　　　　　　　　　　묘사

　트처럼 끼고 들어앉은 소읍의 전경은 적막해 보였다.

정답 설명　① 온실 효과로 기온이 상승하면(원인) 해수면이 상승하여 기후가 변하거나 섬나라와 저지대가 물에 잠기게 됨(결과)을
　　　　　　'인과'의 방법으로 설명하고 있다.

오답 분석　② '정의, 예시'의 방법을 사용하였다.
　　　　　　③ '서사'의 방법을 사용하였다.
　　　　　　④ '묘사'의 방법을 사용하였다.

엄선 문제로 실력 향상

01 다음 글의 주된 설명 방식이 적용된 것으로 가장 적절한 것은? 2018. 국가직 9급

> 문학이 구축하는 세계는 실제 생활과 다르다. 즉 실제 생활은 허구의 세계를 구축하는 데 필요한 재료가 되지만 이 재료들이 일단 한 구조의 구성 분자가 되면 그 본래의 재료로서의 성질과 모습은 확연히 달라진다. 건축가가 집을 짓는 것을 떠올려 보자. 건축가는 어떤 완성된 구조를 생각하고 거기에 필요한 재료를 모아서 적절하게 집을 짓게 되는데, 이때 건물이라고 하는 하나의 구조를 완성하게 되면 이 완성된 구조의 구성 분자가 된 재료들은 본래의 재료와 전혀 다른 것이 된다.

① 르네상스 시대의 화가들은 원근법을 사용하여 세상을 향한 창과 같은 사실적인 그림을 그렸다. 현대 회화를 출발시켰다고 평가되는 인상주의자들이 의식적으로 추구한 것도 이러한 사실성이었다.

② 소설을 구성하는 요소는 물론 많지만 그중에서도 인물, 배경, 사건을 들 수 있다. 인물은 사건의 주체, 배경은 인물이 행동을 벌이는 시간과 공간, 분위기 등이고, 사건은 인물이 배경 속에서 벌이는 행동의 세계이다.

③ 목적을 지닌 인생은 의미 있다. 목적 없이 살아가는 사람은 험난한 인생의 노정을 완주하지 못한다. 목적을 갖고 뛰어야 마라톤에서 완주가 가능한 것처럼 우리의 인생에서도 목표를 가지고 꾸준히 노력하는 사람이 성공한다.

④ 신라의 육두품 출신 가운데 학문적으로 출중한 자들이 많았다. 가령, 강수, 설총, 녹진, 최치원 같은 사람들은 육두품 출신이었다. 이들은 신분적 한계 때문에 정계보다는 예술과 학문 분야에 일찌감치 몰두하게 되었다.

01

정답 설명

③ '문학의 세계'를 '건축의 속성'을 통해 설명하고 있기 때문에 글의 주된 설명 방식으로 유추가 사용되었다고 볼 수 있다. 이때 ③에서도 '목적을 지닌 인생'을 '마라톤의 속성'을 통해 설명하고 있기 때문에 유추가 사용되었음을 알 수 있다.

오답 분석

① '르네상스 시대의 화가들'이 '사실적인 그림'을 그린 것과 '인상주의자'들이 '사실성'을 추구한 것을 '비교'를 통해 설명하고 있다.

② '인물, 배경, 사건'이라는 '소설을 구성하는 요소'를 제시한 '분석'의 방법이 사용되었음을 알 수 있다.

④ '강수, 설총, 녹진, 최치원'이라는 '예시'를 통해 '신라의 육두품 출신 가운데 학문적으로 출중한 자'들을 설명하고 있다.

02 다음 글에 사용된 주된 설명 방식과 가장 비슷한 것은?

> 역 피라미드식 기사의 기본 원리는 가장 중요하다고 판단되는 사실을 맨 처음에 제시하고, 이어서 차례로 덜 중요한 사실들을 나열하는 것이다. 일반적으로 제목, 리드, 본문의 세 부분으로 구성된다.

① 화분에 물을 주지 않으면 화초가 말라 죽듯이 친구에게 관심을 기울이지 않으면 관계가 멀어질 수 있다.

② 항생제는 '프로폴리스' 같이 자연적으로 존재하는 항생제와 '설파제' 같이 화학적으로 합성된 항생제로 나뉜다.

③ 동물의 집단생활은 본능에 의한 것이므로, 창조적인 인간의 생활과 차이점을 지닌다. 동물들의 집단을 군집이라고 하고, 인간의 집단을 사회라고 부른다.

④ 토론을 진행하려면 갖추어야 할 요소들이 있는데, 토론 참가자, 논제, 토론 규칙, 사회자, 청중 등이 있다.

03 다음 중 <보기>와 같은 서술 방식이 쓰인 문장은?　　　　2015. 서울시 9급 변형

> **보기**
>
> 포장한 지 너무 오래되어 길에는 흙먼지가 일고 돌이 여기저기 굴러 있었다. 길 양쪽에 다 쓰러져 가는 집들, 날품팔이 일꾼들이 찾아가는 장국밥집, 녹슨 함석지붕이 찌그러져 있었고, 흙먼지가 쌓인 책방, 조선기와를 올린 비틀어진 이층집, 복덕방 포장이 찢기어 너풀거린다.

① 리셋 증후군이란 가상에서 리셋 버튼만 누르면 재시작하듯이 현실의 인간 관계도 쉽게 끊어 버리고 새롭게 다시 시작할 수 있다고 생각하는 증세를 말한다.

② 잎은 어긋나게 붙고 위로 올라갈수록 작아지면서 윗줄기를 감싼다.

③ 사람을 접대하는 것은 글을 잘 짓는 것과 같다.

④ 성장이 둔화되어 일자리가 늘지 않았기 때문이다.

02

정답 설명

④ 분석은 어떤 대상을 그 구성 요소나 성질로 나누는 것을 말한다. '제목, 리드, 본문의 세 부분으로 구성된다'는 내용을 통해 분석의 논지 전개 방식이 사용되었음을 알 수 있다. ④에서도 '토론 참가자, 논제, 토론 규칙, 사회자, 청중'이라는 토론의 구성 요소를 말하고 있기 때문에 '분석'의 방법이 사용되었음을 알 수 있다.

오답 분석

① '화분에 물을 주지 않으면 화초가 말라 죽듯이'와 '친구에게 관심을 기울이지 않으면 관계가 멀어질 수 있다'는 내용을 통해 유추의 방법을 사용하고 있음을 알 수 있다.

② 항생제를 '자연적으로 존재하는 항생제'와 '화학적으로 합성된 항생제'로 나누고 있기 때문에 분류의 방식을 사용하고 있다.

③ '동물의 집단생활은 본능에 의한 것이므로, 창조적인 인간의 생활과 차이점을 지닌다'는 내용을 통해 대조의 방법이 사용되었음을 알 수 있다.

03

정답 설명

② <보기>는 주변의 모습을 그림 그리듯이 구체적으로 서술하는 '묘사'의 방식을 사용하여 서술하고 있으며, 이와 같은 서술 방식이 쓰인 것은 ②이다.

오답 분석

① '정의'의 방식을 사용하였다.

③ '유추'의 방식을 사용하였다.

④ '인과'의 방식을 사용하였다.

04 다음 글의 설명 방식과 가장 가까운 것은? 2014. 국가직 9급 변형

> 여름 방학을 맞이하는 학생들이 잊지 말아야 할 유의 사항이 있다. 상한 음식이나 비위생적인 음식 먹지 않기, 물놀이를 할 때 먼저 준비 운동을 하고 깊은 곳에 들어가지 않기, 외출 할 때에는 부모님께 행선지와 동행인 말씀드리기, 외출한 후에는 손발을 씻고 몸을 청결하게 하기 등이다.

① 이등변 삼각형이란 두 변의 길이가 같은 삼각형이다.
② 세액 공제에 대한 인기와 비용 증가로 인해 정부의 재정 적자가 확대될 것이다.
③ 나는 산·강·바다·호수·들판 등 우리 국토의 모든 것을 사랑한다.
④ 잣나무는 소나무처럼 상록수이며 추운 지방에서 자라는 침엽수이다.

04
정답 설명
③ 제시문은 '열거'의 방식으로 여름 방학 유의 사항에 대해 말하고 있으며 이와 같은 설명 방식을 사용한 것은 ③이다.

오답 분석
① '정의'의 방식을 사용하였다.
② '인과'의 방식을 사용하였다.
④ '비교'의 방식을 사용하였다.

05 밑줄 친 부분의 주된 설명 방식은? 2019. 지방직 7급

> 보살은 자기 자신이 불경의 체험 내용인 보리를 구하려고 노력하는 동시에 일체의 타인에게도 그의 진리를 체득시키고자 정진하는 인간이다. 그러므로 보살은 나한과 같은 자리(自利)를 위하여 보리를 구하는 자가 아니고 어디까지든지 이타(利他)를 위하여 활동하는 것이다. 나한이 개인적 자각인 데 대하여 보살은 사회적 자각에 입각한 것이니, 나한은 언제든지 개인 본위이고 개인 중심주의인 데 대하여 보살은 사회 본위이고 사회 중심주의인 것이다.

① 유추 ② 묘사 ③ 예시 ④ 대조

05
정답 설명
④ '보살'과 '나한'의 특성을 차이점을 중심으로 설명하고 있으므로 밑줄 친 부분의 주된 설명 방식은 '대조'이다.

06 지정된 진술 방식을 활용하여 주어진 문장을 뒷받침하는 내용을 쓰는 과제를 수행하였다. 적절하지 않은 것은?

① 나는 밀가루 음식을 매우 좋아한다.
  - (예시) 멸치 국물 맛이 구수한 칼국수, 애호박을 썰어 넣고 끓인 수제비의 맛을 잊을 수 없다. 풋고추를 다져 넣은 밀가루 부침개의 맛은 정말 일품이다.

② 우리 아버지는 정말 멋진 분이시다.
  - (묘사) 아담한 키에 오뚝 솟은 콧날, 살짝 처져 한없이 선해 보이는 눈매에 도톰한 입술, 한 마디로 호남이시다. 언제나 흐트러짐 없이 단정한 옷차림도 아버지의 매력이다.

③ 구전되어 오던 옛이야기들을 설화라 한다.
  - (분류) 초인적 인물이 등장하는 신화, 지역이나 사물에 얽힌 신비한 이야기인 전설, 항간에 떠도는 재미있는 이야기인 민담은 모두 구전되어 왔는데 이를 묶어 설화라고 한다.

④ 그 친구는 부지런한 학생으로 소문나 있다.
  - (과정) 그는 아침 일찍 등교하여 자리에서 거의 떠나지 않고 공부를 한다. 학급 청소나 그 밖의 궂은일을 앞장서서 하는 데서 그의 부지런한 성품을 엿볼 수 있다.

07 다음 글과 논증 방식이 가장 가까운 것은?

2017. 국가직 7급 2차

> 기존의 틀을 벗어나려면 새로운 가치가 필요하다. 운동선수가 뜀틀을 넘으려면 도약대가 있어야 하듯, 낡은 사고, 인습, 그리고 변화에 저항하는 틀을 뛰어넘기 위해서는 믿고 따를 분명한 디딤판이 필요하다. 또한, 기존의 틀을 벗어나려면 운동선수가 뜀틀을 향해 달려가는 것처럼 변화하고자 하는 의지도 필요하다. 도전하려는 의지가 수반될 때 뜀틀 너머의 새로운 사회를 만날 수 있다.

① 미국 헌법은 미국 시민의 투표권을 보장한다. 미국 여성은 미국 시민이다. 그러므로 미국 헌법은 미국 여성의 투표권을 보장한다.

② 나는 유해한 모든 일을 피하려고 한다. 전자파가 유해하다는 것은 널리 알려진 사실이다. 전자레인지는 전자파를 방출하는 대표적인 기기이다. 따라서 나는 전자레인지 사용을 자제하려고 한다.

③ 전선을 통한 전기의 흐름은 도관을 통한 물의 흐름과 유사하다. 지름이 큰 도관은 지름이 작은 도관에 비해 많은 양의 물을 전달할 수 있다. 따라서 큰 지름의 전선은 작은 지름의 전선보다 많은 양의 전기를 전달할 수 있을 것이다.

④ 주말이면 동네에서 크고 작은 문화 행사를 한다. 박물관에는 다양한 문화재들이 항상 전시되어 있으며, 대학로의 소극장이나 예술의 전당 같은 문화 공간에서는 다양한 공연이 열리고 있다. 문화는 우리 생활 구석구석에 스며들어 있다.

06

정답 설명

④ '과정'은 시간의 흐름이나 사건의 인과 관계, 일이 진행되는 절차에 따라 진술하는 방식이다. ④의 '아침 일찍 등교', '자리에서 떠나지 않고 공부', '궂은 일을 앞장서서 하는 것은 주어진 문장의 '부지런한 학생'의 예시에 해당된다.

07

정답 설명

③ '기존의 틀에서 벗어나려면 새로운 가치가 필요하다'는 주장을 펼치기 위해 '뜀틀을 넘을 경우에 도약대가 필요하다'는 일상적인 경험적 사례를 가져와서 설명하고 있다. 이처럼 주변에서 흔히 볼 수 있는 일상적인 사례를 가져와서, 전체 다른 개념을 설명하는 것을 유추라고 하는데 이런 설명의 방식이 나타난 것은 ③이다. '전선을 통한 전기의 흐름'을 일상적으로 볼 수 있는 '도관을 통한 물의 흐름'의 사례를 통해 표현하고 있기 때문이다.

오답 분석

① ② 삼단 논법을 이용한 연역 추론이다. 전제1 'A는 B이다'와 전제2 'C는 A다'를 통해 'C는 B이다'라는 결론을 내는 추론 방식이다.

④ 박물관과 소극장, 예술의 전당 등의 개별적 사례를 통해 '문화가 우리 생활 구석구석에 스며들어 있다'는 결론을 이끌어내고 있으므로 '귀납 추론'이 사용되었다.

23 문제를 통해 보는 논증의 오류

기초 개념 잡기

1. 자료적 오류

구분	개념
성급한 일반화의 오류	제한되거나 불충분한 자료, 또는 대표성이 결여된 사례 등을 근거로 삼아 성급하게 일반화함으로써 발생하는 오류 예 정선, 김홍도, 신윤복 등은 모두 탁월한 우리나라 화가들이다. 그러므로 한민족은 세계에서 가장 뛰어난 미술적 재능을 지닌 민족이다.
원칙 혼동의 오류 (우연의 오류)	일반적인 원칙을 특수한 경우에도 그대로 적용함으로써 발생하는 오류 예 • 거짓말을 하는 것은 죄악이다. 그러므로 의사가 환자의 심리적 안정을 위해 병명을 속이는 것도 죄악이다. • 인간의 자유는 보편적 권리이다. 따라서 그가 살인을 했다고 해도, 그의 자유 의지에 따른 것이었다면 그는 권리를 행사한 것일 뿐이다.
의도 확대의 오류	의도하지 않은 결과에 대해 본래부터 의도가 있었다고 판단하여 생기는 오류 예 • 왜 계속 날 쳐다보는 거예요? 날 좋아하는 거예요 • 저 사람이 핸드폰을 보면서 길을 걷더니 결국 나와 부딪혔어. 저 사람은 처음부터 내게 시비를 걸 생각으로 걸어 오던 것일 거야.
순환 논증의 오류 (선결 문제 요구의 오류)	결론에서 주장한 내용을 근거로 제시하는 오류 예 • 회사의 대표들은 능력이 출중한 사람들이다. 능력이 뛰어나기 때문에 회사의 대표가 된 것이다. 　　　　　　　　A　　　　　　　　　B　　　　　　　　　　B　　　　　　　　　　A • 김씨는 참말만 하는 사람이다. 왜냐하면 그 사람은 거짓말을 하지 않기 때문이다 . • 분열은 화합으로 극복할 수 있다. 화합한 사회는 분열되지 않는다 . • 능력 있는 자는 자신이 내세우지 않아도 재능을 인정받는다. 재능을 인정받는 사람들은 모두 능력이 출중한 사람들이다.
잘못된 유추의 오류	일부분이 유사하다고 해서 나머지도 유사할 것이라고 생각하는 오류 예 • 인간은 공포를 느끼는 감정이 있기 때문에 도덕적 행동을 한다. 　동물도 공포를 느낄 수 있으므로 도덕적으로 행동할 수 있다. ─┐ 비슷한 상황을 가져와서 진실이 • 오래된 술일수록 맛도 좋고 향기가 진하다.　　　　　　　　　 ├ 될 수 없는 주장을 옳다고 하는 것 　지식도 과거의 오래된 지식이 더욱 가치가 있을 수밖에 없다. ─┘
흑백 논리의 오류	어떤 주장에 대한 선택의 가능성이 두 가지 밖에 없다고 생각함으로써 발생하는 오류 예 • 그는 그것이 진실이라고 말한 적이 없다. 따라서 그 사건은 거짓이다. • 그녀는 내가 좋다고 말한 적이 없다. 그러므로 그녀는 나를 싫어한다. • 국이 너무 차다고요? 그렇다면 당신은 펄펄 끓는 국을 좋아하겠군요.
논점 일탈의 오류	논점과 관련이 없는 내용을 이야기하여 논점을 흐리는 오류 예 물론 정부의 화폐 정책이 많은 피해를 야기했다는 것은 인정합니다. 그러나 정부의 다른 국책 사업은 모두 성공한 것이나 마찬가지입니다.

합성의 오류	각각의 경우는 '참'이기 때문에, 각각을 결합한 전체 역시 '참'이라고 주장함으로써 일어나는 오류 예 · 야구 올스타팀은 국내 다른 어떤 야구팀과 경기해도 이길 것이다. 각 포지션별로 최고의 선수가 모여 있기 때문이다. 　　　　　　　　　　　　　　　　　　주장 · 그 학생의 논술 시험 답안은 탁월하다. 그의 답안에 있는 문장 하나 하나가 탁월하기 때문이다. 　주장 · 아이유, 성시경, 휘성은 모두 인기 있는 가수들이므로, 이들이 모여서 만든 팀은 보나 마나 국내 최고 인기를 누릴 것이다. 　　　　　　　　　　　　　　　　　　　　　　　　　　　　　　　주장
분할의 오류	전제가 '참'이기 때문에 전체를 분할한 구성 요소 하나하나 역시 '참'이라고 주장함으로써 일어나는 오류 예 · 불이 났을 때 수소나 산소 가스로도 불을 끌 수 있다. 불을 끄는 물은 산소와 수소로 이루어져 있기 때문이다. 　　주장　　　　　　　　　　　　　　　　　　　　　　근거 · 미국 아이스하키 선수단이 이번 올림픽에서 금메달을 차지했다. 그러므로 미국 선수 각자는 세계 최고 기량을 갖고 있다. 　　　　　　　　　　　　근거　　　　　　　　　　　　　　　　　　주장 · 국내 최고의 뮤지션으로 평가받는 A 그룹은 그룹 멤버 각각의 재능도 특출할 것이다. 　　　　근거　　　　　　　　　　　　주장
무지에의 호소	어떤 주장이 증명 또는 반증된 적이 없다는 이유를 근거로 드는 오류 예 · 이 세상에 귀신은 없다. 왜냐하면 그 누구도 귀신이 있다는 것을 명쾌하게 증명하지 못했기 때문이다. → 증명된 적이 없기 때문에 결론을 내릴 수 없는데 '귀신은 없다'라는 결론을 내렸기 때문에 오류가 나타나는 문장 · 그 사람이 범죄를 저지르는 것을 본 사람은 없다. 따라서 그는 범인이 아니다. → 본 사람이 없기 때문에 결론을 내릴 수 없는데 '범인이 아니다'라는 결론을 내렸기 때문에 오류가 나타나는 문장
발생학적 오류	기원의 속성을 어떤 대상이 그대로 가지고 있을 것이라고 추리하는 오류 예 · 피겨 스케이팅 선수의 딸은 피겨 스케이트를 잘 탈 것이 분명해. 엄마가 세계 1위였거든. · 그는 교양이 넘치는 것 같다. 대대로 학자 집안이어서 그런 것 같군. · 결혼 반지는 원래 여성이 남편에게서 도망가지 못하도록 발목에 채웠던 쇠사슬에서 유래하였다. 따라서 결혼 반지를 교환하는 것은 그러한 성차별적인 관습에 동의하는 것이다.
원인 오판의 오류 (인과 혼동의 오류)	단순한 선후관계를 원인과 결과의 관계로 혼동하는 오류 예 · 너는 오늘 축구 경기를 봐선 안 돼. 왜냐하면 네가 축구 경기를 볼 때마다 우리나라가 지니까. · 오늘 아침 회사에 늦었어. 출근길부터 까마귀를 봤기 때문이야.
복합 질문의 오류	둘 이상의 질문이 요구하는 대답이 하나일 때 발생하는 오류 예 담배꽁초 화단에 던진 거 아니니? · 예 → 담배꽁초를 화단에 던졌다. · 아니오 → 화단이 아닌 다른 곳에 담배꽁초를 던졌다. ⇨ 어떤 대답을 하더라도 담배꽁초를 던졌다는 사실을 수긍하게 된다.
미끄러운 비탈길(경사면)의 오류	잘못된 연쇄 추론으로 인해 어떠한 주장이나 의견을 과대 해석하는 것 예 식량을 주면, 옷을 달라고 할 것이고, 그 다음 집을 달라고 할 것이고, 결국 평생직장을 보장하라고 할 것이 틀림없어. 식량 배급은 당장 그만두어야 해.

2. 심리적 오류

구분	개념
공포(협박)에서의 호소	강제적인 수단을 동원하여 상대가 자신의 주장을 받아들이게 하는 오류 예 • 자꾸 혐의를 부인하면 철창에 넣어 버리겠어. 　　• 우리의 목소리에 귀 기울이지 않으면 결코 한반도의 평화를 장담할 수 없다.
인신공격의 오류	주장하는 이의 인품, 성격, 과거의 정황, 직업 등을 비난하여 그 사람의 주장이 옳지 않다고 비판하는 오류 예 • 이〇〇 국회의원이 발의한 경제 관련 법안이 절대로 통과되어서는 안 된다. 그는 예전에 폭행죄로 구금된 경력이 있기 때문이다. 　　• 저 사람이 만든 음식은 먹으면 안 돼. 그는 전과자 출신이거든.
동정(연민)에의 호소	상대방의 동정심 또는 연민에 호소하여 자신의 주장을 받아들이게 하는 오류 예 존경하는 판사님! 이 피고인은 2명의 어린 자식을 홀로 키우며 겨우 생계를 유지하고 있습니다. 그 아이들은 피고인이 없으면 너무 어려서 스스로 밥도 챙겨 먹지 못합니다. 이런 처지를 감안하여 현명한 판결을 부탁드립니다.
원천 봉쇄의 오류 (우물에 독 뿌리기)	┌ '반대하는 사람은 / 반론하는 사람은 / 반박하는 사람은~'의 표현이 들어감 반론의 가능성이 있는 요소를 원천적으로 비난하거나 봉쇄하여 반론의 제기 자체를 불가능하게 하는 오류 예 저의 말은 무엇보다 진실에 근거한 것입니다. 저의 말에 반대하시는 <u>분들</u>은 진실을 외면하는 것입니다. 　　　　　　　　　　"나에게 반대하는 사람"에라는 내용이 나옴
부적합한 권위에의 호소	논점과 직접적인 상관관계가 없는 권위자의 견해를 근거로 하여 자신의 주장을 받아들이도록 하는 오류 예 지금은 힘들어도 경제 상황이 곧 나아질 거야. 어제 TV 토론에서 〇〇대 국어학과 교수가 그렇게 이야기했거든.
대중(여론)에의 호소	타당한 근거 없이 대중의 감정 또는 군중 심리에 호소하거나, 여러 사람이 동의한다는 점을 앞세워 자신의 주장에 동조하도록 하는 오류 예 • 1초에 1000개씩 팔리고 있는 A 팩트! 당신의 피부를 바꿔 드립니다. 　　• 전 세계 120개국에서 애용하는 〇〇! 역시 택배는 〇〇! 　　• 이 영화는 작품성이 뛰어나. 왜냐하면 1,000만 관객을 동원했거든.
정황에의 호소	상대방이 처한 상황이나 사정을 근거로 상대의 주장이나 행동을 비판적으로 예측하는 오류 예 그 사람은 최저 임금 인상에 반대할 것이 분명해. 그는 한 회사의 사장이고, 그 법안이 통과되면 자기 수입이 줄어들 테니까.
역공격의 오류 (피장파장의 오류)	자신이 받는 비판이 상대방에게도 적용될 수 있음을 근거로 들어 비판을 받는 상황을 모면하고자 하는 오류 예 • 왜 내 운전 솜씨 가지고 그래? 그러는 당신은 얼마나 잘하는데? 　　• 제 행위에 문제가 있다고들 지적하시지만, 여러분들 중에 저만큼이라도 법을 지키며 사신 분이 계시는지 의문입니다.

3. 언어적 오류

구분	개념
애매어의 오류	둘 이상의 의미로 사용될 수 있는 단어를 의미를 명백히 파악하지 않고 혼동하여 사용함으로써 생기는 오류 ┌ 크다4: 사람의 됨됨이가 뛰어나고 훌륭하다 예 · 갑: 사회를 위해 헌신한 그 사람은 큰 사람이다. 을: 크긴 뭐가 커. 그 사람은 150cm도 안 되잖아. └ 크다1: 사람이나 사물의 외형적 길이, 넓이, 높이, 부피 등이 보통 정도를 넘다 ⇨ 갑은 '크다4'의 의미로 사용했는데, 을은 '크다1'의 의미로 알아들은 경우 · 갑: 우리 앞으로 만나지 말자. 을: 왜 갑: 뒤로 만나자. · 갑: 너 재수 없어. 을: 뭐라고? 갑: 반드시 붙을 거야.
은밀한 재정의의 오류	용어가 가지는 사전적 의미에 자의적인 의미를 덧붙임으로써 생기는 오류 예 어제 올림픽에서 우승한 체조 선수 봤니? 미쳤어, 미쳤어. 어쩜 그렇게 잘 해? 빨리 정신 병원에 보내야 해. ⇨ '정신에 이상이 생겨 말과 행동이 보통 사람과 다르게 되다'를 의미하는 '미치다'라는 표현을 내 마음대로 다른 뜻(체조를 잘하다)으로 사용하는 경우
강조의 오류	문장의 일부분을 불필요하게 강조함으로써 범하게 되는 오류 예 엄마: (새벽에 들어온 아들에게) 내가 친구들과 밤늦게까지 놀지 말라고 했지? 아들: 오늘은 선배들이랑 늦게까지 있었어요. 어머니가 강조하고자 하는 말이 아닌 다른 부분을 강조함으로써 나타나는 오류

민숙쌤의 독해 비법

① 기출 문제에 출제된 논증의 오류를 정리한다.

② 각 오류의 대표 예문들을 암기한다.

③ 2개 이상의 오류가 동시에 나타나기도 한다. → 상대적으로 가장 틀린 것을 찾는다.

대표 문제로 유형 체크

01 **<보기>와 같은 유형의 논리적 오류에 해당하는 것은?**   2018. 서울시 9급 (3월)

> **보기**
>
>   네가 내게 한 약속을 지키지 않은 것은 곧 나를 사랑하지 않는다는 증거야. ──● 의도 확대의 오류

① 항상 보면 이등병들이 말썽이더라. ──● 성급한 일반화의 오류

② 내 부탁을 거절하다니, 넌 나를 싫어하는구나. ──● 의도 확대의 오류

③ 김씨는 참말만 하는 사람이다. 왜냐하면 그는 거짓말을 하지 않는 사람이기 때문이다. ──● 순환 논증의 오류

④ 거짓말을 하는 것은 죄악이다. 그러므로 의사가 환자에게 거짓말을 하는 것은 당연히 죄악이다. ──● 원칙 혼동의 오류

정답 설명   ② <보기>에서 범한 오류는 '의도 확대의 오류'이며, 이와 같은 논리적 오류에 해당하는 것은 ②이다.

02 ⊙ ~ ㉣의 예를 추가할 때 가장 적절한 것은?

2018. 국가직 9급

논리학에서 비형식적 오류 유형에는 우연의 오류, 애매어의 오류, 결합의 오류, 분해의 오류 등이 있다.

우선 ⊙ 우연의 오류란 거의 대부분의 경우에 적용되는 일반적인 원리나 규칙을 우연적인 상황으로 인해 생긴 예외적인 특수한 경우에까지도 무차별적으로 적용할 때 생기는 오류이다. 그 예로 "인간은 이성적인 동물이다. 중증 정신 질환자는 인간이다. 그러므로 중증 정신 질환자는 이성적인 동물이다."를 들 수 있다. ㉡ 애매어의 오류는 동일한 한 단어가 한 논증에서 맥락마다 서로 다른 의미를 지니는 것으로 사용될 때 생기는 오류를 말한다. "김 씨는 성격이 직선적이다. 직선적인 모든 것들은 길이를 지닌다. 고로 김 씨의 성격은 길이를 지닌다."가 그 예이다. 한편 각각의 원소들이 개별적으로 어떤 성질을 지니고 있다는 내용의 전제로부터 그 원소들을 결합한 집합 전체도 역시 그 성질을 지니고 있다는 결론을 도출하는 경우가 ㉢ 결합의 오류이고, 반대로 집합이 어떤 성질을 지니고 있다는 내용의 전제로부터 그 집합의 각각의 원소들 역시 개별적으로 그 성질을 지니고 있다는 결론을 도출하는 경우가 ㉣ 분해의 오류이다. 전자의 예로는 "그 연극단 단원들 하나하나가 다 훌륭하다. 고로 그 연극단은 훌륭하다."를, 후자의 예로는 "그 연극단은 일류급이다. 박 씨는 그 연극단 일원이다. 그러므로 박 씨는 일류급이다."를 들 수 있다.

① ⊙ - 모든 사람은 죽는다. 소크라테스는 사람이다. 그러므로 소크라테스는 죽는다.

② ㉡ - 부패하기 쉬운 것들은 냉동 보관해야 한다. 세상은 부패하기 쉽다. 고로 세상은 냉동 보관해야 한다.

③ ㉢ - 미국 아이스하키 선수단이 이번 올림픽에서 금메달을 차지했다. 그러므로 미국 선수 (각자)는 세계 최고
　　　　　　　　　　　　　　　　　　근거　　　　　　　　　　　　　　　　　　주장
기량을 갖고 있다.　　　　　　　　　　　　　　　　　　　　　　　　　　 • 분리한 각각도 앞의 특징을
　　　　　　　　　　　　　　　　　　　　　　　　　　　　　　　　　　　　가질 것으로 생각
　　　　　　　　　　　　　　　　　　　　　　　　　　　　　　　　　　　 → 분해의 오류

④ ㉣ - 그 학생의 논술 시험 답안은 탁월하다. 그의 답안에 있는 문장 하나하나가 탁월하기 때문이다.
　　　　　　　　　　　　주장　　　　　　　　　　　　　　　　　근거
　　└─────── • 답변 하나하나의 문장을 모두 합친 시험 답안지는 훌륭할 수 있으나 그렇지 않을 수도 있기 때문에 결합(합성)의 오류가 됨

정답 설명 ② '부패하다'의 의미가 서로 달라 발생한 오류이므로 ㉡은 '애매어의 오류'의 예로 적절하다.

오답 분석 ① 연역법(논증의 오류에 해당하지 않음) ③ 분해의 오류 ④ 결합의 오류

엄선 문제로 실력 향상

01 다음 중 <보기>에서 보이는 오류의 유형과 같은 오류가 있는 것은?

2015. 서울시 7급

> **보기**
>
> "그 놈은 나쁜 놈이니 사형을 당해야 해. 사형을 당하는 걸 보면 나쁜 놈이야."

① 분열은 화합으로 극복할 수 있다. 그러므로 우리는 분열을 치유하기 위해 모두가 하나 되는 사회를 만들어야 한다.

② 국민의 67%가 사형 제도에 찬성했다. 그러므로 사형 제도는 정당하다.

③ 하나를 보면 열을 안다고, 국어 성적이 좋은 걸 보니 혜림이는 공부를 잘하는 학생이구나.

④ 이번 학생 회장 선거에서 나를 뽑지 않은 것으로 보아 너는 나를 아주 싫어하는구나.

✔

01
정답 설명
① <보기>와 ①에서는 모두 '순환 논증의 오류'가 나타난다.

오답 분석
② 대중(여론)에의 호소
③ 성급한 일반화의 오류
④ 의도 확대의 오류

02 주장하는 말이 범하는 논리적 오류 유형이 다른 하나는?

2020. 군무원 9급

① 식량을 주면, 옷을 달라고 할 것이고, 그 다음 집을 달라고 할 것이고, 결국 평생직장을 보장하라고 할 것이 틀림없어. 식량 배급은 당장 그만두어야 해.

② 네가 술 한 잔을 마시면, 다시 마시게 되고, 결국 알코올 중독자가 될 거야. 애초부터 술 마실 생각은 하지마라.

③ 아이들에게 부드럽게 말하면, 아이들은 부모를 무서워하지 않게 되고, 그 부모는 아이들을 망치게 될 겁니다. 아이들에게 엄하게 말하는 것을 두려워하지 마세요.

④ 식이요법을 시작하면 영양 부족에 빠지고, 어설픈 식이요법이 알코올 중독에 이르게 한다는 것을 암시해. 식이요법을 시작하지 못하게 막아야 해.

02
정답 설명
④ '식이요법'과 '알코올 중독' 사이에 인과 관계가 없음에도 불구하고 마치 연관성이 있는 것처럼 혼동하고 있으므로 ④는 '원인 오판의 오류(인과 혼동의 오류)'에 해당한다.

오답 분석
①②③ 미끄러운 비탈길의 오류

03 다음 글의 논리적 오류와 같은 종류의 오류가 있는 것은?

2016. 지방직 7급

> 규칙적인 생활을 하고 운동을 열심히 하는 사람은 건강합니다. 왜냐하면, 건강한 사람은 규칙적인 생활을 하고 운동을 열심히 하기 때문입니다.

① 분열은 화합으로 극복할 수 있다. 화합한 사회에서는 분열이 일어나지 않는다.

② 미확인 비행 물체(UFO)가 없다는 주장이 입증되지 않았으므로 미확인 비행 물체는 존재한다.

③ 지금 서른 분 가운데 열 분이 손을 들어 반대하셨습니다. 손을 안 드신 분은 모두 제 의견에 찬성하는 것으로 알겠습니다.

④ A 지역에서 생산한 사과도 맛이 없고, B 지역에서 생산한 사과도 맛이 없습니다. 따라서 올해는 맛있는 사과를 맛볼 수 없을 것입니다.

03

정답 설명

① '규칙적인 생활을 하고 운동을 열심히 하는 사람은 건강하다'와 '건강한 사람은 규칙적인 생활을 하고 운동을 열심히 한다'는 같은 내용이므로 제시된 글은 '순환 논증의 오류'를 범하고 있다. 이와 같은 오류가 나타난 것은 ①이다.

오답 분석

② 무지에의 호소
③ 흑백논리의 오류
④ 성급한 일반화의 오류

04 다음 예문과 같은 유형의 논리적 오류가 나타난 것은?

2017. 서울시 9급

> **보기**
> 이 식당은 요즘 SNS에서 굉장히 뜨고 있어. 그러니까 엄청 맛있을 거야.

① 이 식당 음식을 꼭 먹어보도록 해. 만나는 사람들마다 이 집 이야기를 하는 걸 보니 맛이 괜찮은가 봐.

② 누구도 이 식당이 맛없다고 말한 사람은 없어. 그러니까 엄청 맛있는 집이란 소리지.

③ 여기는 유명한 개그맨이 맛있다고 한 식당이니까 당연히 맛있겠지. 그러니까 꼭 여기서 먹어야 해.

④ 이번에는 이 식당에서 밥을 먹자. 내가 얼마나 여기서 먹어 보고 싶었는지 몰라. 꼭 한 번 오게 되기를 간절하게 바랐어.

04

정답 설명

① <보기>에서 범한 오류는 '대중에의 호소'이며, 이와 같은 논리적 오류에 해당하는 것은 ①이다.

오답 분석

② 무지에의 호소
③ 부적합한 권위에의 호소
④ 동정에의 호소

24 문제를 통해 보는
주제 찾기

민숙쌤의 독해 비법

① 선택지를 확인하여 내용의 화제를 체크한다.
② '그러므로, 결과적으로, 이처럼' 등과 같은 접속어에 집중한다.
③ '하지만, 그러나, -지만'과 같은 역접 표현 이후에 집중한다.
④ '원인과 결과'를 나타내는 글에서는 '결과'에 집중한다.
⑤ 질문이 나타난 글은 질문에 대한 '답'에 집중한다.
⑥ 예를 드는 경우에는 '예시' 문장 앞뒤를 집중한다.
⑦ '예시'에 포함된 내용은 주제문이 되지 않는다.
⑧ 주제문은 단락 전체를 관통하는 내용이어야 한다. (부분적인 내용은 주제문이 될 수 없음)

대표 문제로 유형 체크

다음 글의 주제로 가장 적절한 것은?

과거제는 여러 가지 사회적 효과를 가져왔는데, 특히 학습에 강력한 동기를 제공함으로써 교육의 확대와 지식의 보급에 크게 기여했다. 그 결과 통치에 참여할 능력을 갖춘 지식인 집단이 폭넓게 형성되었다. 시험에 필요한 고전과 유교 경전이 주가 되는 학습의 내용은 도덕적인 가치 기준에 대한 광범위한 공유를 이끌어 냈다.
동아시아에서 과거제가 천 년이 넘게 시행된 것은 과거제의 합리성이 사회적 안정에 기여했음을 보여 준다. 과거제는 왕조의 교체와 같은 변화에도 불구하고 동질적인 엘리트층의 연속성을 가져왔다. 그리고 이러한 연속성은 관료 선발 과정뿐 아니라 관료제에 기초한 통치의 안정성에도 기여했다.
과거제를 장기간 유지한 것은 세계적으로 드문 현상이었다. 과거제에 대한 정보는 선교사들을 통해 유럽에 전해져 많은 관심을 불러일으켰다. 일군의 유럽 계몽사상가들은 학자의 지식이 귀족의 세습적 지위보다 우위에 있는 체제를 정치적인 합리성을 갖춘 것으로 보았다. 이러한 관심은 사상적 동향뿐 아니라 실질적인 사회 제도에까지 영향을 미쳐서, 관료 선발에 시험을 통한 경쟁이 도입되기도 했다.

① 과거제의 장점
② 과거제의 선발 방식 → 언급 X
③ 유럽의 관료 선발 방식 → 부분적 설명
④ 동아시아의 문화적 공통점 → 부분적 설명

정답 설명 ① 제시문은 과거제의 사회적 효과와 과거제가 동아시아에서 오랜 기간 시행된 이유, 그리고 유럽에 전해진 과거제의 장점에 대해 서술하고 있다. 이러한 내용을 포괄하는 제시문의 주제로 가장 적절한 것은 ① '과거제의 장점'이다.

엄선 문제로 실력 향상

01 다음 글의 주장으로 가장 적절한 것은?
2019. 국가직 7급 변형

사람은 일곱 자의 몸뚱이를 지니고 있지만 마음과 이치를 제하고 나면 귀하다 할 만한 것은 없다. 온통 껍데기의 피고름이 큰 뼈 덩어리를 감싸고 있을 뿐이다. 예를 들어 배고프면 밥 먹고 목마르면 물 마신다. 옷을 입을 줄도 알고 음탕한 욕심을 채울 줄도 안다. 가난하고 천하게 살면서 부귀를 사모하고, 부귀하게 지내면서 권세를 탐한다. 성날 때는 싸우고 근심이 생기면 슬퍼한다. 궁하게 되면 못 하는 짓이 없고, 즐거우면 음란해진다. 무릇 백 가지 하는 바가 한결같이 본능에 따르니, 늙어 죽은 뒤에야 그만둘 따름이다. 그렇다면 이를 짐승이라 말하여도 괜찮을 것이다.

① 근심과 슬픔은 늙기 전까지 끊이지 않는다.
② 빈부 격차는 인간 삶의 지향성에 영향을 준다.
③ 마음으로 본능을 다스리는 삶의 자세가 필요하다.
④ 자연의 이치를 알고자 하는 욕구는 사람에게는 본능적이다.

01

정답 설명

③ 제시문은 사람에게 가장 중요한 것이 마음과 이치뿐임을 제시한 후에 본능대로 행동하는 인간의 부정적인 모습을 나열하고 있으므로 마음으로 본능을 다스리는 삶의 자세가 필요하다는 주장이 가장 적절하다.

02 다음 글의 중심 내용으로 가장 적절한 것은?   2023. 지방직 9급

> 교환가치는 거래를 통해 발생하는 가치이며, 사용가치는 어떤 상품을 사용할 때 느끼는 가치이다. 전자가 시장에서 결정된다는 점에서 객관적이라면, 후자는 개인에 따라 다르다는 점에서 주관적이다. 상품에는 사용가치와 교환가치가 섞여 있는데, 교환가치가 아무리 높아도 '나'에게 사용가치가 없다면 해당 상품을 구매하지 않을 것이다.
> 하지만 이 같은 상식이 통하지 않는 경우를 종종 볼 수 있다. 예를 들어 보자. 인터넷 커뮤니티에서 백만 원짜리 공연 티켓을 판매하는데, 어떤 사람이 "이 공연의 가치는 돈으로 환산할 수 없어요." 등의 댓글들을 보고서 애초에 관심도 없던 이 공연의 티켓을 샀다. 그에게 그 공연의 사용가치는 처음에는 없었으나 많은 댓글로 인해 사용가치가 있을 것으로 잘못 판단한 것이다. 안타깝게도, 그는 그 공연에서 조금도 만족하지 못했다.
> 이 사례에서 볼 때 건강한 소비를 위해서는 구매하려는 상품의 사용가치가 어떤 과정을 거쳐 결정된 것인지 곰곰이 생각해 봐야 한다. '나'에게 얼마나 필요한가에 대한 고민 없이 다른 사람들의 말에 휩쓸려 어떤 상품의 사용가치가 결정될 때, 그 상품은 '나'에게 쓸모없는 골칫덩이가 될 수 있다.

① 사용가치보다 교환가치가 큰 상품을 구매해야 한다.
② 상품을 구매할 때 사용가치와 교환가치를 두루 고려해야 한다.
③ 상품에 대한 다른 사람들의 평가를 반영해서 상품을 구매해야 한다.
④ 상품을 구매할 때 사용가치가 자신의 필요에 의해 결정된 것인지 신중하게 따져야 한다.

02

정답 설명
④ 중심 화제인 '사용가치'를 포함하면서 문단별 중심 내용을 포괄하는 주제로는 ④가 적절하다.

오답 분석
① '사용가치보다 교환가치가 큰 상품을 구매해야 한다.'는 본문의 내용과 다르기 때문에 주제문이 될 수 없다.
② '상품을 구매할 때 사용가치와 교환가치를 두루 고려해야 한다.'는 본문의 내용과 다르다. 본문의 내용은 '사용가치'를 잘 따져보고 구매하라는 것이다.
③ '상품에 대한 다른 사람들의 평가를 반영해서 상품을 구매해야 한다.'는 본문의 내용과 상반된다.

03 다음 글의 주장으로 가장 적절한 것은?

우리에게 친숙한 동물들의 사소한 행동을 살펴보면 그들이 자신의 환경을 개조한다는 것을 알 수 있다. 가장 단순한 생명체는 먹이가 그들에게 헤엄쳐 오게 만들고, 고등 동물은 먹이를 구하기 위해 땅을 파거나 포획 대상을 추적하기도 한다. 이처럼 동물들은 자신의 목적을 위해 행동함으로써 환경을 변형시킨다. 이러한 생존 방식을 흔히 환경에 적응하는 것으로 설명한다. 그러나 이러한 설명은 생명체들이 그들의 환경 개변(改變)에 능동적으로 행동한다는 중요한 사실을 놓치고 있다.

가장 고등한 동물인 인간도 다른 생명체와 마찬가지로 생존이나 적응을 넘어서 환경에 대해 적극성을 보인다. 이는 인간의 세 가지 충동 — 사는 것, 잘 사는 것, 더 잘 사는 것 — 으로 인하여 가능하다. 잘 살기 위한 노력은 순응적이기보다는 능동적인 모습으로 나타나게 된다. 인간도 생명체이다. 더 잘 살기 위해서는 환경에 순응할 수만은 없다.

① 인간은 환경에 적응해 왔다.
② 삶의 기술은 생존을 위한 것이다.
③ 생명체는 환경을 능동적으로 변형한다.
④ 인간은 잘 사는 것을 삶의 목표로 한다.

정답 설명

③ 1문단과 2문단의 중심 내용은 동물과 인간 모두 환경을 개조·변화시킨다는 것이므로, 글의 주장으로 가장 적절한 것은 '생명체가 환경을 능동적으로 변형한다'는 것임을 알 수 있다.

오답 분석

① 2문단을 통해 인간은 환경에 대한 적응을 넘어서 능동적으로 환경을 변화시키는 존재임을 알 수 있다.

② 1문단에서 동물들이 환경을 변형하는 삶의 기술을 통해 생존한다는 것을 알 수 있지만, 이를 글의 주장으로 볼 수는 없다.

④ 2문단을 통해 인간의 목표가 '잘 사는 것'이라는 것을 파악할 수는 있지만 글 전체의 내용을 담고 있지 않으므로 글의 주장이 될 수 없다.

04 다음 글의 중심 내용으로 가장 적절한 것은?

> 지질학에서는 암석의 상대적 나이를 파악하기 위한 몇 개의 법칙이 있다. 우선, '누중의 법칙'은 먼저 쌓인 지층이 아래에 있고, 나중에 쌓인 지층이 뒤집어지지 않는 한, 먼저 쌓인 층의 위에 쌓인다는 법칙이다. 이 법칙은 퇴적층의 두 가지 원리, '지층 수평성의 원리'와 '측방 연속성의 원리'를 이해하면 분명해진다.
>
> 지층 수평성의 원리는 퇴적암의 지층은 수평으로 쌓인다는 원리다. 바닥이 솟아나거나 움푹 깊어진 곳이 있다고 하더라도 규모가 작으면 퇴적층에 묻히고, 크면 그런 곳에 쌓인 퇴적층으로 인해 바닥은 수평이라고 보아도 될 정도로 평탄해진다. 측방 연속성의 원리는 수평으로 쌓인 지층은 하계상황 — 퇴적층이 점차 얇아져 없어지거나, 크기가 다른 지층으로 변하거나, 퇴적 지역을 제한하는 해안선 같은 장애물을 만나는 것 — 을 만나지 않는 한 옆으로 계속된다는 원리이다. 나아가 이 법칙을 통해 퇴적 현상이 연속되면 시간도 연속된다는 것을 알 수 있다.
>
> '관입의 법칙'은 화강암처럼 깊은 곳에서 만들어지는 암석이 둘레에 있는 암석 속으로 파고 들어가는 것을 말한다. 암석이 암석을 파고 들어간다는 것이 이상하게 들리겠지만 사실이다. 예를 들어 지하 깊은 곳에서는 열과 압력이 높아 암석들이 녹아 액체 상태가 된다. 암석이 녹은 액체를 마그마라고 하는데, 그것이 둘레의 약한 암석을 뚫고 들어가는 현상이 관입이다. 이것은 관입 당한 암석과 관입한 암석 사이에 시간의 선후 관계를 밝혀준다.
>
> 한편 지층 사이에 긴 시간의 간격이 있다는 것을 어떻게 알 수 있을까? 맞닿아 있는 두 지층의 관계를 보아 알 수 있다. 상하 두 지층의 구조가 뚜렷이 다르면 부정합을 생각해야 한다. 아래층은 70℃ 정도로 경사진 반면 위의 지층이 거의 수평이라면, 이 두 지층은 연속으로 쌓인 것이 아니다. 그리고 아래 지층이 조산 운동으로 습곡된 다음 융기해 침식되고, 침강한 후 위의 지층이 퇴적되는데 이 두 지층 사이에 자갈층이 형성되어 있다면 긴 시간 동안 퇴적이 중단된 증거이다. 또한, 두 지층에서 화석들의 생존 시기가 현저히 다르다면 그 두 지층의 퇴적 시기가 현저히 다르다고 봐야 한다. 이런 원리들을 통해 우리는 지층 구조가 어떤 과정을 거쳐 현재의 모습이 되었는지 추정할 수 있게 된다.

① 화강암 분포 지역의 지질학적 특징
② 융기와 침강의 반복으로 인한 지층의 모양 변화
③ 상대 연령과 지층 사이 간격을 통해 지질을 추정하는 원리
④ 마그마를 통해 암석 간의 선후 관계를 파악하는 방법

04

정답 설명
③ 제시문은 '지층 수평성의 원리'와 '측방 연속성의 원리', '관입의 법칙', '부정합' 등을 언급하며, 지질 구조를 분석하여 지층의 나이를 상대적으로 해석하는 방법에 대해 설명하고 있다. 따라서 제시문의 중심 내용으로 가장 적절한 것은 ③이다.

오답 분석
① ② 제시문에서 찾아볼 수 없는 내용이다.
④ 3문단에서 확인할 수 있으나, 제시문의 중심 내용이 아닌 세부 내용에 해당한다.

2024. 군무원 9급

우리는 건축가가 된 다음에 집을 짓거나, 거문고 연주가가 된 다음에 거문고를 타게 되는 것은 아니다. 집을 지어봄으로써 건축가가 되고, 거문고를 타봄으로써 거문고 연주가가 되는 것이다. 마찬가지로 우리는 옳은 행위를 함으로써 옳게 되고, 절제 있는 행위를 함으로써 절제 있게 되며, 용감한 행위를 함으로써 용감하게 되는 것이다.

그런데 (㉠) 실천은 성향이 되고 성향은 습관이 될 때 비로소 성품이 탄생하게 되는 것이다. 남과 사귀는 과정에서 우리가 늘 행하는 행위에 의해 우리는 올바른 사람이 되거나 옳지 못한 사람이 되며, 또 위험과 맞닥뜨렸을 때 무서워하거나 태연한 마음을 지니거나 하는 습관을 얻게 됨으로써 혹은 용감한 이가 되고 혹은 겁쟁이가 된다. 욕망이나 분노 같은 것도 이와 마찬가지이다. 즉 자기가 당한 처지에서 어떻게 행동하는가에 따라, 절제 있고 온화한 사람이 되기도 하고 혹은 방종하고 성미 급한 사람이 되기도 한다.

05 ㉠에 들어갈 문장으로 가장 적절한 것은?

① 바늘허리에 실을 매어 쓸 수는 없다.
② 사공이 많으면 배가 산으로 가는 법이다.
③ 산에 가야 범을 잡고 물에 가야 고기를 잡는다.
④ 제비가 한 마리 날아왔다고 봄이 오는 것이 아니다.

06 위 글의 제목으로 가장 적절한 것은?

① 상황 판단의 합리성
② 올바른 성품의 중요성
③ 실천과 습관의 중요성
④ 자기반성과 자아실현의 의의

05
정답 설명
④ 성품은 인간에게 본성적으로 갖추어져 있는 것이 아니라, 부단한 실천을 통한 '습관'의 결과로 형성되는 것이다. '제비가 한 마리 날아왔다고 봄이 오는 것이 아니다'라는 말처럼 속단(速斷)하지 말고 꾸준히 노력해야 함을 말하고 있다.

06
정답 설명
③ 실천과 습관의 중요성에 대해 언급하고 있다.

민숙쌤의 독해 비법

1. 문제를 효과적으로 푸는 방법

① 선택지를 통해 눈에 띄는 용어를 체크한다.

② 확인한 용어들을 지문에서 찾아 표시한다는 생각으로 지문을 읽는다.

- 두 개념의 차이점을 나타내는 경우, 서로 다른 표시를 하면서 읽는다.

- 3개 이상의 대상을 분류하는 경우, 서로 다른 표시를 하면서 읽는다.

- '~달리, ~에 비해'와 같은 표현은 (   )로 표시하여 내용을 이해하는 데 헷갈리지 않게 한다.

- 예를 드는 문장은 [   ]로 표시하여 글의 구조가 잘 보이게 한다.

- 내용 일치를 묻는 경우, 예를 드는 부분보다는 추상적,일반적 설명에 대한 옳고 그름을 판단하는 문제가 많기 때문에 예시 문장을 표시한 [   ]를 제외하면 글의 양을 줄일 수 있는 효과가 있다.

- 지문을 읽으면서 옳고 그름을 판단할 수 있는 것들은 모두 해결한다.

③ 고난도의 지문일 경우, 선택지의 주요 단어들을 지문에서 찾고 그 단어가 포함된 문장에 밑줄을 친 후, 선택지에 해당하는 내용과 비교하여 다음 3가지를 확인한다.

- 찾은 지문의 내용이 대체적으로 선택지와 비슷함 → o

- 찾은 지문의 내용이 선택지와 반대되는 내용이나, 대조적 단어를 사용하고 있음 → x

- 찾은 지문의 내용에 선택지에서 설명하지 않은 단어나 개념이 있음 → x

2. 출제자들이 선택지를 만드는 방식

① 적절하지 않은 단어 사용

- 설명의 내용이 반대인 경우

> 예 | 방바닥 쪽의 차가운 공기는 온돌에 의해 따뜻하게 데워지므로 위로 올라가고, 위로 올라간 공기가 다시 식으면 아래로 내려와 다시 데워져 위로 올라가는 대류 현상으로 인해 결국 방 전체가 따뜻해진다.

대류 현상은 따듯하게 데워진 공기가 아래로 내려가고 찬 공기가 위로 올라가는 현상이다.(x)

→ 대류 현상은 따뜻하게 데워진 공기가 위로 올라가고 찬 공기가 아래로 내려가는 현상이다.(o)

- 설명하는 용어가 바뀐 경우

> 예 | 과학 혁명 이전 아리스토텔레스 철학은 로마 가톨릭교의 정통 교리와 결합되어 있었기 때문에 오랜 시간 동안 지배적인 영향력을 발휘하였다. 천문 분야 또한 예외는 아니었다. 아리스토텔레스의 세계관을 따라 우주의 중심은 지구이며, 모든 천체는 원운동을 하면서 지구의 주위를 공전한다는 천동설이 정설로 자리 잡고 있었다.

과학 혁명 이전 시기에는 지동설이 정설로 받아들여졌다.(x)

→ 과학 혁명 이전 시기에는 천동설이 정설로 받아들여졌다.(o)

- 서술어 부정

> 예 | 매스미디어는 여론 형성에 중요한 역할을 한다. 여론이란 사회 내의 공동 구성체가 갖게 되는 집단적인 의식을 말한다. 이러한 집단 의식 형성에 지대한 영향을 미치는 것이 매스 미디어이다.

매스미디어는 많은 사람들의 의견을 형성하는 데 역할이 크지 않다.(x)

→ 매스미디어는 많은 사람들의 의견을 형성하는 데 역할이 크다.(o)

② 원인과 결과 왜곡

> 예 | 육상에 올라와 있는 빙하와 러시아나 캐나다의 영구동토층 등이 녹아서 바다로 흘러드는 것이 전체 해수량을 늘려 해수면 상승에 기여하고, 수온 상승으로 인해 바닷물의 밀도가 낮아져 부피가 증가하는 열팽창으로 수면이 높아지게 된다.

바닷물의 밀도가 낮아지면 수온이 상승하여 해수면 상승이 일어난다.(x)

→ 수온이 상승하여 바닷물의 밀도가 낮아지면 해수면 상승이 일어난다.(o)

③ '만', '도', '모두'와 같은 강조어를 사용하는 경우

> **예** 원작 소설과 각색 영화 사이에는 이야기가 전달되는 방식에서 큰 차이가 발생한다. 소설은 시공간의 얽매임을 받지 않아 이야기를 서술하는 데 다양한 표현 수단을 사용할 수 있지만, 영화는 모든 것을 직접적인 감각성에 의존한 영상과 음향으로 표현해야 하기 때문에 재현이 어려운 심리적 갈등이나 내면 묘사 내적 독백 등을 소설과 다른 방식으로 나타내야 한다.

원작 소설과 각색 영화는 사건의 전달 방식만 차이점을 지니고 있다.(x)

→ 원작 소설과 각색 영화는 사건의 전달 방식에서 차이점을 지니고 있다.(o)

> **예** 적정한 기온은 포도주 생산 가능 여부뿐 아니라 생산된 포도주의 질을 결정하는 중요한 요인이다. 고급 포도주 주요 생산지는 보르도나 부르고뉴처럼 너무 덥지도 않고 너무 춥지도 않은 곳이다. 다만 달콤한 백포도주의 경우는 샤토 디켐(Château d'Yquem)처럼 뜨거운 여름 날씨가 지속하는 곳에서 명품이 만들어진다.

고급 포도주는 모두 덥지도 춥지도 않은 곳에서 재배된 포도로 만들어졌다.(x)

→ 고급 포도주는 주로 덥지도 춥지도 않은 곳에서 재배된 포도로 만들어졌다.(o)

대표 문제로 유형 체크

01 다음 글을 이해한 내용으로 적절하지 않은 것은?

2023. 지방직 9급

① 문제 확인 · ② 지문 구조 파악 - 분류

고소설의 유통 방식은 '구연에 의한 유통'과 '문헌에 의한 유통'으로 나눌 수 있다. 구연에 의한 유통은 구연자가 소설을 사람들에게 읽어주는 방식으로, 글을 모르는 사람들과 글을 읽을 수 있지만 남이 읽어 주는 것을 선호하는 이들을 대상으로 이루어졌다. 구연자는 전기수로 불렸으며, 소설 구연을 통해 돈을 벌던 전문적 직업인이었다. 하지만 이 방식은 문헌에 의한 유통에 비해 시간과 공간의 제약이 많아서 유통 범위를 넓히는 데 뚜렷한 한계가 있다.

문헌에 의한 유통은 차람, 구매, 상업적 대여로 나눌 수 있다. 차람은 소설을 소유하고 있는 사람에게 직접 빌려서 보는 것으로, 알고 지내던 개인들 사이에서 이루어졌다. 구매는 서적 중개인에게 돈을 지불하고 책을 사는 것인데, 책값이 상당히 비쌌기 때문에 소설을 구매할 수 있는 사람은 그리 많지 않았다. 상업적 대여는 세책가에 돈을 지불하고 일정 기간 동안 소설을 빌려 보는 것이다. 세책가에서는 소설을 구매하는 것보다 훨씬 적은 비용으로 빌려 볼 수 있었기 때문에 경제적으로 넉넉하지 않은 사람도 소설을 쉽게 접할 수 있었다. 이로 인해 조선 후기 사회에서 세책가가 성행하게 되었다.

□ : ⓐ 중요 정보에 해당하는 부분을 중심으로 보기

① 전기수는 글을 모르는 사람들에게 소설을 구연하였다.
② 차람은 알고 지내던 사람에게 대가를 지불하고 책을 빌려보는 방식이다.
③ 문헌에 의한 유통은 구연에 의한 유통에 비해 시간과 공간의 제약이 적었다.
④ 조선 후기에 세책가가 성행한 원인은 소설을 구매하는 비용보다 세책가에서 빌리는 비용이 적다는 데 있다.

③ 선택지 중요 정보 파악

정답 설명 ② 2문단 1~2번째 줄에 '차람'은 아는 사람에게 소설을 직접 빌려서 보는 것이라고 설명하였는데, 이때 대가를 지불하였는지는 제시문에서 확인할 수 없다.

오답 분석 ① 1문단에서 '전기수'는 글을 모르는 사람들에게 소설을 구연하는 사람이라고 하였다.
③ 1문단 마지막 문장에서 구연에 의한 유통 방식은 문헌에 의한 유통에 비해 시간과 공간의 제약이 많았다고 설명한다. 이는 곧 문헌에 의한 유통이 구연에 의한 유통에 비해 시간과 공간의 제약이 적었다는 것을 의미한다.
④ 2문단에서 소설을 구매하는 것보다 훨씬 적은 비용으로 책을 빌려 볼 수 있어 세책가가 성행하였음을 알 수 있다.

02 다음 글의 내용과 부합하지 않는 것은?

2018. 국가직 9급

세잔이, 인상주의자들에게 사라졌다고 느낀 것은 균형과 질서의 감각이다. 인상주의자들은 순간순간의 감각에만 너무 사로잡힌 나머지 자연의 굳건하고 지속적인 형태는 소홀히 했다고 느꼈던 것이다. 반 고흐는 인상주의가 시각적 인상에만 집착하여 빛과 색의 광학적 성질만을 탐구한 나머지 미술의 강렬한 정열을 상실하게 될 위험에 처했다고 느꼈다. 마지막으로 고갱은 그가 본 인생과 예술 전부에 대해 철저하게 불만을 느꼈다. 그는 인상주의자보다 더 단순하고 더 솔직한 것을 열망했고 그것을 원시인들 속에서 발견할 수 있으리라고 기대했다. 이 세 사람의 화가가 모색했던 제각각의 해법은 세 가지 현대 미술 운동의 이념적 바탕이 되었다. 세잔의 해결 방법은 프랑스에 기원을 둔 입체주의(cubism)를 일으켰고, 반 고흐의 방법은 독일 중심의 표현주의(expressionism)를 일으켰다. 고갱의 해결 방법은 다양한 형태의 프리미티비즘(primitivism)을 이끌어 냈다.

└─● 세 사람의 공통점

① 세잔은 인상주의가 균형과 질서의 감각을 잃었다고 생각했다.
② 고흐는 인상주의가 강렬한 정열을 상실한 위험에 처했다고 생각했다.
③ 고갱은 인상주의가 충분히 솔직하고 단순했다고 생각했다.
④ 세잔, 고흐, 고갱은 인상주의의 문제를 극복하고자 각자 새로운 해결 방법을 모색했다.

정답 설명 ③ 고갱은 당시의 예술 경향인 인상주의에 대해 불만을 느꼈으며, 더 단순하고 솔직한 것을 원했다는 것을 제시문을 통해 알 수 있다.

엄선 문제로 실력 향상

01 다음 글을 이해한 내용으로 가장 적절한 것은?   2023. 국가직 9급

> 루카치는 그리스 세계를 신과 인간의 결합 정도를 가리키는 '총체성' 개념을 기준으로 세 시대로 구분하였다. 첫 번째 시대에서 후대로 갈수록 총체성의 정도는 낮아진다. 첫째는 총체성이 완전히 구현되어 있는 '서사시의 시대'이다. 호메로스의 『일리아드』와 『오디세이아』에서는 신과 인간의 세계가 하나로 얽혀있다. 인간들이 그리스와 트로이 두 패로 나뉘어 전쟁을 벌일 때 신들도 인간의 모습을 하고 두 패로 나뉘어 전쟁에 참여했다. 둘째는 '비극의 시대'이다. 소포클레스나 에우리피데스의 비극에서는 총체성이 흔들려 신과 인간의 세계가 분리된다. 하지만 두 세계가 완전히 분리되지는 않고 신탁이라는 약한 통로로 이어져 있다. 비극에서 신은 인간의 행위에 직접 개입하지 않고 신탁을 통해서 자신의 뜻을 그저 전달하는 존재로 바뀐다. 셋째는 플라톤으로 대표되는 '철학의 시대'이다. 이 시대는 이미 계몽된 세계여서 신탁 같은 것은 신뢰할 수 없게 되었다. 신과 인간의 세계가 완전히 분리됨으로써 신의 세계는 인격적 성격을 상실하여 '이데아'라는 추상성의 세계로 바뀐다. 신의 세계와 인간의 세계는 그 사이에 어떤 통로도 존재할 수 없는, 절대적으로 분리된 세계가 되었다.

① 계몽사상은 서사시의 시대에서 철학의 시대로의 전환을 이끌었다.
② 플라톤의 이데아는 신탁이 사라진 시대의 비극적 세계를 표현한다.
③ 루카치는 각기 다른 기준에 따라 그리스 세계를 세 시대로 구분하였다.
④ 에우리피데스의 비극에 비해 『오디세이아』에서는 신과 인간의 결합 정도가 높다.

01
정답 설명
④ 제시문은 신과 인간의 결합 정도를 가리키는 총체성을 기준으로 그리스 세계를 '서사시의 시대 → 비극의 시대 → 철학의 시대'와 같이 구분할 수 있으며, 후대로 갈수록 총체성이 낮아진다고 하였다. 에우리피데스의 비극은 '비극의 시대'에 해당하고, 오디세이아는 '비극의 시대'보다 앞선 '서사시의 시대'에 해당하므로, 에우리피데스의 비극에 비해 오디세이아에서 신과 인간의 결합 정도가 더 높다는 ④의 설명은 제시문을 이해한 내용으로 적절하다.

오답 분석
① 끝에서 3~4번째 줄에 따르면 '철학의 시대'는 이미 계몽된 세계여서 신탁 같은 것을 신뢰할 수 없게 되었다. 이를 통해 계몽 사상은 '서사시의 시대'가 아닌 '비극의 시대'에서 '철학의 시대'로의 전환을 이끌었다는 것을 알 수 있다.
② 끝에서 2~3번째 줄에 따르면 '철학의 시대'에서 신의 세계는 '이데아'라는 추상성의 세계로 바뀌었음을 알 수 있다. 따라서 플라톤의 이데아는 추상적인 신의 세계를 표현한 것이다.
③ 1~2번째 줄에 따르면 루카치는 총체성이라는 동일한 기준으로 그리스 세계를 세 시대로 구분하였다.

02 다음 글을 통해서 답을 찾을 수 없는 질문은?

2017. 지방직 9급

해안에서 밀물에 의해 해수가 해안선에 제일 높게 들어 온 곳과 썰물에 의해 제일 낮게 빠진 곳의 사이에 해당하는 부분을 조간대라고 한다. 지구상에서 생물이 살기에 열악한 환경 중 한 곳이 바로 이 조간대이다. 이곳의 생물들은 물에 잠겨 있을 때와 공기 중에 노출될 때라는 상반된 환경에 삶을 맞춰야 한다. 또한 갯바위에 부서지는 파도의 파괴력도 견뎌내야 한다. 또한 빗물이라도 고이면 민물이라는 환경에도 적응해야 하며, 강한 햇빛으로 바닷물이 증발하고 난 다음에는 염분으로 범벅된 몸을 추슬러야 한다. 이러한 극단적이고 변화무쌍한 환경에 적응할 수 있는 생물만이 조간대에서 살 수 있다.

조간대는 높이에 따라 상부, 중부, 하부로 나뉜다. 바다로부터 가장 높은 곳인 상부는 파도가 강해야만 물이 겨우 닿는 곳이다. 그래서 조간대 상부에 사는 생명체는 뜨거운 태양열을 견뎌내야 한다. 중부는 만조 때에는 물에 잠기지만 간조 때에는 공기 중에 노출되는 곳이다. 그런데 물이 빠져 공기 중에 노출되었다 해도 파도에 의해 어느 정도의 수분은 공급된다. 가장 아래에 위치한 하부는 간조시를 제외하고는 항상 물에 잠겨 있다. 땅위 환경의 영향을 적게 받는다는 점에선 다소 안정적이긴 해도 파도의 파괴력을 이겨내기 위해 강한 부착력을 지녀야 한다는 점에서 생존이 쉽지 않은 곳이다.

조간대에 사는 생물들은 불안정하고 척박한 바다 환경에 적응하기 위해 높이에 따라 수직으로 종이 분포한다. 조간대를 찾았을 때 총알고둥류와 따개비들을 발견했다면 그곳이 조간대에서 물이 가장 높이 올라오는 지점인 것이다. 이들은 상당 시간 물 밖에 노출되어도 수분 손실을 막기 위해 패각과 덮개판을 꼭 닫은 채 물이 밀려올 때까지 버텨낼 수 있다.

① 조간대에서 총알고둥류가 사는 곳은 어느 지점인가?
② 조간대의 중부에 사는 생물에는 어떠한 것이 있는가?
③ 조간대에서 높이에 따라 생물의 종이 수직으로 분포하는 이유는 무엇인가?
④ 조간대에 사는 생물들이 견뎌야 하는 환경적 조건에는 어떠한 것이 있는가?

02

정답 설명
② 조간대의 중부에 사는 생물에 대한 내용은 제시되지 않았다.

오답 분석
① 3문단의 '조간대를 찾았을 때 총알고둥류와 따개비들을 발견했다면 그곳이 조간대에서 물이 가장 높이 올라오는 지점인 것이다'를 통해 총알고둥류는 조간대의 상부에 서식한다는 것을 알 수 있다.
③ 2문단을 통해 생물의 종이 수직으로 분포하는 이유는 조간대 각 부분의 환경적 조건 차이가 크기 때문임을 알 수 있다.
④ 1문단을 통해 조간대 생물들이 견뎌야 하는 환경적 조건을 알 수 있다.

03 다음 글에 대한 이해로 적절하지 않은 것은?

> 아동이 부모의 소유물 또는 종족의 유지나 국가의 방위를 위한 수단으로 간주되었던 전근대사회에서는 아동의 권리에 대한 인식이 존재하지 않았다. 산업혁명으로 봉건제도가 붕괴되고 자본주의가 탄생한 근대사회에 이르러 구빈법에 따른 국가 개입과 민간 단체의 자발적인 참여로 아동보호가 시작되었다.
>
> 1922년 잽 여사는 아동권리사상을 담아 아동권리에 대한 내용을 성문화하였다. 이를 기초로 1924년 국제연맹에서는 전문과 5개의 조항으로 된 「아동권리에 관한 제네바 선언」을 채택하였다. 여기에는 "아동은 물질적으로나 정신적으로 정상적인 발달을 위해 필요한 조건이 충족되어야 한다."라든지 "아동의 재능은 인류를 위해 쓰인다는 자각 속에서 양육되어야 한다." 등의 내용이 포함되었다.
>
> 그러나 여기에서도 아동은 보호의 객체로만 인식되었을 뿐 생존, 보호, 발달을 위한 적극적인 권리의 주체로 인식되지는 않았다. 최근에 와서야 국제사회의 노력에 힘입어 아동은 보호되어야 할 수동적인 존재에서 자신의 권리를 주장할 수 있는 능동적인 존재로 자리매김할 수 있게 되었다. 1989년 유엔총회에서 채택된 「아동권리협약」이 그것이다.
>
> 우리나라는 이를 토대로 2016년 「아동권리헌장」 9개 항을 만들었다. 이 헌장은 '생존과 발달의 권리', '아동이 최선의 이익을 보장받을 권리', '차별받지 않을 권리', '자신의 의견이 존중될 권리' 등 유엔의 「아동권리협약」의 네 가지 기본 원칙을 포함하고 있다. 또한 전문에는 아동의 권리와 더불어 "부모와 사회, 국가와 지방자치단체는 아동의 이익을 최우선으로 고려해야 하며, 다음과 같은 아동의 권리를 확인하고 실현할 책임이 있다."라고 명시하여 아동을 둘러싼 사회적 주체들의 책임을 명확히 하였다.

① 아동의 권리에 대한 인식은 근대 이후에 형성되었다.

② 「아동권리헌장」은 「아동권리협약」을 토대로 만들어졌다.

③ 「아동권리에 관한 제네바 선언」, 「아동권리협약」, 「아동권리헌장」에는 모두 아동의 발달에 대한 내용이 들어가 있다.

④ 「아동권리에 관한 제네바 선언」은 아동을 적극적인 권리의 주체로 인식함으로써 아동의 권리에 대한 진전된 성과를 이루었다.

03

정답 설명

④ 3문단 1~2번째 줄 '그러나 여기에서도 아동은 보호의 객체로만 인식되었을 뿐 생존, 보호, 발달을 위한 적극적인 권리의 주체로 인식되지는 않았다.'의 '여기'는 「아동권리에 관한 제네바 선언」을 가리킨다. 이로 볼 때 「아동권리에 관한 제네바 선언」에서는 아직 아동을 적극적인 권리의 주체로 인식하지 못하고 있음을 알 수 있다. 그리고 이어지는 내용으로 보아 아동을 적극적인 권리의 주체로 인식하고 아동의 권리에 대한 진전된 성과를 이룬 것은 「아동권리협약」임을 알 수 있다.

오답 분석

① 1문단을 통해 근대 이후에 아동의 권리에 대한 인식이 형성되었음을 알 수 있다.

② 4문단의 '우리나라는 이를 토대로 2016년 「아동권리헌장」 9개 항을 만들었다'에서 '이'는 바로 앞 문장의 「아동권리협약」을 가리킨다. 따라서 「아동권리헌장」은 「아동권리협약」을 토대로 만들어졌음을 알 수 있다.

③ 2문단에서 「아동권리에 관한 제네바 선언」에는 '아동은 물질적으로나 정신적으로 정상적인 발달을 위해 필요한 조건이 충족되어야 한다.'라고 하였고, 3문단에서 「아동권리협약」을 통해 아동이 '생존, 보호, 발달을 위한 적극적인 권리의 주체', 즉 '자신의 권리를 주장할 수 있는 능동적인 존재로 자리매김할 수 있게 되었다'라고 하였다. 그리고 4문단에서 「아동권리헌장」에는 '생존과 발달의 권리'라는 기본 원칙이 있다고 하였다. 이로 보아 「아동권리에 관한 제네바 선언」, 「아동권리협약」, 「아동권리헌장」에는 모두 아동의 발달에 대한 내용이 들어가 있다고 할 수 있다.

04 다음 글의 내용과 일치하지 않는 것은?

> 블루투스(Bluetooth)는 무선 통신 기술 중 하나로, 짧은 거리에서 데이터를 주고받을 수 있는 표준 프로토콜을 말한다. 이 기술은 무선 이어폰, 스피커, 키보드, 마우스 등 다양한 전자 기기 간에 편리하고 안정적인 데이터 전송을 가능하게 한다.
>
> 블루투스는 낮은 전력 소비와 간편한 연결 설정을 특징으로 하는데, 기기 간의 페어링 과정을 통해 블루투스 장치들은 서로를 인식하고 안전한 통신 채널을 설정한다. 이를 통해 사용자는 휴대폰, 태블릿, 노트북 등과 블루투스 기기를 간편하게 연결하여 음악을 재생하거나 통화를 할 수 있는 것이다.
>
> 블루투스 기술은 주파수 대역인 2.4GHz를 이용하여 작동한다. 이 주파수 대역은 무선 통신에 많이 사용되며, 블루투스는 주파수 분할 다중 접속(Frequency Hopping Spread Spectrum, FHSS) 등의 방식을 사용하여 다른 기기들과의 간섭을 최소화한다. 블루투스는 주로 짧은 거리에서 작동하며, 일반적으로 10m(약 30피트) 내외의 범위에서 효과적으로 작동한다. 하지만 최근 긴 거리 전송에 대한 지원이 개선되기도 했다.
>
> 블루투스는 다양한 응용 분야에서 사용된다. 개인용 장치에서는 무선 이어폰, 스피커, 헤드셋, 스마트워치 등과의 연결을 통해 음악 감상, 통화, 건강 관리 등을 제공한다. 자동차에서는 핸즈프리 통화와 음악 재생을 위해 블루투스 기술을 사용하며, 가정용 전자제품에서는 키보드, 마우스, 프린터 등과의 무선 연결을 제공하고, 스마트 홈 장치에서도 제어와 통신에 활용된다.
>
> 블루투스는 지속적인 개발과 표준화를 통해 기능과 안정성을 향상시키고 있다. 최근에는 블루투스 Low Energy(BLE)라고도 불리는 저전력 블루투스가 등장하여 배터리 수명을 연장하면서도 무선 연결 기능을 제공하게 한다.
>
> 총체적으로, 블루투스는 무선 통신을 통해 기기들이 간편하게 연결되고 데이터를 주고받을 수 있는 표준 프로토콜로서, 다양한 전자 기기 간의 상호 작용과 편리한 사용자 경험을 가능하게 한다.

① 블루투스의 특징은 낮은 전력 소비와 간편한 연결 설정이다.

② 블루투스 기술은 주파수 대역인 2.4GHz를 이용하여 작동하며 해당 주파수 대역은 유선 통신에도 활발히 사용된다.

③ 블루투스의 다양한 응용 분야로는 개인용 장치, 자동차, 가정용 전자제품 등이 있다.

④ 블루투스는 지속적인 개발화와 표준화를 통해 기능과 안정성을 향상시키고 있으며 최근에는 저전력 블루투스가 등장하였다.

04

정답 설명

② 3문단에서 '블루투스 기술은 주파수 대역인 2.4GHz를 이용하여 작동한다.'를 통해 블루투스 기술의 주파수 대역은 2.4GHz임을 알 수 있다. 그러나 '이 주파수 대역은 무선 통신에 많이 사용되며'를 통해 해당 주파수 대역은 무선 통신에서 활발히 사용됨을 알 수 있다.

오답 분석

① 2문단에서 '블루투스는 낮은 전력 소비와 간편한 연결 설정을 특징으로 하는데'를 통해 적절한 설명임을 알 수 있다.

③ 4문단에서 '블루투스는 다양한 응용 분야에서 사용된다.', '개인용 장치에서는 ~', '자동차에서는 ~', '가정용 전자제품에서는 ~'을 통해 블루투스가 개인용 장치, 자동차, 가정용 전자제품에 사용됨을 알 수 있으므로 적절한 설명이다.

④ 5문단에서 '블루투스는 지속적인 개발과 표준화를 통해 기능과 안정성을 향상시키고 있다. 최근에는 블루투스 Low Energy(BLE)라고도 불리는 저전력 블루투스가 등장하여'를 통해 적절한 설명임을 알 수 있다.

해커스군무원 신민숙 쉬운국어 문학·비문학 필기노트

26 문제를 통해 보는
순서 배열하기

민숙쌤의 독해 비법

① 선택지를 통해 첫 문단이 될 수 있는 단락을 확인한다.

② 첫 단락에 접속어나 지시어는 올 수 없다.

③ 첫 문단을 찾는다.

   - 대체적으로 일반적이고 포괄적인 내용을 담고 있고, 사회적인 글인 경우 현실에서 일어나는 상황을 제시한다.

④ 첫 문단의 끝과 다음 단락은 꼬리잡기를 하면서 확인한다.

⑤ 첫 문단을 찾지 못하는 경우

   - 중간에 '선후 관계'가 명확하거나, '일반적 설명 - 예시'와 같이 순서를 배열할 수 있는 것들을 먼저 찾는다.

   - 제시된 내용을 2가지로 분류한다. (긍정, 부정의 내용 / 원칙-효과, 결과)

   - 중간 꼬리잡기를 할 수 있는 문단을 먼저 확보한다.

   - 단락 중에서 자연스럽게 연결될 수 있는 글을 먼저 최대한 찾는다.

⑥ 마지막 단락을 먼저 확인하는 것도 방법이 된다.

   - 대체적으로 마지막 단락은 해결책, 방안, 미래에 대한 예측, 앞에 제시된 내용에 대한 정리 등이다.

대표 문제로 유형 체크

01 다음 글을 문맥에 맞게 배열한 것으로 가장 적절한 것은?

> 분류②
>
> (가) 스마트카드는 마그네틱 스트립 카드와 동일하게 신용 카드에 활용되지만, 집적회로 칩이 내장되어 있어 연산 및 정보 저장 능력을 갖는 차이가 있다.
>
> (나) 플라스틱 카드는 뒷면에 자기의 특징을 지닌 띠를 두르고 있는 마그네틱 스트립 카드와 그보다 더 세밀하면서 다양한 기능을 가진 스마트카드로 분류할 수 있다.
>   └ 분류①
>
> (다) 오늘날에는 편의점, 대형 마트, 백화점뿐만 아니라 작은 슈퍼에서도 카드를 사용하는 사람이 많아졌다. 여기에는 플라스틱 카드 기술이 활용되었다.
>   화제 제시 - 첫 문단
>
> (라) 신용 카드, 현금 카드 등으로 사용할 수 있는 마그네틱 스트립 카드에는 신원 확인을 위해 사용자에게 고유 번호를 붙여 준다. 마그네틱 스트립에는 보편적으로 유효 기간, 사용 가능 금액, 카드 번호, 소유주 서명 등 약 200바이트 정도의 데이터가 저장될 수 있다.
>   └ 분류①

제시된 분류 순서대로 설명함
(나) - (라) - (가)

① (나) - (라) - (가) - (다)　　　　② (나) - (가) - (라) - (다)

③ (다) - (나) - (라) - (가)　　　　④ (다) - (나) - (가) - (라)

정답 설명　③ '(다) - (나) - (라) - (가)'의 순서가 가장 자연스럽다.

순서	중심 내용	순서 판단의 단서와 근거
(다)	플라스틱 카드 기술이 활용됨	중심 화제인 '플라스틱 카드'를 언급하며, 현상을 소개함
(나)	플라스틱 카드에는 마그네틱 스트립 카드와 스마트카드가 있음	'플라스틱 카드'의 종류를 설명함
(라)	마그네틱 스트립 카드의 특징	플라스틱 카드의 종류 중 첫 번째인 '마그네틱 스트립 카드'를 설명함
(가)	스마트카드의 특징	플라스틱 카드의 종류 중 두 번째인 '스마트카드'의 특징을 '마그네틱 스트립 카드'와 비교하여 설명함

ㄱ. 과학은 현재 있는 그대로의 실재에만 관심을 두고 그 실재가 앞으로 어떠해야 한다는 당위에는 관심을 가지지 않는다.

ㄴ. 그러나 각자 관심을 두지 않는 부분에 대해 상대방으로부터 도움을 받을 수 있기 때문에 상호보완적이라고 보는 것이 더 합당하다. ● ㅁ과 반대되는 내용

ㄷ. 과학과 종교는 상호 배타적인 것이 아니라 상호보완적이다. → 결론(정리하는 글)

ㄹ. 반면 종교는 현재 있는 그대로의 실재보다는 당위에 관심을 가진다. → ㄱ과 반대되는 내용

ㅁ. 이처럼 과학과 종교는 서로 관심의 영역이 다르기 때문에 배타적이라고 볼 수 있다.

● 앞의 내용(ㄱ~ㄹ)을 정리하는 접속어

① ㄱ – ㄹ – ㄴ – ㄷ – ㅁ 　　　　　② ㄱ – ㄹ – ㅁ – ㄷ – ㄴ

③ ㄷ – ㄱ – ㄹ – ㅁ – ㄴ 　　　　　④ ㄷ – ㄴ – ㄱ – ㄹ – ㅁ

정답 설명 ③ 'ㄷ – ㄱ – ㄹ – ㅁ – ㄴ'의 순서가 가장 자연스럽다.

순서	중심 내용	순서 판단의 단서와 근거
ㄷ	과학과 종교는 상호 배타적인 것이 아니라 상호 보완적임	지시어와 접속어로 시작되지 않고, '과학'과 '종교'를 모두 언급함
ㄱ	과학은 현재 있는 그대로의 실재에만 관심을 두고 당위에는 관심을 가지지 않음	중심 화제 중 '과학'에 대한 설명을 함
ㄹ	반면 종교는 현재 있는 그대로의 실재보다는 당위에 관심을 가짐	접속어 '반면': ㄱ의 내용과 상반되는 내용이 이어짐
ㅁ	이처럼 과학과 종교는 서로 관심의 영역이 다르기 때문에 배타적임	지시 표현 '이처럼': 과학과 종교가 배타적이라는 것을 가리키며 앞의 내용을 정리함
ㄴ	그러나 과학과 종교는 상호보완적이라고 보는 것이 더 합당함	접속어 '그러나': ㅁ의 내용을 반박하며 결론을 지음

엄선 문제로 실력 향상

01 다음 글을 논리적 순서로 배열한 것은?　　　　　2015. 국가직 9급

> ㄱ. 그 덕분에 인류의 문명은 발달될 수 있었다.
> ㄴ. 그 대신 사람들은 잠을 빼앗겼고 생물들은 생체 리듬을 잃었다.
> ㄷ. 인간은 오랜 세월 태양의 움직임에 따라 신체 조건을 맞추어 왔다.
> ㄹ. 그러나 밤에도 빛을 이용해 보겠다는 욕구가 관솔불, 등잔불, 전등을 만들어 냈고,
> 　 이에 따라 밤에 이루어지는 인간의 활동이 점점 많아졌다.

① ㄱ - ㄴ - ㄷ - ㄹ
② ㄴ - ㄱ - ㄹ - ㄷ
③ ㄷ - ㄹ - ㄱ - ㄴ
④ ㄹ - ㄷ - ㄴ - ㄱ

01
정답 설명
③ 'ㄷ - ㄹ - ㄱ - ㄴ'의 순서가 가장 자연스럽다.

순서	중심 내용	순서 판단의 단서와 근거
ㄷ	인간은 오랜 세월 태양의 움직임에 따라 신체 조건을 맞추어 왔음	가장 먼저 오는 문장으로는 지시어와 접속어로 시작되지 않는 ㄷ이 적절함
ㄹ	빛 도구의 개발로 밤에 이루어지는 인간의 활동이 점점 많아짐	접속어 '그러나': ㄷ의 내용과 상반되는 내용이 이어짐
ㄱ	인간의 밤 활동이 많아짐으로 인한 장점	지시 표현 '그 덕분에': '그'는 ㄹ의 인간의 밤 활동이 많아진 사실을 가리킴
ㄴ	인간의 밤 활동이 많아짐으로 인한 단점	지시 표현 '그 대신': '그'는 ㄱ의 인간의 밤 활동이 많아지면서 얻은 장점을 가리킴

02 ⑦ ~ ⑩의 전개 순서로 가장 자연스러운 것은?

2021. 국가직 9급

폭설, 즉 대설이란 많은 눈이 시간적, 공간적으로 집중되어 내리는 현상을 말한다.

⑦ 그런데 눈은 한 시간 안에 5cm 이상 쌓일 수 있어 순식간에 도심 교통을 마비시키는 위력을 가지고 있다.

⑥ 또한, 경보는 24시간 신적설이 20cm 이상 예상될 때이다.

⑤ 다만, 산지는 24시간 신적설이 30cm 이상 예상될 때 발령된다.

② 이때 대설의 기준으로 주의보는 24시간 새로 쌓인 눈이 5cm 이상이 예상될 때이다.

⑩ 이뿐만 아니라 운송, 유통, 관광, 보험을 비롯한 서비스 업종과 사회 전반에 영향을 미친다.

① ⑦ - ⑩ - ⑥ - ⑤ - ②
② ⑦ - ② - ⑩ - ⑤ - ⑥
③ ② - ⑥ - ⑤ - ⑦ - ⑩
④ ② - ⑦ - ⑩ - ⑤ - ⑥

02

정답 설명

③ '② - ⑥ - ⑤ - ⑦ - ⑩'의 순서가 가장 자연스럽다.

순서	중심 내용	순서 판단의 단서와 근거
첫 문장	대설(폭설)의 정의	-
②	대설 주의보의 기준	앞서 설명한 '대설'의 개념에 더하여 '대설 주의보'의 기준을 설명하고 있음
⑥	대설 경보의 기준	접속어 '또한': ②에서 설명한 '대설 주의보'의 기준에 이어 '대설 경보'의 기준을 설명함
⑤	산지에서의 대설 경보의 기준	접속어 '다만': ⑥의 설명에 예외적인 사항을 덧붙임
⑦	눈의 위력 1: 도심 교통을 마비시킴	접속어 '그런데': 화제를 앞 내용과 관련시키면서 내용을 다른 방향으로 이끌어 나감
⑩	눈의 위력 2: 서비스 업종과 사회 전반에 영향을 미침	접속 표현 '이뿐만 아니라': ⑦에서 설명한 내용에 덧붙여 또 다른 눈의 위력에 대해 설명함

03 다음 문장들을 논리적 순서로 배열할 때 가장 적절한 것은?

> ⓐ '논밭'이나 '큰형'과 같은 단어는 우리말의 정상적인 단어 배열과 같으므로 통사적 합성어라 하고, '날뛰다'와 같은 단어는 우리말의 정상적인 단어 배열인 '날고 뛰다'와 다르게 나타나므로 비통사적 합성어라고 한다.
> ⓛ 반면 후자는 접사(接辭)와 어근이 결합한 형태로 '풋사과, 선머슴, 개살구' 등이 있다.
> ⓒ 국어의 단어에는 하나의 어근으로 이루어진 단일어(單一語)와 어근이 둘 이상 결합하거나 어근과 접사가 결합하여 이루어진 복합어(複合語)가 있다.
> ⓔ 전자는 어근과 어근이 결합한 형태로, '논밭, 큰형, 날뛰다' 등을 예로 들 수 있다.
> ⓜ 복합어는 결합하는 구성 요소에 따라 다시 합성어(合成語)와 파생어(派生語)로 나뉜다.

① ⓛ - ⓔ - ⓒ - ⓐ - ⓜ
② ⓒ - ⓐ - ⓜ - ⓛ - ⓔ
③ ⓒ - ⓜ - ⓔ - ⓐ - ⓛ
④ ⓜ - ⓐ - ⓒ - ⓔ - ⓛ

03

정답 설명

③ 'ⓒ - ⓜ - ⓔ - ⓐ - ⓛ'의 순서가 가장 자연스럽다.

순서	중심 내용	순서 판단의 단서와 근거
ⓒ	국어의 단어에는 단일어와 복합어가 있음	핵심 화제인 '단일어와 복합어'를 모두 언급하고 있으므로 가장 처음에 오는 것이 적절함
ⓜ	복합어는 합성어와 파생어로 나뉨	키워드 '복합어': ⓒ에서 언급된 키워드가 반복됨
ⓔ	전자(합성어)의 정의와 예	지시어 '전자': ⓜ에서 언급된 합성어를 가리킴
ⓐ	합성어의 종류: 통사적 합성어와 비통사적 합성어	키워드 '논밭, 큰형, 날뛰다': ⓔ에서 제시된 예시를 합성어의 하위 분류를 적용하여 구분
ⓛ	후자(파생어)의 정의와 예	• 접속어 '반면': 앞의 ⓔ, ⓐ에 제시된 '전자(합성어)'와 상반되는 키워드 '후자(파생어)'를 제시함 • 지시어 '후자': ⓜ에서 언급된 파생어를 가리킴

04 다음 글에서 (가)~(다)의 순서를 자연스럽게 배열한 것은?

2023. 국가직 9급

> 빅데이터가 부각된다는 것은 기업들이 빅데이터의 가치를 받아들이기 시작했다는 뜻이다. 여기에는 기업들이 데이터를 바라보는 시각이 변한 측면도 있다.
>
> (가) 기업들은 고객이 판촉 활동에 어떻게 반응하고 평소에 어떻게 행동하며 사물에 대해 어떤 태도를 보이는지 알기 위해 많은 돈을 투자해 마케팅 조사를 해 왔다.
>
> (나) 그런 상황에서 기업들은 SNS나 스마트폰 등 새로운 데이터 소스로부터 그러한 궁금증과 답답함을 해결할 수 있다는 것을 알게 되었다. 페이스북에 올리는 광고에 친구가 '좋아요'를 한 것에서 기업들은 궁금증과 답답함을 해결할 수 있다.
>
> (다) 그런데 기업들의 그런 노력이 효과가 있는 경우도 있었으나 아쉬운 점도 많았다. 쉬운 예로, 기업들은 많은 광고비를 쓰지만 그 돈이 구체적으로 어느 부분에서 효과를 내는지는 알지 못했다.
>
> 결국 데이터가 있는 곳에서 기업들은 점점 더 고객의 취향에 집중할 수 있게 되었으며, 이에 따라 기업들은 소셜미디어의 빅데이터를 중요한 경영 수단으로 수용하기 시작한 것이다.

① (가) - (나) - (다)
② (가) - (다) - (나)
③ (나) - (가) - (다)
④ (다) - (나) - (가)

04

정답 설명

② '(가) - (다) - (나)'의 순서가 가장 자연스럽다.

순서	중심 내용	순서 판단의 단서와 근거
첫 문단	기업들이 데이터를 바라보는 시각이 변화하며 빅데이터의 가치가 부각됨	-
(가)	기업이 많은 돈을 투자해 마케팅 조사를 하는 이유가 드러남	첫 문단의 내용에 이어서 빅데이터의 가치가 부각되기 전, 기업의 마케팅 상황에 대해 설명함
(다)	어느 부분에서 효과를 내는지 알 수 없는 기업의 마케팅에 대해 설명함	지시 표현 '그런 노력': (가)에서 기업이 많은 돈을 투자해 마케팅 조사를 해 온 노력을 의미함
(나)	기업들은 SNS나 스마트폰 등을 통해 어느 부분에서 마케팅 효과가 나는지 알 수 있게 됨	지시 표현 '그런 상황': (나)에서 기업들이 쓴 광고비가 어느 부분에서 효과를 내는지 알지 못하는 상황을 의미함
마지막 문단	기업들이 소셜미디어의 빅데이터를 중요한 경영 수단으로 수용하기 시작함	-

05 (가)~(다)를 맥락에 따라 가장 자연스럽게 배열한 것은? 2023. 지방직 9급

> 독서는 아이들의 전반적인 뇌 발달에 큰 영향을 미친다.
> (가) 그에 따르면 뇌의 전두엽은 상상력을 관장하는데, 책을 읽으면 상상력이 자극되어 전두엽을 많이 사용하게 된다.
> (나) A 교수는 책을 읽을 때와 읽지 않을 때의 뇌 변화를 연구해서 세계적인 명성을 얻었다.
> (다) 이처럼 책을 많이 읽으면 전두엽이 훈련되어 전반적인 뇌 발달의 가능성이 높아지는데, 그 결과는 교육 현장에서 실증된 바 있다.
> 독서를 많이 한 아이는 학교에서 더 좋은 성적을 낼 뿐 아니라 언어 능력도 발달한다는 사실이 밝혀진 것이다.

① (나) – (가) – (다)
② (나) – (다) – (가)
③ (다) – (가) – (나)
④ (다) – (나) – (가)

05

정답 설명

① '(나) - (가) - (다)'의 순서가 가장 자연스럽다.

순서	중심 내용	순서 판단의 단서와 근거
첫 문장	독서가 아이들의 뇌 발달에 큰 영향을 미침	-
(나)	A 교수는 독서 유무에 따른 뇌 변화를 연구함	첫 문장 내용에 이어, 글의 중심 화제인 '독서와 뇌 발달'에 대한 연구를 소개함
(가)	독서 시에는 전두엽을 많이 사용하게 됨	지시 표현 '그에 따르면': (나)에서 말한 'A 교수'의 연구 내용을 의미함
(다)	독서를 통해 전두엽이 훈련되어 뇌 발달의 가능성이 높아짐	• 지시 표현 '이처럼': (가)의 독서를 하면 전두엽을 많이 사용하게 되는 것을 가리킴 • 지시 표현 '그 결과': 마지막 문장에 '그 결과'에 대한 내용이 드러남

06 다음 중 (가)~(다)를 문맥에 맞는 순서대로 나열한 것은? 2022. 군무원 9급

> 최근 수십 년간 세계 각국의 정부들은 공격적인 환경보호 조치들을 취해왔다. 대기 오염과 수질오염, 살충제와 독성 화학물질의 확산, 동식물의 멸종 위기 등을 우려한 각국의 정부들은 인간의 건강을 증진하고 인간 활동이 야생 및 원시 지역에서 만들어 낸 해로운 결과를 줄이기 위해 상당한 자원을 투자해 왔다.
> (가) 그러나 이러한 규제 노력 가운데는 막대한 비용을 헛되이 낭비한 것들도 상당수에 달하며, 그중 일부는 해결하고자 했던 문제를 오히려 악화시키기도 했다.
> (나) 이 중 많은 조치들이 커다란 성과를 거두었다. 이를테면 대기오염을 줄이려는 노력으로 수십만 명의 조기 사망과 수백만 가지의 질병을 예방할 수 있었다.
> (다) 예를 들어, 새로운 대기 오염원을 공격적으로 통제할 경우, 기존의 오래된 오염원의 수명이 길어져서 적어도 단기적으로는 대기오염을 가중시킬 수 있다.

① (나) - (가) - (다)
② (나) - (다) - (가)
③ (다) - (가) - (나)
④ (다) - (나) - (가)

06

정답 설명

① '(나) - (가) - (다)'의 순서가 가장 자연스럽다.

순서	중심 내용	순서 판단의 단서와 근거
첫 문단	인간의 건강 증진 등을 위해 세계 각국의 정부에서 공격적으로 환경보호 조치들을 취해 옴	-
(나)	환경보호를 위한 성공적 조치의 예	키워드 '조치': 앞 문단에서 언급한 세계 각국의 정부들이 취한 환경보호 조치들이 커다란 성과를 거두고 있음을 설명함
(가)	세계 각국 정부가 취한 규제의 문제점	접속어 '그러나': 환경보호 조치의 성과를 언급한 (나)와 상반되는 내용이 이어짐
(다)	새로운 대기 오염원을 공격적으로 통제할 경우 생기는 문제점	접속 표현 '예를 들어': (가)에서 언급한 '문제점'에 대한 예를 (다)에서 제시함

27 문제를 통해 보는
글의 전략 파악하기

민숙쌤의 독해 비법

선택지에 자주 등장하는 글의 전략

① 통계 자료나 통계 수치를 제시하고 있다.

② 권위자의 말을 인용하고 있다.

③ 서로 대립되는 두 견해를 제시한 후, 제3의 견해를 도출하고 있다.

④ 문제점을 지적하고 대안을 제시하고 있다.

⑤ 질문을 통해 화제를 제시하여 호기심을 유발하고 있다.

⑥ 전문 용어의 뜻을 쉽게 풀이하고 있다.

⑦ 구체적인 예를 들어 현상이나 이론을 설명하고 있다.

⑧ 특정 이론을 바탕으로 글을 전개하고 있다.

대표 문제로 유형 체크

서술상의 특징을 묻는 문제일 경우 지문을 읽지 말고 곧바로 선택지를 보고 지문에서 찾아야 함

다음 글의 서술상의 특징으로 적절하지 않은 것은?

권위자의 의견 · 분류① · 분류②

Spitzberg와 Cupach(1984)는 대인 의사소통 능력은 의사소통의 질에 관한 문제이기 때문에 적절성과 효율성을 모두 포함하고 있다고 주장한다. 능력 있게 행동하기 위해서 의사소통자는 반드시 주어진 상황에 적절하게 그리고 주어진 개인적 목적과 관계적 목적 달성에 효율적으로 말하고 행동해야 한다.

분류①
적절성이란 의사소통 행위가 그 상호 작용에 부여된 사회적 규칙에 의거 올바른 것을 가리킨다. 예를 들어, "고맙습니다."라고 할 때는 "별말씀을."이라고 하는 것이 적절한 것이다. "고맙습니다."에 "별말씀을."이라고 하지 않거나 다른 식으로 대구하는 것은 무례하거나 경박하게 비칠 것이다. · 예시 사용

효율성이란 의사소통 행위가 개인적 목적과 관계적 목적을 달성하는 데 도움이 되는 정도를 가리킨다. 효율적인 행동이 적절한 행동과 상반될 때도 있다. 예를 들어, 다른 사람과 이야기를 나누고 있는 사람의 관심을 나에게 돌리는 것이 목적이라면 끼어드는 것이 효율적이기는 하겠지만 부적절한 행동이 될 것이다.
분류②

- 임칠성, 〈대인 의사소통〉

① 필요한 개념을 설명하고 있다.

② 구체적인 예를 들어 설명하고 있다.

③ 특정 이론을 바탕으로 현상의 원인을 분석하고 있다.

④ 권위자의 의견을 언급하여 내용에 신뢰성을 부여하고 있다.

정답 설명　③ Spitzberg와 Cupach의 이론이 나타나지만, 그 이론을 바탕으로 현상의 원인을 분석하고 있지는 않다.

오답 분석　① 2~3문단에서 Spitzberg와 Cupach의 주장에 언급된 '적절성'과 '효율성'의 개념을 설명하고 있다.

② 2~3문단에서 '적절성'과 '효율성'에 대한 예를 제시하였다.

④ 1문단에서 Spitzberg와 Cupach라는 권위자의 주장을 언급함으로써 내용에 신뢰성을 부여하고 있다.

엄선 문제로 실력 향상

01 다음 글의 진술 방식에 대한 설명으로 적절하지 않은 것은? 2017. 지방직 7급

> 언어도 인간처럼 생로병사의 과정을 겪는다. 언어가 새로 생겨나기도 하고 사멸 위기에 처하기도 하는 것이다. 〈중 략〉 하와이어도 사멸 위기를 겪었다. 하와이어의 포식 언어는 영어였다. 1778년 당시 80만 명에 달했던 하와이 원주민은 외부로부터 유입된 감기, 홍역 등의 질병과 정치 문화적 박해로 1900년에는 4만 명까지 감소했다. 당연히 하와이어 사용자도 급감했다. 1898년에 하와이가 미국에 합병되면서부터 인구가 증가하였으나, 하와이어의 위상은 영어 공용어 교육 정책 시행으로 인하여 크게 위축되었다. 1978년부터 몰입식 공교육을 통한 하와이어 복원이 시도되고 있으나, 하와이어 모국어를 구사할 수 있는 원주민 수는 현재 1,000명 정도에 불과하다.
>
> 〈중 략〉
>
> 언어의 사멸은 급속하게 진행된다. 어떤 조사에 따르면 평균 2주에 1개 정도의 언어가 사멸하고 있다. 우비크, 쿠페뇨, 맹크스, 쿤월, 음바바람, 메로에, 컴브리아어 등이 사라진 언어이다. 이러한 상태라면 금세기 말까지 지구에 존재하는 언어 가운데 90%가 사라지게 될 것이라는 추산도 가능하다.

① 통계 수치를 활용하여, 언어 사멸 현상을 설명하고 있다.
② 예상되는 반론을 제기하고, 언어가 사멸된다고 주장하였다.
③ 구체적인 예를 활용하여, 언어 사멸의 위기를 증명하였다.
④ 언어를 생명체에 비유하고, 수많은 언어가 사멸할 수 있다고 주장하였다.

01

정답 설명

② 제시문에 예상되는 반론을 제기한 부분은 나타나지 않는다.

오답 분석

① 2문단에서 평균 2주에 1개 정도의 언어가 사멸하고 있는 지금의 상태가 계속된다면 금세기 말에는 언어의 90%가 사라지게 될 것이라는 구체적인 통계를 활용하였고, 이를 통해 급속하게 진행되는 언어 사멸 현상을 설명하고 있다.

③ 1문단에서 '하와이어의 사멸 위기'와 같은 구체적인 예를 활용하여 언어 사멸의 위기를 증명하였다.

④ 1문단의 1~2번째 줄에서 확인할 수 있다.

[관련 부분] 언어도 인간처럼 생로병사의 과정을 겪는다. ~ 사멸 위기에 처하기도 하는 것이다.

02 다음 글의 서술적 특징으로 적절한 것은?

2013. 소방직 9급

> 1962년 스탠포드 대학의 심리학 교수 필립 짐바르도는 매우 흥미로운 실험을 했다. 슬럼가의 한 골목에 보존 상태가 동일한 모델의 차량 두 대의 보닛을 열어둔 채 주차해 놓고, 1주일 동안 차량의 변화를 관찰하는 것이 주 내용이다. 두 대 모두 보닛을 열어두되, 한 대는 유리창까지 일부 훼손한 상태로 방치하였다.
>
> 1주일 뒤에 벌어진 일은 놀라웠다. 보닛만 열어둔 차량은 특별한 변화가 없이 그 상태를 유지했으나, 유리창까지 깨진 차량은 10분 만에 배터리가 사라지고 타이어도 도난을 당했다. 그리고 실험이 끝날 때쯤에는 폐차에 가까운 상태가 되어버렸다.
>
> 두 차량의 차이는 유리창의 작은 결함뿐이었다. 작은 결함이나 틈에 의해 급격하게 상태가 나빠질 수 있다는 뜻인데, 이 실험은 '깨진 유리창 이론(Broken Window Theory)'을 뒷받침한다. 이 이론은 사소해 보이는 일을 방치해 두면 그 지점을 중심으로 범죄가 확산되기 시작한다는 내용으로, 사소한 무질서를 방치하면 큰 문제로 이어질 가능성이 높다는 의미를 담고 있다.
>
> 이런 이론은 사회 심리학에서 가장 많이 적용되고 있으며, 비즈니스와 리더십 등에서도 실제로 적용되고 있다고 한다. 시장에서 발생한 사소한 실수나 결함으로 인하여 비즈니스 자체가 위험에 빠질 수도 있다고 저자는 설명하고 있다.

① 내용을 뒷받침하는 예시를 통해 핵심 개념을 설명한다.
② 이론을 창시한 자의 생애를 통해 이론이 탄생한 배경을 설명한다.
③ 핵심 개념을 보도한 자료를 활용해 개념의 한계를 설명한다.
④ 주요 어휘의 뜻을 풀어 이론의 학문적인 의미를 설명한다.

02

정답 설명
① 제시문은 사소한 것이 큰 문제로 이어질 수 있다는 '깨진 유리창 이론'에 대한 설명이다. 심리학 교수 짐바르도가 깨진 유리창 이론을 증명하기 위해 거행했던 자동차 보닛 실험을 들어 이론의 내용을 설명하고 있다. 따라서 뒷받침하는 예시를 통해 개념을 설명한다는 특징이 가장 적절하다.

오답 분석
② 실험을 한 사람이 짐바르도라는 것만 밝혔을 뿐, 이론을 창시한 자의 생애에 대해서는 언급된 부분이 없다.
③ 핵심 개념이 언론에 보도된 자료를 언급한 부분은 없다.
④ 주요 어휘의 뜻풀이를 통해 이론을 설명한 부분은 없다.

03 다음 글의 서술 방식으로 가장 적절한 것은?

일찍이 주시경(周時經) 선생은, 말과 글을 정리하는 일은 집 안을 청소하는 일과 같다고 말씀하셨다. 집 안이 정리가 되어 있지 않으면 정신마저 혼몽(昏懞)해지는 일이 있듯이, 우리말을 갈고 닦지 않으면 국민정신이 해이해지고 나라의 힘이 약해진다고 보았던 것이다. 이러한 정신이 있었기 때문에, 일제가 통치하던 어려운 환경 속에서도 우리 선학(先學)들은 우리말과 글을 지키고 가꾸는 일에 혼신의 정열을 기울일 수 있었던 것이다.

나는 얼마 전, 어느 국어학자가 정년을 맞이하면서 자신과 제자들의 글을 모아서 엮어 낸 수상집의 차례를 보고, 우리말을 가꾸는 길이란 결코 먼 데 있는 것이 아니라는 사실을 깊이 깨달은 일이 있다. 차례를 '첫째 마당, 둘째 마당', '첫째 마디, 둘째 마디'와 같은 이름을 사용하여 꾸몄던 것이다. 일상생활에서 흔히 쓰는 '평평하게 닦아 놓은 넓은 땅'을 뜻하는 '마당'에다 책의 내용을 가른다는 새로운 뜻을 준 것이다.

새로운 낱말을 만들 때에는 몇몇 선학들이 시도했듯이 '매, 가름, 목'처럼 일상어와 인연을 맺기가 어려운 것을 쓰거나, '엮, 묶'과 같이 낱말의 한 부분을 따오는 방식보다는 역시 일상적으로 쓰는 말에 새로운 개념을 불어넣는 방식을 취하는 것이 언어 대중의 기호를 충족시킬 수 있겠다고 생각된다. 내가 어렸을 때, 우리 고장에서는 시멘트를 '돌가루'라고 불렀다. 이런 말들은 자연적으로 생겨난 훌륭한 우리 고유어인데도 불구하고, 사전에도 실리지 않고 그냥 폐어(廢語)가 되어 버렸다. 지금은 고향에 가도 이런 말을 들을 수 없으니 안타깝기 그지없다. 얼마 전, 고속 도로의 옆길을 가리키는 말을 종전에 써 오던 용어인 '노견(路肩)'에서 '갓길'로 바꾸었다는 보도를 듣고, '우리의 언어생활도 이제 바른 방향을 잡아가고 있구나.' 하고 생각했던 적이 있다.

- 고영근, 〈우리말 가꾸기〉

① 필자의 경험을 들어 논지를 전환하고 있다.
② 다양한 사례를 통해 특정 이론을 비판하고 있다.
③ 다른 대상과의 대조를 통해 대상을 설명하고 있다.
④ 권위자의 말을 인용해서 내용에 신뢰성을 부여하고 있다.

03

정답 설명

④ 1문단에서 권위자인 '주시경 선생'의 말을 인용하여 우리말과 글을 가꾸고 지켜야 한다는 내용의 신뢰성을 높이고 있다.

오답 분석

① 2문단의 '나는 얼마 전' 이하에서 필자의 경험을 들고 있으나, 이를 통해 논지를 전환하고 있지는 않다.
② 2~3문단에서 '마당, 마디, 돌가루, 갓길' 등 다양한 사례를 들고 있지만, 이를 통해 특정 이론을 비판하고 있지는 않다.
③ 대조의 서술 방식은 사용되지 않았다.

04 다음 글의 서술 방식으로 적절한 것은?

> 벤자민 프랭클린이 시간을 얼마나 소중하게 여겼는지를 보여 주는 유명한 일화가 하나 있다. 그가 경영하는 서점에 한 남자가 들어와 점원에게 책값을 물었다. "이 책 얼마죠?", "2달러입니다.", "얼마나 깎아줄 수 있나요?", "저희 서점은 정찰제입니다." 이때 벤자민이 외출에서 돌아왔다. "벤자민 씨, 반갑습니다. 이 책값을 할인해 주실 수 없나요?", "2달러 50센트에 드리죠.", "아니, 점원은 2달러라고 했는데 2달러 50센트라뇨.", "조금 전엔 2달러였지만 지금은 2달러 50센트가 됐습니다.", "농담이시겠죠. 얼마에 주시렵니까?", "이젠 3달러입니다.", "갈수록 비싸지는 책값도 있습니까?", "네, 돈보다 시간이 더 귀하기 때문에 시간을 끌수록 책값을 더 받아야 합니다." 벤자민의 뜻을 알아차린 남자가 3달러를 내놓자 벤자민은 "제 뜻을 알아주시니 감사합니다. 오늘은 정가에 드리겠습니다." 하면서 1달러를 돌려주었다고 한다.
>
> 농경사회에서는 시간을 절약하려는 노력이 별 의미가 없었다. 시간을 절약한다고 해서 여름에 벼를 수확할 수 없는 노릇이다. 봄에 씨앗을 뿌리면 가을이 돼 추수할 때까지 기다려야 한다. 공업 사회가 되면서 시간 절약이 생산 확대에 기여할 수 있게 되자 시간에 대한 인식이 달라졌다. 시간 관리의 중요성을 인지한 기업은 근로자가 작업 중에 이동하는 시간을 단 1초라도 줄이기 위해서 자동화 조립 라인을 설치하기에 이르렀다.
>
> 시간의 중요성은 기업 차원에서 머무르지 않고 개인에게까지 전파됐다. 우리는 어느새 시간의 가치를 돈으로 환산하는 생활에 익숙해지고 있으며, '시(時) 테크'라는 말이 더 이상 낯설지 않다. 바쁜 사람들을 위한 생활 대행 산업이 뜨고 있는 것도 이 때문이다. 과거 심부름업체가 돈 대신 받아주기처럼 고객이 하기 어려운 일을 대행하는 서비스를 제공했다면, 요즘의 생활 대행업체는 두고 온 물건 찾아주기, 장 봐주기, 서류 발급 및 접수해 주기 등 시간을 벌어주는 데 초점을 둔 서비스를 제공한다는 점에서 다르다.
>
> - 한진수, 〈경제학 에센스〉

① 농경사회에서의 시간 절약 방법에 대해 이론적으로 분석하고 있다.

② 사회적으로 이슈가 되는 현상을 예시로 들어 특정 이론을 설명한다.

③ 신조어의 탄생 과정을 시간 순서대로 서술하고 있다.

④ 글의 중심 내용과 관련 있는 일화를 삽입해 이해를 돕고 있다.

04

정답 설명

④ 제시문은 경제학적인 관점에서 시간 절약의 중요성을 서술한 것으로, 벤자민 프랭클린의 일화를 예시로 들어 시간을 알차게 쓰는 것이 얼마나 중요한 일인지를 강조하고 있다.

오답 분석

① 시간에 대한 개념이 변화한다는 것을 설명하기 위해 농경사회의 시간 개념에 대해 언급했을 뿐, 농경사회의 시간 절약 방법을 분석하고 있지는 않다.

② 3문단에서 사회적으로 이슈가 되는 현상(생활 대행 산업이 뜨고 있음)을 예시로 들어 현대인들이 시간의 가치를 돈으로 환산하는 생활에 익숙해졌음을 설명하고 있는 것은 맞지만, 이를 통해 특정 이론을 설명하고 있지는 않다.

③ '시(時) 테크'라는 신조어를 시간 절약의 중요성을 설명하는 과정에서 사용했을 뿐, 신조어의 탄생 과정을 시간 순서대로 서술하고 있지는 않다.

28 문제를 통해 보는
추론하기

민숙쌤의 독해 비법

① 선택지를 통해 눈에 띄는 용어를 체크한다. (사례 적용 제외)

② 확인한 용어들을 지문에서 찾아 표시한다는 생각으로 지문을 읽는다.

- 지문 속에서 설명한 개념이나 이론 등은 최대한 표시하면서 읽는다.
- 지문 속에서 설명한 개념이나 이론을 다른 사례에 적용하는 문제들이 많기 때문에 이 부분은 지문을 읽으면서 중요하게 표시해야 한다.
- 예를 드는 부분은 [   ]를 통해 반드시 표시한다.
- 제시한 예와 비슷한 사례를 찾는 문제들이 출제되기 때문에 여기서의 예는 다른 문제에 비해 중요하다.

③ 지문을 읽으면서 옳고 그름을 판단할 수 있는 것들은 모두 해결한다.

④ 남은 선택지는 표시해 놓은 개념, 이론 등과 비교하여 확인한다.

＊추론 선택지에서 주의 깊게 봐야 하는 내용

- 일반적, 추상적 설명이 선택지의 '예시'에 잘 적용되는지
- 일반적, 추상적 설명을 선택지에서 유사한 말로 설명하고 있는지
- 지문에서 제시하지 않은 개념이나 용어가 등장했는지

대표 문제로 유형 체크

01 다음 글에 대한 독자의 반응으로 적절하지 않은 것은?

현대인들은 일상생활 속에서 모르는 말을 발견하면 인터넷 검색 포털 사이트에서 검색하거나 사전을 찾아 뜻을 확인한다. 대부분의 말은 표준어로 등재가 되어 있기만 하면 확인이 되지만 확인이 불가능한 경우도 간혹 있다. 이때 검색되지 않는 말은 크게 두 가지로 나누어 설명할 수 있다. 〈중 략〉

요즘 어디서나 만날 수 있는 웰빙(well-being)이 바로 이러한 말에 해당하는 대표적인 예인데, 이 단어는 국어사전에는 올라 있지 않다. 이 단어가 외국어를 그대로 쓴 것일 뿐 아니라 계속 쓰인다는 보장이 없으므로, 이 단어가 국어사전에 오를 가능성은 희박하다. 우리가 현재 사용하는 말 중에는 이처럼 소위 '유행어'라고 해서 일시적인 시기에 주로 특정 연령층이나 집단에서 광범위하게 쓰이다 얼마 가지 않아서 사라지는 말들이 많다. 이러한 단어는 일정 기간 동안 아무리 많이 쓰였다 해도 사전에 오르지 않는다.   *사전 등재 기준*

신어의 범위를 좀 더 확대하면 '옥탑방', '방울토마토', '제대혈' 등과 같은 말도 여기에 포함될 수 있다. '옥탑방'은 요즘 부동산과 관련해서 흔하게 접할 수 있는 말이지만 사전에 없다. 원래 건물 맨 위의 공간을 가리키는 '옥탑'이라는 말이 있었기 때문에 여기에 '방'이라는 말을 결합하여 사용한 것으로 볼 수 있다. 이는 앞서 언급한 '웰빙'과 같은 완전한 신어와는 차이가 나며, 이러한 말은 검토하여 사전에 오를 가능성이 높다.   *다른 기준이 있음을 확인*

① 사전에 등재되는 기준이 있군.

② 왕자병은 '웰빙'보다 '옥탑방'에 가까운 범주의 말이겠군.   *기존에 있던 단어들의 결합*

③ 사전에 없는 말이라고 해서 그 말들이 모두 지위가 같은 것은 아니군.   *사전에 등재될 가능성이 높은 단어와 그렇지 않은 단어*

④ 시대에 따라 특정 단어가 사전에 등재되기도 하고, 삭제되기도 하는군.   *언급 X*

정답 설명 ④ 3문단 마지막 문장을 통해, 사전에 등재되어 있지 않은 말이 사전에 등재될 수도 있음을 알 수 있다. 그러나 제시문에서 원래는 사전에 등재되어 있던 단어가 삭제되는 경우는 설명하고 있지 않으므로, 시대에 따라 사전에서 단어가 삭제되기도 한다는 ④의 반응은 적절하지 않다.

02 다음 글에서 추론할 수 있는 것은?

2021. 지방직 9급

→ 역접 관계(된 문장 중요)

포도주는 유럽 문명을 대표하는 술이자 동시에 음료수다. 우리는 대개 포도주를 취하기 위해 마시는 술로만 생각하기 쉬우나 유럽에서는 물 대신 마시는 '음료수'로서의 역할이 크다. 유럽의 많은 지역에서는 물이 워낙 안 좋아서 맨 물을 그냥 마시면 위험하기 때문에 제조 과정에서 안전성이 보장된 포도주나 맥주를 마시는 것이다. 이런 용도로 일상적으로 마시는 식사용 포도주로는 당연히 고급 포도주와는 다른 저렴한 포도주가 쓰이며, 술이 약한 사람들은 여기에 물을 섞어서 마시기도 한다.

소비의 확대와 함께, 포도주의 생산을 다른 지역으로 확산시키려는 노력도 계속되어 왔다. 포도주 생산의 확산에서 가장 큰 문제는 포도 재배가 추운 북쪽 지역으로 확대되기 힘들다는 점이다. 자연 상태에서는 포도가 자라는 북방 한계가 이탈리아 정도에서 멈춰야 했지만, 중세 유럽에서 수도원마다 온갖 노력을 기울인 결과 포도 재배가 상당히 북쪽까지 올라갔다. 대체로 대서양의 루아르강 하구로부터 크림반도와 조지아를 잇는 선이 상업적으로 포도를 재배할 수 있는 북방한계선이다.

적정한 기온은 포도주 생산 가능 여부뿐 아니라 생산된 포도주의 질을 결정하는 중요한 요인이다. 너무 추운 지역이나 너무 더운 지역에서는 포도주의 품질이 떨어질 수밖에 없다. 추운 지역에서는 포도에 당분이 너무 적어서 그것으로 포도주를 담그면 신맛이 강하게 된다. 반면 너무 더운 지역에서는 섬세한 맛이 부족해서 '흐물거리는' 포도주가 생산된다(그 대신 이를 잘 활용하면 포르토나 셰리처럼 도수를 높인 고급 포도주를 만들 수 있다). 그러므로 고급 포도주 주요 생산지는 보르도나 부르고뉴처럼 너무 덥지도 않고 너무 춥지도 않은 곳이다. 다만 달콤한 백포도주의 경우는 샤토 디켐(Château d'Yquem)처럼 뜨거운 여름 날씨가 지속하는 곳에서 명품이 만들어진다.

→ 예외적인 내용을 설명할 때 쓰이는 표현으로,
출제자가 이 부분을 사용하여 문제를 내는 경우가 많다.
→ 추가 ①

포도주의 수요는 전 유럽적인 데 비해 생산은 이처럼 지리적으로 제한됐기 때문에 포도주는 일찍부터 원거리 무역 품목이 됐고, 언제나 고가품 취급을 받았다. 그런데 한 가지 기억해야 할 점은 이렇게 수출되는 고급 포도주는 오래된 포도주가 아니라 바로 그해에 만든 술이라는 점이다. 우리는 포도주는 오래될수록 좋아진다고 믿는 경향이 있지만, 대부분의 백포도주 혹은 중급 이하 적포도주는 시간이 지날수록 오히려 품질이 떨어진다. 시간이 흐를수록 품질이 개선되는 것은 일부 고급 적포도주에만 한정된 이야기이며, 그나마 포도주를 병에 담아 코르크 마개를 끼워 보관한 이후의 일이다.

→ 일반적인 고급 포도주와 다른 '일부'의 경우를 말함

① 고급 포도주는 모두 너무 덥지도 춥지도 않은 곳에서 재배된 포도로 만들어졌다.
② 루아르강 하구로부터 크림반도와 조지아를 잇는 선은 이탈리아보다 남쪽에 있을 것이다.
③ 유럽에서 일상적으로 마시는 식사용 포도주는 저렴한 포도주거나 고급 포도주에 물을 섞은 것이다.
④ 병에 담겨 코르크 마개를 끼운 고급 백포도주는 보관 기간에 비례하여 품질이 개선되지는 않을 것이다.

정답 설명 ④ 4문단 끝에서 1~3번째 줄에서 대부분의 백포도주는 시간이 흐를수록 품질이 떨어지며, 코르크 마개를 끼운 포도주가 시간이 흐를수록 품질이 개선되는 경우는 일부 고급 적포도주에만 해당됨을 알 수 있다. 따라서 코르크 마개를 끼운 고급 백포도주가 보관 기간에 비례하여 품질이 개선되지 않을 것이라는 ④의 추론은 올바르다.

오답 분석 ① 3문단 끝에서 1~3번째 줄에서 고급 포도주는 너무 덥지도 춥지도 않은 곳에서 재배되지만 디켐과 같이 뜨거운 곳에서 명품이 탄생하는 포도주도 있음을 알 수 있다. 따라서 '모두' 그러하다고 할 수는 없다.
② 2문단에서 루아르강 하구로부터 크림반도와 조지아를 잇는 선은 이탈리아보다 남쪽이 아니라 북쪽에 있음을 알 수 있다.
③ 1문단 끝에서 1~2번째 줄에서 유럽에서 일상적으로 마시는 식사용 포도주는 저렴한 포도주라는 점은 확인되지만, 물을 섞는 것은 고급 포도주가 아니라 저렴한 포도주이다.

01 다음 글에서 추론한 내용으로 적절하지 않은 것은?

2021. 국가직 9급

> 　과학의 개념은 분류 개념, 비교 개념, 정량 개념으로 구분할 수 있다. 식물학과 동물학의 종, 속, 목처럼 분명한 경계를 가지고 대상들을 분류하는 개념들이 분류 개념이다. 어린이들이 맨 처음에 배우는 단어인 '사과', '개', '나무' 같은 것 역시 분류 개념인데, 하위 개념으로 분류할수록 그 대상에 대한 정보가 더 많이 전달된다. 또한, 현실 세계에 적용 대상이 하나도 없는 분류 개념도 있을 수 있다. 예를 들어 '유니콘'이라는 개념은 '이마에 뿔이 달린 말의 일종임' 같은 분명한 정의가 있기에 '유니콘'은 분류 개념으로 인정되는 것이다.
>
> 　'더 무거움', '더 짧음' 등과 같은 비교 개념은 분류 개념보다 설명에 있어서 정보 전달에 더 효과적이다. 이것은 분류 개념처럼 자연의 사실에 적용되어야 하지만, 분류 개념과 달리 논리적 관계도 반드시 성립해야 한다. 예를 들면, 대상 A의 무게가 대상 B의 무게보다 더 무겁다면, 대상 B의 무게가 대상 A의 무게보다 더 무겁다고 말할 수 없는 것처럼 '더 무거움' 같은 비교 개념은 논리적 관계를 반드시 따라야 한다.
>
> 　마지막으로 정량 개념은 비교 개념으로부터 발전된 것인데, 이것은 자연의 사실로부터 파악할 수 있는 물리량을 측정함으로써 만들어진다. 물리량을 측정하기 위해서는 몇 가지 규칙이 필요한데, 그 규칙에는 두 물리량의 크기를 비교하는 경험적 규칙과 물리량의 측정 단위를 정하는 규칙 등이 포함된다. 이러한 정량 개념은 자연에 의해서 주어지는 것이 아니라 우리가 자연현상에 수를 적용하는 과정에서 생겨나는 것이다. 정량 개념은 과학의 언어를 수많은 비교 개념 대신 수를 사용할 수 있게 하여 과학 발전의 기초가 되었다.

① '호랑나비'는 '나비'와 동일한 종에 속하지만, 나비에 비해 정보량이 적다.

② '용(龍)'은 현실 세계에 적용할 수 있는 지시물이 없더라도 분류 개념으로 인정된다.

③ '꽃'이나 '고양이'와 같은 개념은 논리적 관계를 따라야 하는 것은 아니기 때문에 비교 개념에 포함되지 않는다.

④ 물리량을 측정할 수 있는 'cm'나 'kg'과 같은 측정 단위는 자연현상에 수를 적용할 수 있게 해 주었다.

01

정답 설명

① 1문단 '어린이들이 맨 처음에 배우는 단어인 '사과', '개', '나무' 같은 것 역시 분류 개념인데, 하위 개념으로 분류할수록 그 대상에 대한 정보가 더 많이 전달된다'는 내용을 통해 '나비'의 하위 개념인 '호랑나비'는 나비에 비해 정보량이 더 많을 것이므로 ①의 추론 내용은 올바르지 않다.

오답 분석

② 1문단 4~7번째 줄에서 '현실 세계에 적용 대상이 하나도 없는 분류 개념도 있을 수 있다. ~ 분류 개념으로 인정되는 것이다.'를 통해 볼 때 '용'도 분류 개념으로 인정될 수 있음을 알 수 있다.

③ 2문단 2~3번째 줄에서 '분류 개념과 달리 논리적 관계도 반드시 성립해야 한다.'고 설명하고 있는 부분을 통해 논리적 관계가 없는 '꽃'과 '고양이'와 같은 개념은 비교 개념에 포함되지 않음을 알 수 있다.

④ 3문단의 '정량 개념은 비교 개념으로부터 발전된 것인데, 이것은 자연의 사실로부터 파악할 수 있는 물리량을 측정함으로써 만들어진다.'와 '정량 개념은 자연에 의해서 주어지는 것이 아니라 우리가 자연현상에 수를 적용하는 과정에서 생겨나는 것이다'는 부분을 통해 물리량을 측정할 수 있는 단위가 자연현상에 수를 적용할 수 있게 해 주었다는 사실을 알 수 있다.

02 다음 글에 대한 이해로 적절하지 않은 것은? 2022. 국가직 9급

국가정보자원관리원과 ○○시는 빅데이터 기반의 맞춤형 복지 서비스 분석 사업을 수행했다. 국가정보자원관리원은 자체 확보한 공공 데이터와 ○○시로부터 받은 복지 사업 관련 데이터를 활용하여 '복지 공감 지도'를 제작하고, 복지 기관 접근성 분석을 통해 취약 지역 지원 방안을 제시했다.

복지 공감 지도는 공간 분석 시스템을 활용하여 ○○시에 소재한 복지 기관들의 다양한 지원 항목과 이를 필요로 하는 복지 대상자, 독거노인, 장애인 등의 수급자 현황을 한눈에 확인할 수 있도록 구현한 것이다. 이 지도를 활용하면 복지 혜택이 필요한 지역과 수급자를 빨리 찾아낼 수 있으며, 생필품 지원이나 방문 상담 등 복지 기관의 맞춤형 대응이 가능하고, 최적의 복지 기관 설립 위치를 선정할 수 있다.

이 사업을 통해 ○○시는 그동안 복지 기관으로부터 도보로 약 15분 내 위치한 수급자에게 복지 혜택이 집중되고 있는 것도 확인했다. 이에 교통이나 건강 등의 문제로 복지 기관 방문이 어려운 수급자를 위해 맞춤형 복지 서비스가 절실하게 필요한 상황임을 발견하고, 복지 셔틀버스 노선을 4개 증설할 계획을 수립했다.

① 빅데이터를 활용하여 복지 사각지대를 줄이는 방안을 마련할 수 있다.
② 복지 기관과 수급자 거주지 사이의 거리는 복지 혜택의 정도에 영향을 준다.
③ 복지 기관 접근성 분석 결과는 복지 셔틀버스 노선 증설의 근거가 된다.
④ 복지 공감 지도로 복지 혜택에 대한 수급자들의 개별 만족도를 파악할 수 있다.

02

정답 설명
④ 제시문에서 복지 공감 지도로 복지 혜택에 대한 수급자들의 개별 만족도를 파악할 수 있다는 언급은 없다. 복지 공감 지도 활용의 효과로는 2문단 마지막 문장에서 확인할 수 있다.

오답 분석
① 1문단의 '복지 사업 관련 데이터를 활용하여 ~ 복지 기관 접근성 분석을 통해 취약 지역 지원 방안을 제시'한 것이나 4문단의 '교통이나 건강 등의 문제로 ~ 복지 셔틀버스 노선을 4개 증설할 계획을 수립'한 것은 빅데이터를 활용하여 복지 사각지대를 줄이는 방안을 마련한 것이라고 볼 수 있다.

② 3문단의 첫 문장을 통해 복지 기관과 거주자 사이의 거리에 따라 복지 혜택의 정도가 달라짐을 알 수 있다.

③ 3문단에서 맞춤형 복지 사업을 통해 '복지 기관으로부터 도보로 약 15분 내 위치한 수급자에게 복지 혜택이 집중되고 있는 것도 확인'하고, '교통이나 건강 등의 문제로 복지 기관 방문이 어려운 수급자를 위해 맞춤형 복지 서비스가 절실하게 필요한 상황임을 발견'했는데, 이것이 바로 복지 접근성 결과 분석에 해당한다. 그리고 이 결과 분석을 근거로 '복지 셔틀버스 노선을 4개 증설할 계획을 수립'하였다.

03 (가)와 (나)를 통해서 추정하기 어려운 내용은?

2019. 국가직 9급

> (가) 찬성공 형제께서 정경부인의 상(喪)을 당하였다. 부윤공의 부인 이 씨가 우연히 언문 소설을 읽다가 그 소리가 밖으로 들렸다. 찬성공이 기뻐하지 않으며 제수를 계단 아래에 서게 하고, "부녀자의 무식을 심하게 책망할 필요는 없지만, 어찌 상중(喪中)에 있으면서 예의에 어긋난 책을 소리 내어 읽어서 스스로 평민과 같아지려 할 수 있는가" 하고 꾸짖었다.
>
> (나) 전기수: 늙은이가 동문 밖에 살면서 입으로 언문 소설을 읽었는데, 「숙향전」, 「소대성전」, 「심청전」, 「설인귀전」과 같은 전기소설이었다. … 잘 읽었기 때문에 옆에서 구경하는 사람들이 빙 둘러섰다. 가장 재미있고 긴요하여 매우 들을 만한 구절에 이르면 갑자기 침묵하고 소리를 내지 않았다. 사람들이 다음 이야기를 듣고 싶어서 다투어 돈을 던졌다. 이를 바로 '요전법(돈을 요구하는 법)'이라 한다.

① 상층 남성들은 상중의 예법에 대해 매우 엄격하였다.
② 혼자 소설을 보면서 소리 내어 읽기도 하였다.
③ 하층에서도 소설을 창작하는 사람이 많았다.
④ 상층이 아닌 하층에서도 소설을 즐겼다.

03

정답 설명

③ (나)의 2~3번째 줄에서 '옆에서 구경하는 사람들이 빙 둘러섰다.'는 내용을 통해 하층에서도 소설을 즐기는 사람들이 많았음을 알 수 있으나, 소설을 창작하는 사람들과 관련된 설명은 없기 때문에 잘못된 이해이다.

오답 분석

① (가)의 끝부분 '부녀자의 무식을 심하게 책망할 필요는 없지만, 어찌 상중(喪中)에 있으면서 예의에 어긋난 책을 소리 내어 읽어서 스스로 평민과 같아지려 할 수 있는가" 하고 꾸짖었다'를 통해 상층 남성들은 상중의 예법에 대해 매우 엄격했음을 알 수 있다.

② (가)의 1~2번째 줄에서 '부윤공의 부인 이 씨가 우연히 언문 소설을 읽다가 그 소리가 밖으로 들렸다'를 통해 혼자 소설을 보면서 소리 내어 읽기도 하였음을 알 수 있다.

④ (가)의 '옆에서 구경하는 사람들이 빙 둘러섰다.'를 통해 하층에서도 소설을 즐겼음을 알 수 있다.

04 다음 글에 대한 이해로 가장 적절한 것은?

> 주사위의 역사는 수천 년 전으로 거슬러 올라간다. 정확한 기원은 명확하지 않지만, 기원전 3000년경 메소포타미아 혹은 이집트와 같은 고대 문명에서 기원한 것으로 여겨진다. 이 초기 주사위들은 뼈, 나무, 돌, 그리고 때로는 금속을 포함한 다양한 재료로 만들어졌다. 고대에는 주사위가 게임 외에 다양한 용도로 사용되었다. 주사위 굴리기의 결과는 신들의 메시지나 미래를 엿보는 것으로 해석되어 점을 치거나 종교적 의식을 행할 때 사용되었다.
>
> 주사위의 모양과 구조는 시간이 지남에 따라 진화해 왔다. 오늘날 주사위의 가장 일반적인 형태는 정육면체로 각 면은 보통 1부터 6까지의 자연수로 표시된다. 그러나 고대 주사위가 항상 정육면체는 아니었다. 사면체, 팔면체, 심지어 불규칙한 모양도 있었다. 로마 제국 시기에 로마인들은 주사위를 도박이나 보드게임과 같은 오락 목적으로 사용했다. 군대 막사와 요새에서 주사위와 게임판이 발견되어, 로마 병사들이 휴식 시간 동안 오락을 위해 주사위를 사용했음을 알 수 있다. 로마의 주사위는 일반적으로 뼈, 상아, 유리, 금속 등으로 만들어졌다. 주사위의 각 면에 표시되는 점들은 현대의 일반적인 주사위와 마찬가지로 마주 보는 면끼리의 합이 7이 되도록 배열되었다. 로마에서 주사위 게임은 꽤 인기가 있었는데 특히 테세레(Tesserae)와 알레아(alea)가 대표적이다. 테세레는 주사위 세 개를 굴려 그 결과에 베팅하는 방식이라고 하며, 알레아 역시 세 개의 주사위로 하는 게임인데 안타깝게도 자세한 규칙이나 진행 방법은 전해지지 않는다.
>
> 고대와 달리, 오늘날에는 주사위 굴리기의 결과를 신의 의지가 아니라 확률에 따른 것으로 본다. 주사위의 쓰임새도 게임이나 도박 이외에 교육에까지 확장되었다. 모노폴리, 리스크와 같은 보드게임은 주사위를 굴려 말을 이동하거나 자원을 할당한다. 또한 롤플레잉 게임(RPG)에서는 전투, 이벤트 등에서 사면체 주사위에서 이십면체 주사위에 이르기까지 다양한 주사위를 굴린다. 수학 교육에서 주사위는 확률 실험에 이용되어 학생들이 확률의 개념을 이해할 수 있게 돕는 역할을 한다.

① 오늘날 일반적인 주사위에 표시된 숫자의 합은 20 이하이다.

② 정육면체 이외의 다른 형태의 주사위는 현대에 이르러 등장하였다.

③ 현대에는 주사위의 쓰임새에서 종교적 기능은 찾아보기 어렵다.

④ 주사위를 게임이나 도박에 사용하는 것은 오늘날 생겨난 특징이다.

04

정답 설명

③ 1문단 끝에서 1~3번째 줄에서 주사위가 종교적 기능을 가졌던 이유는 그것이 신들의 메시지나 미래를 엿보는 것으로 해석되었기 때문임을 알 수 있다. 그러나 3문단의 1~2번째 줄에 나오듯, 오늘날에는 주사위 굴리기의 결과를 신의 의지가 아니라 확률에 따른 것으로 보기 때문에 주사위의 쓰임새에서 종교적 기능은 찾아보기 어렵다는 것을 알 수 있다.

오답 분석

① 2문단 1~2번째 줄과 7~9번째 줄을 통해 정육면체의 각 면에 1~6의 자연수로 표시되며 그 합이 21임을 알 수 있다.

② 2문단 2~4번째 줄 '그러나 고대의 주사위가 항상 정육면체는 아니었다. 사면체, 팔면체, 심지어 불규칙한 모양도 있었다.'에 따라 정육면체와 다른 형태의 주사위는 고대부터 존재했음을 알 수 있다.

④ 2문단 4~6번째 줄 '로마 제국 시기에 로마인들은 주사위를 도박이나 보드게임과 같은 오락 목적으로 사용했다. 군대 막사와 요새에서 주사위와 게임판이 발견되어, 로마 병사들이 휴식 시간 동안 오락을 위해 주사위를 사용했음을 알 수 있다'를 통해 볼 때, 주사위는 오늘날뿐만 아니라 고대에서도 오락 목적으로 사용하였음을 알 수 있다.

05 다음 글에서 추론한 내용으로 가장 적절한 것은?

공포의 상태와 불안의 상태를 구분하는 것은 쉽지 않다. 왜냐하면 두 감정을 함께 느끼거나 한 감정이 다른 감정을 유발할 때가 많기 때문이다. 가령, 무시무시한 전염병을 목도하고 공포에 빠진 사람은 자신도 언젠가 그 병에 걸릴지 모른다는 불안 상태에 빠지게 된다. 이처럼 두 감정은 서로 밀접하게 얽혀 있다는 점에서 혼동하기 쉽다. 하지만 두 감정을 야기한 원인을 따져 보면 두 감정을 명확하게 구분할 수 있다. 공포는 실재하는 객관적 위협에 의해 야기된 상태를 의미하고, 불안은 현재 발생하지 않았으며 미래에 일어날지 모르는 불명확한 위협에 의해 야기된 상태를 의미한다. 공포와 불안의 감정은 둘 다 자아와 관련되어 있지만 여기에서도 차이를 찾을 수 있다. 공포를 느끼는 것은 '나 자신'이 위험한 상황에 놓여 있다는 사실을 아는 것이고, 불안의 경험은 '나 자신'이 위해를 입을까 봐 걱정하는 것이다.

① 자신이 처한 위험한 상황을 정확히 인식하는 경우에는 공포감에 비해 불안감이 더 크다.
② 전기·가스 사고가 날까 두려워 외출하지 못하는 사람은 불안한 상태에 있는 것이다.
③ 시험에 불합격할 수 있다는 생각에 사로잡힌 사람은 공포감에 빠져 있는 것이다.
④ 과거에 큰 교통사고를 경험한 사람은 공포감은 크지만 불안감은 작다.

05

정답 설명

② 제시문 끝에서 4~5번째 줄에서 불안은 현재 발생하지 않으며 미래에 일어날지 모르는 불명확한 위협에 의해 야기된 상태를 말함을 알 수 있다. '전기·가스 사고'는 미래에 일어날지 모르는 불명확한 위협에 해당하므로, 불안한 상태에 있다는 ②의 설명은 적절하다.

오답 분석

① 제시문 마지막 문장에서 공포를 느끼는 것은 '나 자신'이 위험한 상황에 놓여 있다는 사실을 아는 것이고, 불안의 경험은 '나 자신'이 위해를 입을까 봐 걱정하는 것이라고 설명한다. 이에 따르면 ①의 '자신이 처한 위험한 상황을 정확히 인식하는 경우'는 공포를 느끼는 것에 해당하므로, 공포감에 비해 불안감이 더 크다는 설명은 적절하지 않다.

③ 제시문 끝에서 4~5번째 줄에 따르면, 불안은 현재 발생하지 않으며 미래에 일어날지 모르는 불명확한 위협에 의해 야기된 상태이다. ③에서 말한 '시험에 불합격할 수 있다는 생각'은 미래에 일어날지 모르는 불명확한 위협에 해당하므로, 이러한 생각에 사로잡힌 사람은 공포감이 아닌 불안감에 빠져 있다고 볼 수 있다.

④ 제시문은 공포와 불안 두 감정을 함께 느끼거나 한 감정이 다른 감정을 유발할 때가 많다고 말하며, 전염병을 목도하고 공포에 빠진 사람은 자신도 언젠가 그 병에 걸릴지 모른다는 불안 상태에 빠지게 된다고 설명한다. 이처럼 과거에 큰 교통사고를 경험한 사람은 실재하는 객관적 위협으로 인해 공포감이 크고, 미래에 또다시 교통사고가 일어날지도 모른다는 불명확한 위협으로 인해 불안감도 클 것이다.

Ⅲ 비문학 해커스공무원 신민숙 쉬운국어 문학·비문학 필기노트

29 문제를 통해 보는
빈칸 넣기

민숙쌤의 독해 비법

① 빈칸 앞뒤 문장을 통해 내용을 짐작한다.

② 빈칸 앞뒤 문장으로 해결이 되지 않는 경우, 빈칸 뒤의 내용에 집중한다.

③ ②번으로도 확인이 되지 않는다면 빈칸 앞부분까지 포함한 글을 내용 전체를 통해 짐작한다.

④ 속담이나 관용어를 질문하는 경우가 많다.

⑤ 주제문, 핵심어와 관련된 내용이 포함된 문장이 출제되는 경우가 많다.

대표 문제로 유형 체크

접속어, 속담, 관용어 넣기

01 글의 통일성을 고려할 때 ㉠에 들어갈 문장으로 가장 적절한 것은?

→ 뒷부분과 관련된 내용을 찾아야 함

> '(㉠)'는 건 소비자 심리의 불가해함에 고개를 내젓는 21세기 마케터들의 깨달음만은 아니다. 인간은 알려고 하면 할수록 점점 더 알기 어려운 내면의 모습들을 갖추고 있다.
>
> 그래서인지 그 내면의 일단이 드러난 것처럼 보이면 사회적으로 좀 심한 쏠림 현상이 시작된다. 예컨대 2004년부터 화두로 등장한 '웰빙(well-being)'이 그렇다. 불황에 아무것도 팔리지 않는데 유독 '웰빙상품'만 호황을 누린다는 이유로 각광을 받았다.
>
> 그렇게 이상하게도 2004년 겨울이 다가올 무렵부터 웰빙 소리가 쑥 들어갔다. 경제가 최악이라는 비명이 나올 때다. 이듬해 경기가 좀 풀리는가 싶더니 다시 웰빙 이야기가 나왔다. 경기가 좋고 나쁨에 따라 웰빙 열기가 들쭉날쭉이다. 트렌드라면 경기의 좋고 나쁨에 이처럼 크게 영향을 받지 않는다.

① 속에 대감이 몇 개 들어앉았다

② 땅을 열 길 파도 고리전 한 푼 생기지 않는다

③ 제 속 흐린 게 남보고 집 봐 달라고 말 못 한다

④ 열 길 물속은 알아도 한 길 사람의 속은 모른다

정답 설명 ④ 제시문은 '웰빙'에 대한 열기가 수시로 바뀌는 점을 사례로 들어 소비자의 심리를 파악하는 것이 어려운 일임을 설명하고 있다. 따라서 글의 통일성을 고려할 때 ㉠에 들어갈 문장으로 적절한 것은 ④이다.

• 열 길 물속은 알아도 한 길 사람의 속은 모른다: 사람의 속마음을 알기란 매우 힘듦을 비유적으로 이르는 말

오답 분석 ① 속에 대감이 몇 개 들어앉았다: 어수룩하게 보이지만 능글맞아 온갖 것을 다 알고 있음을 비유적으로 이르는 말

② 땅을 열 길 파도 고리전 한 푼 생기지 않는다: 돈이 생기는 것은 공짜로 되는 것이 아니므로 한 푼의 돈이라도 아껴 쓰라는 말

③ 제 속 흐린 게 남보고 집 봐 달라고 말 못 한다: 양심이 흐린 사람은 남도 자기와 같은 줄 알고 믿지 못한다는 말

---

① ~ ⓒ에 들어갈 말을 바르게 연결한 것은?

많은 사람들에게 유일한 현실은 '타이타닉 호'라는 배뿐입니다. 타이타닉 호 속에는 판에 박은 일상사가 있습니다. (①) 선원은 엔진에 연료를 넣지 않으면 안 되고, 배가 전진하기 위해서는 온갖 기계를 확실히 관리하지 않으면 안 됩니다. 모두 각자 일상사를 가지고 있고 그것을 계속 하는 사람이 현실주의자입니다.
└→ 일상사를 구체적으로 서술

누군가 "엔진을 멈추어야 한다."라고 말하면, 그것은 비현실주의적입니다. 왜냐하면 타이타닉 호라는 배는 전진하도록 되어 있어서 전진하지 않으면 저마다의 일거리가 없어지기 때문입니다. 오늘날 세계 경제에 퍼져 있는 현실주의는 바로 그러한 현실주의라고 생각됩니다. 현실주의적인 경제학자가 타이타닉 호에 "전속력으로!"라는 명령을 하려고 합니다. 이것이 타이타닉 호의 논리입니다.

이 논리는 타이타닉 호가 전 세계라는 점을 전제로 성립합니다. 마찬가지로 경제학자의 논리도 세계 경제 시스템 이외에 아무런 현실이 없다고 한다면 합리적인 논리라고 할 수 있습니다. (ⓒ) 타이타닉 호의 바깥에는 바다가 있고 빙산이 있습니다. 세계 경제의 바깥에는 재난이 있습니다. 바로 이것이 문제입니다. 여기서 타이타닉 호의 비유가 갖는 한계를 알 수 있는데, 타이타닉 호의 경우는 하나의 빙산이 있고, 장래에 배가 거기에 부딪힌다는 것입니다. 그러나 우리들의 세계 경제 시스템은 장래에 빙산이 기다리고 있는 게 아닙니다. 재난은 이미 시작되었습니다. (ⓒ) 차례차례 빙산에 부딪히고 있는 중입니다.

→ ⓒ 앞의 가정의 내용과 반대되는 내용 – 역접 관계의 접속어 필요

→ 재난 시작   가정 →   → 비유의 표현 들어가야 함   → 비유

	①	ⓒ	ⓒ
①	그리고	그러면	만약
②	그리고	그렇지만	만약
③	예를 들면	그러면	말하자면
④	예를 들면	그렇지만	말하자면

정답 설명 ④ ①: ①의 앞에서 타이타닉 호에 일상사가 존재함을 밝히고 ①의 뒤에서 예를 통해 선원이 일상적으로 해야 하는 일을 말하고 있기 때문에 ①에는 '예를 들면'이 들어가야 한다.

ⓒ: ⓒ의 앞에서 '세계 경제 시스템 이외 아무런 현실이 없다고 한다면'이라고 가정하고 ⓒ 뒤에 타이타닉 호의 바깥에는 바다가 있고 빙산이 있다고 하였기 때문에 ⓒ에는 역접 관계의 접속어 '그렇지만'이 들어가야 한다.

ⓒ: ⓒ의 앞에는 '세계 경제의 재난은 이미 시작되었다.'고 말하고 ⓒ의 뒤에서 앞 내용을 비유한 표현이 있기 때문에 ⓒ에는 '말하자면'이 들어가야 한다.

문장 삽입하기

03 다음 문장이 들어가기에 가장 적절한 곳을 ⊙ ~ ⓔ에서 고르면?

2022. 국가직 9급

신분에 따라 문체를 고착화하는 것을 인정하지 않았던 것이다. → 앞의 내용을 정리하는 표현

유럽이 교회로부터 정신적으로 해방된 것은 그리스와 로마의 고대 작가들에 대한 재발견을 통해서였다. ⊙ 그 이후 고대 작가들의 문체는 귀족 중심의 유럽 문화에서 모범으로 여겨졌다. ⓛ 이러한 상황은 대략 1770년대에 시작되는 낭만주의에서부터 변화하기 시작했다. ⓒ 이 낭만주의 시기에 평등과 민주주의를 꿈꿨던 신흥 시민계급은 문학에서 운문과 영웅적 운명을 귀족에게만 전속시키고 하층민에게는 산문과 우스꽝스러운 상황을 배정하는 전통 시학을 거부했다. ⓔ 고전 문학은 더 이상 문학의 규범이 아니었으며, 문학을 현실의 모방으로 인식하는 태도도 포기되었다.
→ 신분에 따른 차별

① ⊙   ② ⓛ

③ ⓒ   ④ ⓔ

정답 설명 ④ '~던 것이다'라는 표현은 앞 문장을 다시 정리하여 진술하는 문장의 표현이다. 그러므로 앞선 문장은 '신분에 따라 문체를 고착화하는 것을 인정하지 않는 내용'이 제시되어야 한다. 이와 가장 비슷한 내용은 '신흥 시민계급은 문학에서 운문과 영웅적 운명을 귀족에게만 전속시키고 하층민에게는 산문과 우스꽝스러운 상황을 배정하는 전통 시학을 거부했다.'로 이 내용은 '신분에 따라 인물의 성격이 정해져 있음을 거부'한 것으로 <보기>의 내용 앞에 있기에 가장 적절하다.

앞뒤 문장의 내용을 통한 빈칸 찾기

04 다음 글의 맥락을 고려할 때 빈칸에 들어갈 말로 가장 적절한 것은?　　　　　2023. 지방직 9급

> 　　능숙한 필자와 미숙한 필자는 글쓰기 과정 중 '계획하기'에서 뚜렷한 차이를 보인다. 전자는 이 과정에 오랜 시간 공을 들이는 반면, 후자는 그렇지 않다. 글쓰기에서 계획하기는 글쓰기의 목적 수립, 주제 선정, 예상 독자 분석 등을 포함한다. 이 중 예상 독자 분석이 중요한 이유는 [　　　　　　]　때문이다. 글을 쓸 때 독자의 수준에 비해 너무 어려운 개념과 전문용어를 사용한다면 독자가 글을 이해하기 어렵게 된다. 글쓰기는 필자가 글을 통해 자신의 메시지를 독자에게 전달하는 행위라는 점을 고려하면 계획하기 단계에서 반드시 예상 독자를 분석해야 한다.　→ 예상 독자 분석이 중요한 이유

　　　　　　　　　　　　　　　　　　　　　　　　　　　　　　　　　　　→ 중간 빈칸 넣기는 주로 뒷 문장을 통해 추측 가능함

① 계획하기 과정이 글쓰기 전체 과정의 첫 단계이기
② 글에 어려운 개념이나 전문용어를 어느 정도 포함해야 하기
③ 필자의 메시지를 독자에게 효과적으로 전달하는 데 도움이 되기
④ 독자의 배경지식 수준을 고려해야 글의 목적과 주제가 결정되기

정답 설명　③ 제시문의 마지막 문장에서 '글쓰기'는 필자가 글을 통해 자신의 메시지를 독자에게 전달하는 행위이므로 반드시 예상 독자를 분석해야 한다고 설명한다. 이 내용에 따르면 예상 독자 분석이 중요한 이유는 '필자의 메시지를 독자에게 효과적으로 전달하는 데 도움이 되기' 때문이다. 따라서 빈칸에 들어갈 말로 가장 적절한 것은 ③이다.

오답 분석　① 계획하기 과정이 글쓰기 과정의 첫 단계라는 ①의 설명은 '예상 독자 분석의 이유'와는 관련이 없는 내용이므로 빈칸에 들어갈 말로 적절하지 않다.
　　　　② 끝에서 2~3번째 줄에 따르면 글을 쓸 때 예상 독자의 수준에 따라 어려운 개념이나 전문용어의 포함 여부를 결정할 수 있을 것이다. 그러나 글에 어려운 개념이나 전문용어를 어느 정도 포함하기 위해 예상 독자를 분석한다는 것은 제시문과 거리가 먼 내용이므로 ②는 빈칸에 들어갈 말로 적절하지 않다.
　　　　④ 제시문에서 '계획하기'는 글쓰기의 목적 수립, 주제 선정, 예상 독자 분석 등을 포함한다고 설명한다. 그러나 예상 독자의 분석 요소 중 독자의 배경지식 수준이 글의 목적과 주제를 결정한다는 내용은 확인할 수 없으므로 ④는 빈칸에 들어갈 말로 적절하지 않다.

실험에 대한 결론이나 원인 도출하기

05 다음 글의 맥락을 고려할 때 (가)와 (나)에 들어갈 내용으로 가장 적절한 것은?　　2023. 지방직 7급

> 　　육각형의 벌집 모양은 자연이 만든 경이로운 디자인이다. 이 벌집의 과학적인 구조는 역사적으로 경탄의 대상이었는데, 다윈은 벌집을 경이롭고 완벽한 과학이라고 평가했다. 벌집의 정육각형 구조는 구멍과 구멍 사이의 간격을 최소화하면서 공간을 최대화할 수 있는 가장 안정적인 형태이다. 이 구조는 ㅤ(가)ㅤ 는 이점이 있다. 벌이 밀랍 1온스를 만들려면 약 8온스의 꿀을 먹어야 한다. 공간이 최적화됨으로써 필요한 밀랍의 양이 줄어, 벌집을 짓는 데 드는 노력과 에너지가 최소화된다. 이처럼 벌집은 과학적으로 탄탄하고 기술적으로 효율적인 디자인이다. 게다가 예술적으로 아름다운 것은 두말할 필요없다. 견고하고 가볍고 실용적이면서 아름답기까지 한 이 구조를 닮은 건축 양식이나 각종 생활용품을 흔히 발견할 수 있다. 이는 ㅤ(나)ㅤ 는 뜻이다.

→ 육각형 벌집 모양 구조의 이점

┗→ 인간들의 건축양식이나 생활용품에 사용된다는 점을 가장 잘 정리한 내용을 찾아야 함

① (가): 벌집을 짓는 데 소요되는 노동량을 최대화한다
　 (나): 자연의 구조인 벌집이 인간의 창조 활동에 영감을 주었다
② (가): 벌집을 짓는 데 소요되는 노동량을 최대화한다
　 (나): 인간이 만든 디자인은 자연이 만든 디자인보다 뛰어날 수 없다
③ (가): 벌집을 짓기 위해 필요한 밀랍의 양이 적게 든다
　 (나): 자연의 구조인 벌집이 인간의 창조 활동에 영감을 주었다
④ (가): 벌집을 짓기 위해 필요한 밀랍의 양이 적게 든다
　 (나): 인간이 만든 디자인은 자연이 만든 디자인보다 뛰어날 수 없다

정답 설명　③ (가)와 (나)에 들어갈 내용으로 가장 적절한 것은 ③이다.
- (가): (가)의 뒤에서 벌집의 공간이 최적화됨으로써 필요한 밀랍의 양이 줄어, 벌집을 짓는 데 드는 노력과 에너지가 최소화된다고 설명하고 있다. 이를 고려하였을 때 (가)에 들어갈 말은 '벌집을 짓기 위해 필요한 밀랍의 양이 적게 든다'이다.
- (나): (나)의 앞에서 벌집이 효율적이고 아름다운 자연의 디자인임을 제시하며, 이러한 벌집을 닮은 건축 양식이나 생활용품을 흔히 발견할 수 있다고 설명한다. 이는 자연의 구조인 벌집이 인간의 창조 활동에 영감을 주었다는 것을 의미한다.

오답 분석　(가) 벌집을 짓는 데 소요되는 노동량을 최대화한다(×): (가)에는 벌집 구조의 이점에 대한 내용이 들어가야 하므로 적절하지 않다.
　(나) 인간이 만든 디자인은 자연이 만든 디자인보다 뛰어날 수 없다(×): 인간의 디자인과 자연의 디자인의 우열을 비교하는 내용은 제시문에서 확인할 수 없다.

엄선 문제로 실력 향상

01 다음 예문에서 (   )에 들어갈 내용으로 가장 적절한 것은? 2012. 국가직 7급

> 고양이는 영리한 편이지만 지능적으로 기억을 관장하는 전두엽이 발달하지 않아 썩 머리가 좋다고 할 수는 없다. 그러나 개와 더불어 고양이가 오랫동안 인간의 친구가 될 수 있었던 것은 (   ) 때문이다. 주인이 슬퍼하면 고양이는 위로하듯이 응석을 부리고, 싸움이 나면 겁에 질려 걱정하고, 주인이 기뻐하면 함께 기뻐한다. 고양이는 인간의 말을 음성의 고저 등으로 이해한다. 말은 못하지만 고양이만큼 주인 마음에 민감한 동물도 없다. 어차피 동물이라 모를 거라고 무시했다가 큰코다칠 수 있다.

① 말귀를 잘 알아듣기
② 행동의 실천을 바로 하기
③ 감정의 이해가 아주 빠르기
④ 주인에게 충성하기

02 (가) ~ (라)에 들어갈 말로 가장 적절한 것은? 2021. 지방직 9급

> 정철, 윤선도, 황진이, 이황, 이조년 그리고 무명씨. 우리말로 시조나 가사를 썼던 이들이다. 황진이는 말할 것도 없고 무명씨도 대부분 양반이 아니었겠지만 정철, 윤선도, 이황은 양반 중에 양반이었다. ▢(가)▢ 그들이 우리말로 작품을 썼던 걸 보면 양반들도 한글 쓰는 것을 즐겨 했다는 것을 부정할 수는 없다. ▢(나)▢ 허균이나 김만중은 한글로 소설까지 쓰지 않았던가. ▢(다)▢ 이들이 특별한 취향을 가진 소수의 양반이었다면 이야기는 달라진다. 우리말로 된 문학 작품을 만들겠다는 생각을 가진 특별한 양반들을 제외하고 대다수 양반들은 한문을 썼기 때문에 한글을 모를 수도 있었기 때문이다. 실학자 박지원이 당시 양반 사회를 풍자한 작품 호질은 한문으로 쓰여 있다. ▢(라)▢ 한 가지 분명한 것은 양반 대부분이 한글을 이해하지 못하는 상황이었다면 정철도 이황도 윤선도도 한글로 작품을 쓰지는 않았을 것이란 사실이다.

	(가)	(나)	(다)	(라)
①	그런데	게다가	그렇지만	그러나
②	그런데	그리고	그래서	또는
③	그리고	그러나	하지만	즉
④	그래서	더구나	따라서	하지만

01
정답 설명
③ 괄호의 뒷 문맥을 보면, 고양이는 주인의 마음에 민감해 함께 기뻐해 주고 위로해 준다는 것을 알 수 있다. 따라서 감정의 이해가 빠르다는 ③은 적절하다.

02
정답 설명
① (가)~(라)에 들어갈 접속어는 순서대로 '그런데 - 게다가 - 그렇지만 - 그러나'이므로 답은 ①이다.

(가)	(가)의 앞은 정철이나 윤선도, 이황과 같이 우리말로 시조나 가사를 썼던 양반 계층이 있다는 내용이며, (가)의 뒤는 양반들도 한글을 즐겨 사용했음을 부정할 수 없다는 내용이다. 따라서 (가)에는 화제를 전환하는 접속어 '그런데'가 들어가는 것이 적절하다.
(나)	(나)의 앞은 양반들도 한글을 즐겨 사용했다는 내용이고, (나)의 뒤는 허균이나 김만중은 한글로 소설까지 썼다는 내용이 나온다. 따라서 (나)에는 앞 내용에 덧붙이는 문장이 오는 경우 사용하는 접속어 '게다가, 더구나'가 오는 것이 올바르다.
(다)	(다)의 앞은 한글로 소설까지 쓴 양반들도 있다는 내용이고, (다)의 뒤는 소수를 제외한 대다수 양반들은 한문을 사용했을 경우를 고려하는 상반된 내용이 나온다. 따라서 (다)에는 역접어 '그렇지만, 하지만'이 들어가는 것이 올바르다.
(라)	(라)의 앞은 소수를 제외한 대다수 양반들은 한문만 사용했을 경우를 말하고, (라)의 뒤는 대부분의 양반들이 한글을 이해했을 것이라는 상반된 내용이 나온다. 따라서 (라)에는 역접어 '그러나, 하지만'이 들어가는 것이 올바르다.

03 괄호 안에 들어갈 문장으로 가장 적절한 것은?

2013. 국가직 9급

> 힐링(Healing)은 사회적 압박과 스트레스 등으로 손상된 몸과 마음을 치유하는 방법을 포괄적으로 일컫는 말이다. 우리보다 먼저 힐링이 정착된 서구에서는 질병 치유의 대체 요법 또는 영적·심리적 치료 요법 등을 지칭하고 있다.
> 국내에서도 최근 힐링과 관련된 갖가지 상품이 유행하고 있다. 간단한 인터넷 검색을 통해 수천 가지의 상품을 확인할 수 있을 정도다. 종교적 명상, 자연 요법, 운동 요법 등 다양한 형태의 힐링 상품이 존재한다. 심지어 고가의 힐링 여행이나 힐링 주택 등의 상품들도 나오고 있다. 그러나 (   ) 우선 명상이나 기도 등을 통해 내면에 눈뜨고, 필라테스나 요가를 통해 육체적 건강을 회복하여 자신감을 얻는 것부터 출발할 수 있다.

① 힐링이 먼저 정착된 서구의 힐링 상품들을 참고해야 할 것이다.

② 많은 돈을 들이지 않고서도 쉽게 할 수 있는 일부터 찾는 것이 좋을 것이다.

③ 이러한 상품들의 값이 터무니없이 비싸다고 느껴지지는 않을 것이다.

④ 자신을 진정으로 사랑하는 법을 알아야 할 것이다.

04 (가)에 들어갈 말로 가장 적절한 것은?

2022. 지방직 7급

> 자기지향적 동기와 타인지향적 동기는 행위의 적극성과 어떤 관계가 있을까? A는 자율 방범대원들에게 이 일의 자원 동기에 대해 물어보았다. 자기지향적 동기만 말한 사람과 타인지향적 동기만 말한 사람, 그리고 둘 다 말한 사람이 고르게 분포되었다. 그 후 설문에 참여한 사람들이 2개월간 방범 순찰에 참여한 횟수를 살펴보았다. 그 결과 자기지향적 동기를 말한 사람들 모두가 자기지향적 동기를 말하지 않은 사람들보다 순찰 횟수가 더 많은 것으로 나타났다. 그리고 전자 중 타인지향적 동기를 말한 사람들의 순찰 횟수가 그렇지 않은 사람들보다 유의미하게 많은 것으로 나타났다. A는 이를 토대로 ___(가)___ 고 추정하였다.

① 자기지향적 동기만 가진 사람은 타인지향적 동기만 가진 사람보다 행위의 적극성이 높다

② 타인지향적 동기를 가진 사람은 자기지향적 동기를 가진 사람보다 행위의 적극성이 높다

③ 자기지향적 동기는 행위의 적극성에 긍정적 영향을 주기도 하고 부정적 영향을 주기도 한다

④ 자기지향적 동기가 행위의 적극성에 긍정적 영향을 주는 경우 타인지향적 동기는 부정적 영향을 준다

03

정답 설명

② 괄호 앞에는 역접의 접속어 '그러나'가 사용되었으므로, 괄호 안에는 앞의 내용을 반박할 수 있는 내용이 등장해야 한다. 괄호 안에 들어갈 문장으로는 괄호 앞의 '고가의 힐링 상품'과 상반되는 '돈을 들이지 않고서도 할 수 있는 일'에 대해서 언급하고, 뒤에 등장하는 '명상, 기도, 필라테스, 요가'와도 호응하는 ②가 적절하다.

04

정답 설명

① 제시문에서 말한 결론을 정리하면 다음과 같다.
• 내용1: '자기지향적 동기만 말한 사람들'과 '둘 다 말한 사람들' 모두 '타인지향적 동기만 말한 사람'보다 순찰 횟수가 더 많다.
• 내용2: '둘 다 말한 사람들'은 '자기지향적 동기만 말한 사람들'보다 순찰 횟수가 더 많다.
그러므로 순찰 횟수는 '둘 다 말한 사람들' > '자기지향적 동기만 말한 사람들' > '타인지향적 동기만 말한 사람들' 순이다. 이때 ①의 내용은 '자기지향적 동기만 말한 사람'은 '타인 지향적 동기만 말한 사람'보다 행위의 적극성이 높다(순찰 횟수가 더 많다)'고 하였기 때문에 (가)에 들어갈 말로 가장 적절한 것은 ①이다.

오답 분석

② '타인 지향적 동기만 말한 사람들'은 '자기지향적 동기만 말한 사람들'보다 행위의 적극성이 낮다고 하였으므로 (가)에 들어갈 말로 적절하지 않다.

③④ 자기지향적 동기나 타인지향적 동기가 '행위의 적극성'에 긍정적인 영향을 주는지, 부정적인 영향을 주는지는 제시문을 통해 확인할 수 없으므로 (가)에 들어갈 말로 적절하지 않다.

05 다음 글의 빈칸에 들어갈 결론으로 가장 적절한 것은?　　9급 출제기조 전환 예시문제

신경 과학자 아이젠버거는 참가자들을 모집하여 실험을 진행하였다. 이 실험에서 그의 연구팀은 실험 참가자의 뇌를 'fMRI' 기계를 이용해 촬영하였다. 뇌의 어떤 부위가 활성화되는가를 촬영하여 실험 참가자가 어떤 심리적 상태인가를 파악하려는 것이었다. 아이젠버거는 각 참가자에게 그가 세 사람으로 구성된 그룹의 일원이 될 것이고, 온라인에 각각 접속하여 서로 공을 주고받는 게임을 하게 될 것이라고 알려주었다. 그런데 이 실험에서 각 그룹의 구성원 중 실제 참가자는 한 명뿐이었고 나머지 둘은 컴퓨터 프로그램이었다. 실험이 시작되면 처음 몇 분 동안 셋이 사이좋게 순서대로 공을 주고받지만, 어느 순간부터 실험 참가자는 공을 받지 못한다. 실험 참가자를 제외한 나머지 둘은 계속 공을 주고받기 때문에, 실험 참가자는 나머지 두 사람이 아무런 설명 없이 자신을 따돌린다고 느끼게 된다. 연구팀은 실험 참가자가 따돌림을 당할 때 그의 뇌에서 전두엽의 전대상피질 부위가 활성화된다는 것을 확인했다. 이는 인간이 물리적 폭력을 당할 때 활성화되는 뇌의 부위이다. 연구팀은 이로부터 ☐☐☐☐☐☐☐는 결론을 내릴 수 있었다.

① 물리적 폭력은 뇌 전두엽의 전대상피질 부위를 활성화한다
② 물리적 폭력은 피해자의 개인적 경험을 사회적 문제로 전환한다
③ 따돌림은 피해자에게 물리적 폭력보다 더 심각한 부정적 영향을 미친다
④ 따돌림을 당할 때와 물리적 폭력을 당할 때의 심리적 상태는 서로 다르지 않다

05

정답 설명
④ 아이젠버거의 실험 결과, 따돌림을 당할 때와 물리적 폭력을 당할 때 뇌의 같은 부위(전두엽의 전대상피질)가 활성화되는 것을 알 수 있다. 같은 뇌 부위가 활성화되는 것을 통해 따돌림을 당할 때와 물리적 폭력을 당할 때의 심리적 상태 역시 서로 다르지 않다는 결론을 추론할 수 있다.

오답 분석
① '물리적 폭력이 뇌 전두엽의 전대상피질 부위를 활성화한다'는 것은 올바른 설명이기는 하지만 실험의 결과는 아니다.
② ③ 제시문을 통해 추론할 수 없는 내용이다.

06 ㉠~㉢에 들어갈 말로 가장 적절한 것은?

2024. 군무원 9급

비슷한 나이의 동료끼리 말을 주고받을 때는 '홍길동 씨, 경리과에 전화했어요?', '이 과장, 거래처에 다녀왔어요?'처럼 '해요체'를 주고받는 것이 일반적이다. (㉠) 같은 동료라 하더라도 상대방의 나이가 위이거나 공식적인 자리에서는 '합쇼체'를 써서 말할 필요가 있다. 곧 '홍길동 씨, 경리과에 전화했습니까?', '이 과장, 거래처에 다녀왔습니까?' 하고 말할 수 있는 것이다. 하지만 윗사람과 말을 주고받을 때에는 반드시 '합쇼체'를 써서 '이번 일은 제가 맡아 처리하겠습니다'와 같이 말해야 한다.

(㉡) 가정에서라면 아랫사람과 대화를 주고받을 때는 상대방을 높이지 않기 때문에 '해체'나 '해라체' 정도를 사용할 수 있지만 직장에서는 사정이 조금 다르다. 아무리 자신보다 아랫사람이라 하더라도 가족 관계에서와는 달리 어느 정도 높게 대우해 주어야 하는 것이다. (㉢) 과장이 자신의 부하 직원에게 말을 할 때 '홍길동 씨, 업무 계획서 좀 빨리 작성해 줘요.' 하고 말할 수 있다.

그러나 아랫사람이 자신보다 매우 어리거나 친밀한 사이일 경우에는 '홍길동 씨, 업무 계획서 좀 빨리 작성해 줘.' 하고 존대의 효과가 없는 '해체'를 사용할 수도 있고 '하게체'를 사용하여 상대를 조금 대우해 줄 수도 있다.

	㉠	㉡	㉢
①	그러나	한편	그래서
②	그러나	한편	그리고
③	그리고	따라서	그래서
④	그리고	따라서	그러나

06

정답 설명

① ㉠~㉢에 들어갈 접속어는 순서대로 '그러나 - 한편 - 그래서'이므로 답은 ①이다.

㉠	㉠의 앞부분은 비슷한 나이의 동료들과 대화할 때 '해요체'를 사용한다는 내용이고, ㉠의 뒷부분은 나이가 위거나 공식적인 자리라면 달라질 수 있다는 내용이다. 따라서 ㉠은 '그러나'가 적절하다.
㉡	㉡의 앞부분은 직장 내 예시였고, ㉡의 뒷부분은 가정의 경우이다. 따라서, ㉡에는 '한편'이 적절하다.
㉢	자신보다 아랫사람이라도 가정이 아닌 직장이라면 어느 정도 대우해 줘야 한다는 말의 예시를 들고 있으므로, ㉢에는 '그래서'가 적절하다.

07 다음 중 ㉠에 들어갈 말로 가장 적절한 것은?

2024. 군무원 9급

> 문학 작품은 다양한 내적 요소들의 결합으로 구성되면서 외적으로 작가의 맥락, 사회·문화적 맥락, 문학사적 맥락, 상호 텍스트적 맥락과 연계된다. 문학작품의 이해·감상·평가는 수용자가 내적 요소들의 결합 관계를 분석하고 다양한 외적 맥락을 함께 고려하며 이루어진다.
>
> 작가의 맥락은 작품을 창작한 작가와 문학작품의 관계를 말한다. 작가의 생애나 작가가 경험한 특정한 사건이 작품에 반영되고 영향을 미칠 수 있다. 예를 들어 정지용의 시 「유리창」에는 어린 자식을 잃은 정지용의 가정사가 반영되어 있다.
>
> 사회·문화적 맥락은 문학작품에 반영된 사회·문화적 상황과 문학작품의 관계를 말한다.
>
> 문학사적 맥락은 문학사와 문학 작품의 관계를 말한다.
>
> (㉠) 문학작품 사이의 관계를 말한다. 하나의 작품을 다른 작품과의 연관성 속에서 파악할 수 있을 때 상호 텍스트성이 나타난다.
>
> -〈고등학교 문학〉

① 상호 텍스트적 맥락은
② 문학 작품의 이해는
③ 문학 작품의 내적 맥락은
④ 문학 작품의 비평은

07

정답 설명

① 문학 작품은 외적으로 작가의 맥락, 사회·문화적 맥락, 문학사적 맥락, 상호 텍스트적 맥락과 연계된다고 말하고 있다. 그런데 ㉠의 앞에서 '작가의 맥락, 사회·문화적 맥락, 문학사적 맥락'에 대해 설명하고 있으므로, ㉠에 들어갈 말은 '상호 텍스트적 맥락은'이다.

08 다음 중 ㉠에 들어갈 말로 가장 적절한 것은? 　　　　2024. 군무원 9급

> 　　최근 환경오염에 기인하는 생태계의 파괴와 새롭게 개발된 생명과학의 기술이 점차 인간의 삶과 그 존엄성을 위협하게 됨에 따라, 생명과학에 대한 세상의 관심도 높아졌고 그것이 갖는 도덕성도 심심찮게 논란의 대상이 되고 있다. 생태계의 파괴와 관련하여 생명과학이 주목을 받는 것은 생태계 파괴의 주범이 생명과학이어서가 아니라, 이미 심각한 상태로 파괴된 생태계를 복원시킬 수 있는 효과적인 방법을 생명과학이 제시할지도 모른다는 기대 때문이다.
> 　　그러나 이와는 반대로 생명과학의 도덕성에 대한 논의는 생명과학이 개발해 내고 있는 각종 첨단 기술이 인간의 존엄성을 훼손하게 될 것이라는 우려의 표출인 것이다. 다른 모든 과학과 마찬가지로 생명과학도 (　㉠　)을 지니고 있다. 그렇기 때문에 우리는 생명과학이 갖는 무한한 가능성에 대하여 큰 기대를 걸면서도 동시에 그것이 갖는 가공할 만한 위험성을 항상 경계하고 있는 것이다.

① 개연성 　　　　　　　　　② 합리성
③ 양면성 　　　　　　　　　④ 일관성

08

정답 설명

③ ㉠의 뒷 문장에서 우리는 생명과학의 무한한 가능성을 기대하면서 동시에 위험성을 경계한다고 말하고 있다. 이는 생명과학이 지닌 '양면성'을 드러낸다.

다음 글이 <보기>의 ㉠~㉣ 중 들어가기에 가장 적절한 곳은? 2024. 군무원 9급

> 서양인이나 중동인은 해부학적으로 측면의 얼굴이 인상적인 이미지를 남긴다. 그래서 서양미술에서는 사람의 측면만 그리는 '프로필(프로파일)'이라는 미술 장르가 발달했다. 프로필이라는 말이 인물 소개를 뜻하게 된 것도 이 때문이다.

보기

어떤 이집트 그림에서는 사람의 얼굴은 측면, 눈은 정면, 목은 측면, 가슴은 정면, 허리와 발은 측면으로 그려지곤 한다. 인간의 신체가 자연 상태에서 이렇게 보이는 경우란 있을 수 없다. 해부학적으로 불가능한 자세인 것이다.

그럼에도 이 그림을 처음 볼 때 우리는 별로 어색한 느낌이 들지 않는다. 왜 그럴까? 그것은 신체의 각 부위가 그 특징이 가장 잘 드러나는 부분 위주로 봉합되어 있기 때문이다. 넓은 가슴이나 눈은 정면에서 보았을 때 그 특징이 잘 살아난다. (㉠)

이렇게 각 부위의 중요한 면 위주로 조합된 인체상은 이상적인 부분끼리의 조합이므로 완전하고 완벽하며 장중한 형상이라는 느낌을 준다. 그러니까 흠 없는 인간, 영원히 썩지 않고 스러지지 않을 초월적 존재라는 인상을 준다. (㉡)

이집트 그림에서는 신과 파라오, 귀족만이 이렇게 그려지고 평범한 사람들은 곧잘 이런 법칙과 관계없이 꽤 사실적으로 그려졌다. (㉢) 이는 신과 파라오, 나아가 귀족은 오로지 '존재하는 자'이고, 죽을 운명의 범인들은 그저 '행위하는 자'라는 생각이 반영된 것이다.

범인들이 일하는 모습을 그릴 때 사실적으로, 그러니까 얼굴이 측면이면 가슴도 측면으로 자연스럽게 그리는 것은, 그들은 썩어 없어질 '찰나의 인생'이기 때문이다. (㉣) 반면 고귀한 신분은 삼라만상의 변화와 관계없이 영원한 세계의 이상을 반영하는 존재이므로 이상적 규범에 따라 불변의 양식으로 그려진다.

① ㉠

② ㉡

③ ㉢

④ ㉣

09

정답 설명

① 2문단에서 신체의 각 부위가 그 특징이 잘 드러나는 부분 위주로 봉합되어 있기에 그 그림을 어색하게 생각지 않는다고 하였다. 여기서 특징이 잘 드러나는 부분은 1문단에 언급된 '얼굴은 측면, 눈은 정면, 목은 측면, 가슴은 정면' 등이다. 제시된 글은 사람의 측면만 그리는 프로필이라는 미술 장르가 발달했다는 내용으로 ㉠ 앞에서 언급한 '측면'의 예에 해당하기 때문에 ㉠에 들어가는 것이 적절하다.

오답 분석

②③④ 3~5문단은 문맥적으로 매끄럽게 표현되어 있으며, 3문단은 중요한 면 위주로 조합된 인체상이 초월적 존재라는 인상을 준다는 내용이고, 4~5문단은 이집트 그림의 특징에 대한 내용이므로, ㉡~㉣은 제시된 글이 들어가기에 적절하지 않다.

군무원 시험 전문 해커스군무원
army.Hackers.com

부록

문학·비문학 기초 용어 사전
작품 찾아보기

문학·비문학 기초 용어 사전

✅ 다시 확인하고 싶은 용어는 박스에 체크하여 확인하세요.

운문 문학

☐ **가정** 26p 사실이 아니거나 또는 사실인지 아닌지 분명하지 않은 것을 임시로 인정함

☐ **감정이입** 20p 자연의 풍경이나 예술 작품 등에 자신의 감정이나 정신을 불어넣거나, 대상으로부터 느낌을 직접 받아들여 대상과 자기가 서로 통한다고 느끼는 일

☐ **강호 한정가** 49p 자연을 예찬하며 자연 속 한가한 생활을 즐기면서 자아와의 조화를 노래한 시

☐ **계몽적** 53p 가르쳐서 깨우쳐 주는 것

☐ **궁핍** 66p 몹시 가난함

☐ **권계** 32p 잘못함이 없도록 타일러 주의시킴

☐ **근경 (↔ 원경)** 20p 가까이 보이는 경치. 또는 가까운 데서 보는 경치

☐ **길쌈** 32p 실을 내어 옷감을 짜는 모든 일을 통틀어 이르는 말

☐ **내재율** 62p 자유시나 산문시에서 문장에 잠재적으로 깃들어 있는 운율

☐ **대구법** 15p 비슷한 어조나 어세를 가진 어구를 짝 지어 표현의 효과를 나타내는 수사법

☐ **대유법** 44p 하나의 사물이나 관념을 나타내는 말이 경험적으로 그것과 밀접하게 연관된 다른 사물이나 관념을 나타내도록 표현하는 수사법

☐ **도교** 57p 무위자연설을 근간으로 하는 중국의 다신적 종교

☐ **도치법** 64p 정서의 환기와 변화감을 끌어내기 위하여 말의 차례를 바꾸어 쓰는 문장 표현법

☐ **모티프** 13p 회화, 조각, 소설 등의 예술 작품을 표현하는 동기가 된 작가의 중심 사상

☐ **묘미** 51p 미묘한 재미나 흥취

☐ **무가** 26p 무당의 노래

☐ **무위자연 (無爲自然)** 48p 사람의 힘을 더하지 않은 그대로의 자연. 또는 그런 이상적인 경지

☐ **문체** 56p 1. 문장의 개성적 특색
2. 문장의 양식

☐ **물아일체 (物我一體)** 51p 외물과 자아, 객관과 주관, 또는 물질계와 정신계가 어울려 하나가 됨

☐ **비애** 28p 슬퍼하고 서러워함. 또는 그런 것

☐ **비장감** 44p 슬프면서도 그 감정을 억눌러 씩씩하고 장한 마음

☐ **서정적** 8p 정서를 듬뿍 담고 있는 것

☐ **설의법** 9p 쉽게 판단할 수 있는 사실을 의문의 형식으로 표현하여 상대편이 스스로 판단하게 하는 수사법

☐ **소멸** 61p 사라져 없어짐

☐ **송축** 34p 경사를 기리고 축하함

☐ **수** 30p 시나 노래를 세는 단위

☐ **순리** 48p 순한 이치나 도리. 또는 도리나 이치에 순종함

☐ **순응** 48p 환경이나 변화에 적응하여 익숙하여지거나 체계, 명령 등에 적응하여 따름

☐ **승화** 31p 어떤 현상이 더 높은 상태로 발전하는 일

☐ **시행** 63p 운율적으로 배열되어 있는 시의 행

☐ **안빈낙도 (安貧樂道)** 48p 가난한 생활을 하면서도 편안한 마음으로 도를 즐겨 지킴

☐ **애상적** 8p 슬퍼하거나 가슴 아파하는 것

☐ **애원** 28p 소원이나 요구 등을 들어 달라고 애처롭게 사정하여 간절히 바람

☐ **연군지정 (戀君之情)** 39p 임금을 그리워하는 마음과 변하지 않는 사랑

문학·비문학
기초 용어 사전

해커스공무원 신민숙 쉬운국어 문학·비문학 필기노트

산문 문학

비문학

작품 찾아보기

작품 찾아보기

해커스공무원 신민숙 쉬운국어 운문·비문학 필기노트

Memo

Memo

Memo

2025 대비 최신판

해커스군무원

신 민 숙
쉬운국어

문학·비문학
필기노트

초판 2쇄 발행 2024년 12월 23일
초판 1쇄 발행 2024년 8월 21일

지은이	신민숙
펴낸곳	해커스패스
펴낸이	해커스군무원 출판팀

주소	서울특별시 강남구 강남대로 428 해커스군무원
고객센터	1588-4055
교재 관련 문의	gosi@hackerspass.com
	해커스군무원 사이트(army.Hackers.com) 교재 Q&A 게시판
	카카오톡 플러스 친구 [해커스공무원 노량진캠퍼스]
학원 강의 및 동영상강의	army.Hackers.com

ISBN	979-11-7244-251-4 (13710)
Serial Number	01-02-01

저작권자 ⓒ 2024, 신민숙

이 책의 모든 내용, 이미지, 디자인, 편집 형태는 저작권법에 의해 보호받고 있습니다.

서면에 의한 저자와 출판사의 허락 없이 내용의 일부 혹은 전부를 인용, 발췌하거나 복제, 배포할 수 없습니다.

이 책의 내용 중 일부는 국립국어원이 제공하는 '표준국어대사전', '한국어 어문 규범'을 참고하였습니다.

군무원 1위,
해커스군무원 army.Hackers.com

해커스군무원

- 해커스공무원 국어 6년 연속 1위 신민숙 선생님의 본 교재 인강(할인쿠폰 수록)
- 군무원 국어 무료 특강, 1:1 맞춤 컨설팅, 합격수기 등 군무원 시험 합격을 위한 다양한 학습 콘텐츠
- 필수어휘와 사자성어를 편리하게 학습할 수 있는 **해커스 매일국어 어플**

[군무원 1위] 한경비즈니스 2024 한국품질만족도 교육(온·오프라인 군무원학원) 1위
[해커스공무원 국어 6년 연속 1위] 해커스공무원 국어 온라인 단과 강좌 매출액 기준 (2018.01.01.~2023.12.31.)

군무원 1위 해커스군무원

한경비즈니스 2024 한국품질만족도 교육(온·오프라인 군무원학원) 1위

합격할 때까지 평생 무제한 수강!

군무원 100% 환급
평생패스

[환급] 제세공과금 본인부담/조건달성시

| 경영학 이인호 | 국어 신민숙 | 행정법 김대현 | 행정학 송상호 |

01
군무원 전문강좌 수강료 0원

0원

*제세공과금 본인부담/조건달성시

02
합격할 때까지 수강기간 평생 연장!

수강기간 100%연장

*평생수강 상품 구매시/조건달성시

03
7개 전직렬 전강좌 무제한수강

행정직 군수직 수사직 기계직

전산직 건축직 사이버직

04
토익+지텔프+한능검 강의 무료 제공

G-TELP 비비안   한능검 안지영   TOEIC 재키

05
군무원 파이널 모의고사 무료 응시권 제공

1타 강사진 해설강의 포함   FREE

06
직렬별 맞춤 고퀄리티 핸드아웃 제공

*PDF

07
9,000원 상당! 무료배송권 3장 제공

배송비 3회 무료 쿠폰   0원

08
해커스 하루채움 스터디플래너 무료

기수별 추첨제공

*배송비별도/색상랜덤제공